| 光明社科文库 |

唐宋时期五台山
景观资源与朝拜活动

王　涛◎著

光明日报出版社

图书在版编目（CIP）数据

唐宋时期五台山景观资源与朝拜活动 / 王涛著 . --

北京：光明日报出版社，2019. 3

ISBN 978 - 7 - 5194 - 5136 - 3

Ⅰ. ①唐… Ⅱ. ①王… Ⅲ. ①五台山—文化研究—唐

宋时期 Ⅳ. ①K928. 3

中国版本图书馆 CIP 数据核字（2019）第 040851 号

唐宋时期五台山景观资源与朝拜活动

TANGSONG SHIQI WUTAISHAN JINGGUAN ZIYUAN YU CHAOBAI
HUODONG

著　　者：王　涛

责任编辑：曹美娜　朱　然　　　　责任校对：赵鸣鸣

封面设计：中联学林　　　　　　　责任印制：曹　净

出版发行：光明日报出版社

地　　址：北京市西城区永安路 106 号，100050

电　　话：010 - 63131930（邮购）

传　　真：010 - 67078227，67078255

网　　址：http：//book. gmw. cn

E - mail：caomeina@ gmw. cn

法律顾问：北京德恒律师事务所龚柳方律师

印　　刷：三河市华东印刷有限公司

装　　订：三河市华东印刷有限公司

本书如有破损、缺页、装订错误，请与本社联系调换，电话：010 - 67019571

开　　本：170mm×240mm

字　　数：253 千字　　　　　　　印　　张：16. 5

版　　次：2019 年 6 月第 1 版　　　印　　次：2019 年 6 月第 1 次印刷

书　　号：ISBN 978 - 7 - 5194 - 5136 - 3

定　　价：85. 00 元

目　录
CONTENTS

第一章

唐宋时期五台山景观资源丰富及朝拜活动兴盛的背景

唐宋时期，五台山拥有丰富的地质地貌、气象水利、植物动物等自然生态景观资源，亦有寺庙、浮屠等壮丽的物质文化景观资源以及辐射范围较大的文殊菩萨信仰、民间信仰等非物质文化景观资源，它们共同构成了五台山异彩纷呈的景观资源。与此同时，国内、外僧众不辞劳苦、不远万里前来朝拜五台山、朝拜文殊信仰，五台山的僧尼也走出山门，取长补短。如此丰富的景观资源和兴盛的朝拜活动与这一时期互动良好的政教关系、较为富庶的寺院经济以及便利发达的交通密不可分。

第一节　唐宋时期良好的政教关系

本节所指的政教关系主要指政治与佛教关系而言。唐代，良好的政教关系与历代帝王对佛教的不排斥甚至支持关系密切。

一、唐代的政教关系

唐代的统治者一般都崇信佛教，重视对佛教的整顿和利用。唐太宗早期重道崇儒，但并不排斥佛教，偶尔也利用佛教。如唐太宗曾在当年各个战场处建立寺庙，以超度亡灵，为死难的将士祈求来生。据《全唐文》（卷五）记载，唐太宗曾下《为战阵处立寺诏》云："日往月来，逝川斯远。虽复项

籍方命，封树纪于邱坟；纪信捐生，丹青著于图史。犹恐九泉之下，尚沦鼎
镬；八难之间，永缠冰炭。愀然疚怀，用忘兴寝。思所以树其福田，济其营
魄，可于建义以来交兵之处，为义士凶徒陨身戎阵者，各建寺刹，招延胜
侣，望法鼓所震，变炎火于青莲；清梵所闻，易苦海于甘露。所司宜量定处
所，并立寺名，支配僧徒及修造院宇，具为事条以闻，称朕矜愍之意。"① 这
就说明唐太宗还是相信佛教某些理论的。玄奘从印度取经归来，并带回来大
乘佛经，唐太宗派房玄龄前去迎接。当玄奘回到长安后，还积极为玄奘提供
译经场所。唐太宗晚年，亲听玄奘讲佛论法。这些事例都说明唐太宗并没有
反对佛法，甚至在某种程度上还较为支持。此外，唐太宗还首度诏示佛骨，
贞观五年（631年），岐州刺史张德亮上奏，开启法门地宫，以示佛骨。据
《集神州三宝感通录》记载其文：

> 贞观五年，岐州刺史张亮，素有信向，来寺礼拜，但见古基曾无上
> 覆，奏敕望云宫殿以盖塔基，下诏许之。因构塔上尊严相显。古老传
> 云：此塔一闭，经三十年，一示人，令生善。亮闻之，以贞观年中请开
> 剖出舍利以示人，恐因聚众，不敢开塔。有敕并许，遂依开发，深一丈
> 余获二古碑，并周魏之所树也。文不足观，故不载录。光相照烛，同诸
> 舍利。既出舍利，通现道俗，无数千人，一时同观。②

唐太宗对佛教的优容态度，是佛教在李唐王朝能够发展到极盛的重要基
础。唐太宗以后，高宗、中宗、睿宗都提倡佛教，尤其是高宗、武则天时
期，佛教成为事实上的"国教"。高宗李治身居太子时，为母亲长孙皇后修
建了大慈恩寺；显庆四年（659年），奉迎佛骨舍利，《大唐圣朝无忧王寺大
圣真身宝塔碑铭》的记载，也印证了这一事实，其文云：贞观"至显庆五年
盖三十霜矣，八部瞻仰，再口开发，即以其年二月八日奉迎护舍利，二圣亲
造九重宝函"。再于龙朔二年（662年）送还法门寺，前后历经四年，规模
可谓宏大。这一时期石窟也大量开凿。

把佛教推向一个新的高度的是女皇武则天。武则天利用佛教徒怀义等伪

---

① （清）董诰，《全唐文》卷5，北京：中华书局，1983年，第72页。
② 《法苑珠林》卷38，《大正藏》第53册，台北：新文丰出版公司影印，1983年。

造《大云经》制造舆论而称帝，将夺取政权说成符合弥勒授记，随后在全国各州建造大云寺，修铸佛像，采取了举佛抑道的宗教政策，华严宗的创立便直接受益于她的大力支持。此外，她还接待各方译僧。鉴于禅僧在民众中影响日益上升，她对著名禅师待以师礼，助长了禅宗的发展。武则天时期，"铸浮屠，立庙塔，役无虚岁"① 佛教得到长足发展。

唐玄宗曾经有意识地改变开则天时期的国策，如对佛教不再狂热推崇等。但实际上唐玄宗也无法控制自己对佛学中因果报应的迷信，他对佛教的不良现象只是稍加抑制，其实他在位的前期，对佛教也是持以支持态度的，如他支持"开元三大士"（善无畏、金刚智和不空）创立密宗。特别是唐玄宗亲自受不空灌顶为菩萨戒弟子，这在帝王中也是少有的。

唐玄宗之后的诸帝迎佛骨达到狂热，也是历代绝无仅有的。唐代的佛教达到鼎盛。唐代皇帝在奉迎佛骨的同时，也进行大量布施。《资治通鉴》就有类似的记载："广造浮图、宝帐、香舆、幡花、幢盖以迎之，皆饰以金玉、锦绣、珠翠。自京师至寺三百里间，道路车马，昼夜不绝。……富室夹道为彩楼及无遮会，竞相侈靡。"②

唐代皇族对佛教的信仰，还表现在其他方面，如释囚、祈雨等，以及对一些高僧大德给予很高的礼遇，如赐紫、赐号、赐爵等，还给予一些高僧国葬之礼。按照唐代制度，三品以上官员所穿官服是紫色，而五品以上是绯色（大红），但有时一些品级不够的官员也可得到皇帝的恩赐，穿着紫服。唐朝时期的一些大德高僧也可得到皇帝的恩赐，穿紫袍。唐文宗时，高僧宗密被赐紫。唐宣宗时，内供奉僧栖白也曾被赐紫。有的高僧也被赐号，这些号主要有谥号、国师号、名号等。武则天赐华严宗高僧法藏为康藏国师，又封赐其为贤首的名号。唐玄宗赐密宗高僧金刚智"国师"称号，后又赐号"大弘教三藏"。唐代宗赠赐密宗高僧不空为"司空"，更加"大辩正"的谥号。有时还赐给高僧以官爵，唐玄宗恩赐善无畏为鸿卿，代宗时，赐金刚智为开

---

① （宋）欧阳修、宋祁，《新唐书》卷125《苏环传》，北京：中华书局，1975年，第1548页。

② （宋）司马光，《资治通鉴》卷252，北京：中华书局，2007年，第6413页。

府仪同三司，还恩赐不空为肃国公，并且食邑三千户。

在助推佛教大力发展的同时，朝廷也在强化对佛教的管理。唐初，朝廷就建立了一系列的僧团管理制度，并逐步加以完善，这就极大地推动了中国佛教于此期间的兴盛。唐代的僧团管理制度大致包括：僧众法律地位制度、僧尼度牒制度、僧籍管理制度、佛寺营建制度以及佛教官寺制度等。

除武宗外，代宗之后基本上都能保持大体良好的政教关系，这是五台山景观资源迅速发展的重要外部环境。

政治力量给予佛教鼎力支持，佛教反过来在维护国家秩序方面发挥着重要作用，二者相辅相成，构成为唐代互动良好的政教关系。

二、宋代的政教关系

宋朝立国之初，建隆元年（960 年）六月，宋太祖在平定李筠叛乱之后所颁发的"德音"诏书中，就下令"诸州府寺院，经显德二年停废者勿复置，当废未毁者存之。"① 表明宋太祖已经开始着手纠正周世宗时对佛教的过激政策。乾德四年（966 年）"僧行勤等一百五十七人请游西域取经，各赐钱三万遣之。"② 说明宋太祖对佛教徒赴西土取经采取支持鼓励的态度。开宝四年（971 年）下令刊刻佛教大藏经，这是我国历史上第一次由官方刊刻全部佛经。其在位期间，官方还投资修建或扩建了一些寺院，如扬州建隆寺、开宝寺等。

宋太宗对佛教更加尊崇，曾说："佛氏之教有裨于政理，普利群生，达者自悟渊源，愚者妄生诬谤。朕于此道微识其宗。……如梁武舍身为奴，此小乘偏见，非后代所宜法也。"③ 他对相国寺佛牙撰了赞偈，在建开宝灵塔以藏佛舍利时，"为之悲涕。"其在位期间，创立译经院、内道场，并下令在全国普度僧尼，诏书称："朕方隆教法……并特许剃度。"④ 这次共度僧尼十

---

① （宋）李焘，《续资治通鉴长编》卷 1，北京：中华书局，2004 年，第 17 页。
② （清）徐松辑，《宋会要辑稿》道释二之五，上海：上海古籍出版社，2014 年，第 1236 页。
③ （宋）志磐，《佛祖统纪》卷 43，扬州：江苏广陵古籍刻印社，1992 年，第1843 页。
④ （宋）李焘，《续资治通鉴长编》卷 23，北京：中华书局，2004 年，第 852 页。

七万余人，大约超过原有总数的一半。① 与此同时，以财力支持佛教事业，太平兴国五年（980 年）敕内廷张廷训往五台山造金铜文殊菩萨像，敕安于真容院。诏重修五台十寺。② 宋真宗时，有人上书曰："'愚民无知，佞佛过当，谓舍财可以邀福，修供可以减罪，蠹害斯甚，宜行禁止。'上曰：'习俗既久，安可遽绝？然佛之为教，本于修心，若能悟理，为益滋大。又其教尚忍，则国君含垢，亦其义也。国君苟能忧勤政治，惠养兆民，不必像设，自为功德耳。'"③ 宋真宗崇佛超越前代，宋初"两京、诸州僧尼六万七千四百三人"，至天禧五年（1021 年），"僧三十九万七千六百一十五人，尼六万一千二百三十九人"。④ 在现存史料中这是宋代僧人人数的最高纪录，可见宋真宗时佛教之兴盛。南宋时期，僧志磐曾高度评价真宗对佛教的尊崇：

> 真庙之在御也并隆三教，而敬佛重法过于先朝，故其以天翰撰述，则有《圣教序》《崇释论》《法音集》《注四十二章遗教二经》，皆深达于至理。一岁度僧至二十三万，而僧众有过者止从赎法。上元幸诸寺礼像百拜弗辞，复唐家天下放生池，以广好生，皆本于宿愿，而发于圣性，非俟于劝也。至于继世译经大开梵学，五天三藏云会帝廷，而专用宰辅臣兼润文之职，其笃重译事有若是者。当时儒贤如王旦、王钦若、杨亿、晁迥辈，皆能上赞圣谟，共致平世，君臣庆会允在兹时，稽之前古未有比对。⑤

从中我们可以看出，宋太宗和宋真宗对佛教持肯定的态度，他们认识到佛教在社会上能起到良好的作用，通过保护和扶持佛教，有利于维护自身的统治地位。

宋仁宗自即位起就对佛教特别恭敬，常顶戴佛像接受百官朝拜。"仁皇

---

① （宋）志磐，《佛祖统纪》卷 52，扬州：江苏广陵古籍刻印社，1992 年，第 1935 页。
② （宋）志磐，《佛祖统纪》卷 44，扬州：江苏广陵古籍刻印社，1992 年，第 1896 页。
③ （宋）李焘，《续资治通鉴长编》卷 66，北京：中华书局，1995 年，第 1488 页。
④ 郭声波点校，《宋会要辑稿·蕃夷道释》道释 1，成都：四川大学出版社，2010 年，第 618 页。
⑤ （宋）志磐，《佛祖统纪》卷 44，扬州：江苏广陵古籍刻印社，1992 年，第 1896 – 1897 页。

每日头上戴一枚（玉佛），大者幞头帽子里戴，小者冠子里戴，尝言：'我无德，每日人呼万岁，教佛当之。'"① 又见《佛祖统纪》载："天圣元年（1023年），上帝（常）顶玉冠，上琢观音像，左右以玉重，请易之。上曰：三公百官揖于下者，皆天下英贤，岂朕所敢当，特君臣之礼不得不尔，朕冠此冠，将令回礼于大士也。"② 言语之间透露出宋仁宗对佛教是发自内心的崇敬，皇帝崇佛，其下百官自然也会随之崇佛敬僧。

宋神宗依然是认同佛教的，从其在熙宁五年（1072年）五月与王安石等人的一段对话可以看出：

> 甲午，上谓王安石等曰："蔡确论太学试，极草草。"冯京曰："闻举人多盗王安石父子文字，试官恶其如此，故抑之。"上曰："要一道德，若当如此，说则安可臆说，诗书法言，相同者乃不可改。"安石曰："柔远能迩，诗书皆有是言，别作言语不得。臣观佛书，乃与经合，盖理如此，则虽相去远，其合犹符节也。"上曰："佛，西域人，言语即异，道理何缘异？"安石曰："臣愚以为苟合于理，虽鬼神异趣，要无以易。"上曰："诚如此。"③

王安石读佛书，认为其中的道理与儒家经典相契合，宋神宗也认同他的这种观点，由此可见，他们对佛教是持友好态度的。

宋徽宗时僧人宝觉大师曾襃扬宋代帝王对佛教的尊崇：

> 若我艺祖皇帝，始受周禅，首兴佛教，累遣僧徒往西域，益求其法。太宗皇帝，建译场，修坠典，制秘藏诠，述圣教序。真宗皇帝，制法音集，崇释氏论。仁宗皇帝，躬览藏经，撰写天竺字，日与大觉师怀琏、庚歌质问心法。英祖、神考，继体守文。哲宗皇帝，在储宫日，神考不豫，时读佛经，祈圣躬永命。使吾佛之道有一不出于正，则曷足以

---

① 钱世昭，《钱氏私志》，文渊阁四库全书影印本，子部12，小说家类1。
② （宋）志磐，《佛祖统纪》卷45，扬州：江苏广陵古籍刻印社，1992年，第1899页。
③ （宋）李焘，《续资治通鉴长编》卷233，北京：中华书局，1995年，第5659—5660页。

致历代帝王之崇奉哉？①

宋代帝王在不断崇奉佛教的同时，也对其进行有效的管理。僧官的任命权关系到国家对佛教的控制程度，关于宋代僧官的选任，汪圣铎在《宋代政教关系研究》中有较为详细的论述，可以总结为以下几个方面："一是由有关官府根据僧道众或他人的推荐选任，二是依资格序进，三是由皇帝降旨委任，四是官方对有功于国的僧道予以委任。"② 为了加强对佛教的管理，宋朝统治者严格僧官的选任，景德二年（1005年）宋真宗"御便殿引对诸寺院主首，询行业优长者次补左右街僧官。先是，道官上令功德使选定迁补，所置或非其人，多致谤议，故帝亲阅试焉。"③ 宋代皇帝亲自主持僧官考试，说明了宋政府对僧官任命的重视，也是政府加强佛教管理的重要手段之一。总之，宋代僧官制度是国家政治制度的重要组成部分，统治者利用僧官制度可以对佛教进行有效地渗透和控制，使佛教更好地为社会服务。

总体而言，宋代皇帝对佛教实行了保护和利用的政策，借助它来维护社会安定。但客观上，则促进了佛教的发展，五台山景观资源的发展和朝拜活动的兴盛便在此背景下形成。

第二节　唐宋时期社会经济以及五台山寺院经济的繁荣富庶

唐宋时期五台山景观资源的丰富以及朝拜活动的兴盛与当时社会经济的繁荣发展以及五台山寺院经济的繁荣富庶密不可分。

一、唐宋时期社会经济的繁荣发展

唐帝国的大部分时期经济繁荣，首先由于国家统一、交通便利，如陆路

---

① （元）念常撰，《佛祖历代通载》卷19，《大正藏》第49册，第2036页。

② 汪圣铎，《宋代政教关系研究》，北京：人民出版社，2010年，第469页。

③ 郭声波点校，《宋会要辑稿·蕃夷道释》道释1，成都：四川大学出版社，2010年，第615页。

从长安向东可达朝鲜，向西经丝绸之路，可达印度、伊朗和阿拉伯各国。海路从登州或扬州可到达朝鲜、日本，从广州可到达马来半岛、印度和波斯湾。此外，内陆还有沟通南北的京杭大运河。其次由于推行均田制，并且实行轻徭薄赋、劝课农桑等政策，使农民安心生产，奠定了经济发展的雄厚基础。再次各民族之间进一步融合，加快经济和文化的交流。统治者以宽容开放的心态，使中外文化交流空前频繁。所有这些，都促进了社会经济持久繁荣与发展。

1. 唐代社会的迅速发展

（1）唐代农业的迅速发展

经过隋朝末年的战乱，农业生产遭到严重破坏。唐初李世民励精图治，注意恢复和发展农业生产，采取了"不夺农时"、减少徭役征发、兴修水利、对归来的流民减免赋役等措施。很快就出现了《贞观政要》所描述的情景："商旅野次，无复盗贼，囹圄常空，马牛布野，外户不闭。又频致丰稔，米斗三四钱。行旅自京师至于岭表，自山东至于沧海，皆不赍粮，取给于路。入山东村落，行客经过者，必厚加供待，或发时有赠遗。此皆古昔未有也。"这时虽然赶不上隋朝的极盛期，但已经出现了家给人足的小康局面。

武则天也很重视农业生产。从已发现的敦煌户籍残卷中可见，有此时期应授田和已授田的记载，证明还在继续实行均田制。武则天还以农业生产的好坏作为衡量官吏政绩的标准。唐高宗永徽三年（652 年），全国户数 380 万，到神龙元年（705 年）武则天去世时，户数达到 615 万。

唐玄宗尤其重视通过兴修水利来发展农业生产。据统计，开元时修建水利工程 38 处，到天宝时又有 8 处，合为 46 处。① 开元三年（715 年）至四年（716 年），关东连续发生严重蝗灾，玄宗接受姚崇的建议，派出专使督察州县大力捕蝗，减轻了灾害，使"田收有获，人不甚饥。"② 另外，唐玄宗还在各地大兴屯田，主要有军屯与民屯两种。军屯多在边疆，民屯则在内地，生产者一般是失去土地的农民。屯田制招抚了大量流民，促进了农业生

---

① 许道勋、赵克尧，《唐玄宗传》，北京：人民出版社，1983 年，第 287 页。
② （后晋）刘昫，《旧唐书·玄宗纪上》，北京：中华书局，1978 年，第 144 页。

产的发展，增加了国库收入。这时期耕地面积继续扩大，"唐天宝时实有耕地面积，约在八百万顷至八百五十万顷（依唐亩计）之间。"① 随着土地的开发，在今川东、鄂西、皖南、闽西、浙东以及河南中部出现了一些新的居民区，唐政府就地设立了一些新的州县。

唐中期的"安史之乱"使北方经济遭到严重破坏，而江南地区战乱相对较少。北方人为逃避战乱大量南迁，不仅使南方增加了劳动力，先进的技术也随之南传。南方农业的发展与水利工程的兴修有密切关系。唐前期兴建的水利工程是南方少北方多，唐后期则是南方多北方少。唐代宗大历年间（766—779 年），为了防止海潮，曾在今江苏淮安至南通一带筑堤 142 里，起了保护农业生产的作用。唐宪宗元和八年（813 年），在常州武进开孟渎渠，灌田四千顷。南方开垦了许多湖田、渚田、山田，这使水域和山区的土地也得到充分利用。农业生产工具也大大改进。晚唐陆龟蒙所著《耒耜经》提到，当时江南使用的耕犁由犁壁、犁箭、犁秤等 11 个部分组成，操作灵活，既可以深耕，也可以浅耕。灌溉工具也有进步，中唐后利用风力或水力转动的水车很普遍，过去使用的桔槔已被认为是落后的农具。水利的兴修、生产工具的改进和土地的垦辟，使江南的粮食产量大为增加。当时比较各地经济实力，谚称"扬一益二"，扬州在全国各区域中居于首位。

唐代以前人们饮用的茶叶多是野生，唐人则已经掌握了茶树的种植、施肥、下种、中耕及收获等一系列环节，唐末韩鄂的《四时纂要》一书对这些有较详细的记载。

（2）唐代手工业的发展

唐代手工业迅速发展，并且在许多领域都有不俗的成绩。唐朝已经有了规模较大的家庭纺织业。《太平广记》（卷二四三）中《何明远》载："唐定州何明远大富，主官中三驿。每于驿边起店停商，专以袭胡为业。资财巨万，家有绫机五百张"。这样规模的纺织场所，至少工人也在千数上下，不

① 王铽，《唐代实际耕地面积》，载《王铽隋唐史论稿》，北京：中国社会科学出版社，1981 年，第 67 页。

过这种工人究竟是什么身份还值得研究。① 唐后期南方丝织业有较大发展，无论数量还是质量都超过北方，如越州（浙江绍兴）的缭绫、宣州（安徽宣城）的红线毯、荆州（湖北江陵）的贡绫、益州（四川成都）的蜀锦等都很著名。另外岭南的棉织业也有发展。五代时期，"蜀绣""吴绫""越锦"等丝织品驰名全国，福建的蕉布、葛布等也比较有名。

唐代制瓷业在规模、技术、艺术等方面超越前代，瓷窑遍及大江南北。造纸业非常发达，宣州出宣纸，扬州出六合笺，广州出竹笺，这些都是上等纸品。宣纸产自宣州府（安徽泾县），自唐以后历代相延。唐后期的造纸业更为发达，重要产地多在南方，除宣纸、六合笺外，益州的麻纸、浙东的藤纸、临川的薄滑纸等都是著名产品。唐代茶树的种植遍及南方各地，制茶业已具相当规模，《唐国史补》（卷下）记载了当时的名茶："风俗贵茶，茶之名品益众。剑南有蒙顶石花，或小方，或散牙，号为第一。湖州有顾诸之紫笋，东川有神泉、小团、昌明、兽目，峡州有碧涧、明月、芳蕊、茱萸簝，福州有方山之露牙，夔州有香山，江陵有南木，湖南有衡山，岳州有浥湖之含膏，常州有义兴之紫笋，婺州有东白，睦州有鸠坑，洪州有西山之白露，寿州有霍山之黄牙，蕲州有蕲门团黄，而浮梁之商货不在焉。"这里共列举名茶 19 种。唐德宗时开始收茶税，后来成为政府的重要税种。宪宗时，仅浮梁一县每年的茶税就有十五万余贯。

唐代造船业的发展非常迅速。刘晏曾在扬子（江苏扬州）造船二千余艘；民间造的大船，《太平广记》所载俞大娘的商船从事海外贸易，载重上万石，长达二十余丈，载客六七百人。这时在荆南一带，还出现了用脚踏动两轮前进的轮船。

（3）唐代商业与城市的发展

唐代盛世，国家地域辽阔，各地物产不同，社会经济欣欣向荣，为商业的发展创造了条件。商品经济的活跃，又促成货币形态的演进。唐时期酝酿着中国古代城市形态的巨变。先秦以来，中国古代城市比较注重其政治和军事意义，是统治者的政治中心和军事要塞，而从隋唐开始，其经济性色彩日

---

① 童书业，《中国手工业商业发展史》，济南：齐鲁书社，1981 年，第 103 页。

渐浓厚。草市与夜市出现，在乡村定期进行交易的场所，称为"草市"。草市最早出现在东晋南朝，到了唐代中叶，其数量明显增多。如杜牧在《樊川文集》中曾说"江淮草市，尽近水际……江南江北，凡名草市，劫杀皆遍。"唐以前，华北地区还不见草市的记载；但自中唐至五代，这里的草市已经为数不少。王建诗咏汴州："天涯同此路，人语各殊方。草市迎江货，津桥税海商。"① 到五代时，华北的草市已经成批出现。后唐天成三年（928年）七月敕："其京都及诸道州府县镇坊界内，应逐年买官麹酒户，便许自造麹，酝酒货卖。"② 可知华北确有不少酒户生活在各地草市中。"诸州镇郭，下及草市，见管属省店宅、水硙，委本处常切管勾，其征纳课利，不得亏失……所有货卖宅舍，仍先问见居人，若不买，次问四邻。不买，方许众人收买……其两京城内及草市屋宅店舍，不在此例。"③ 可见，包括两京和北方州镇在内地区大多拥有草市。

这时在扬州等城市中还出现了夜市，打破了日落闭市的旧制。中唐王建《夜看扬州市》诗云："夜市千灯照碧云，高楼红袖客纷纷，如今不是时平日，犹自笙歌彻晓闻！"于此可见扬州夜市的盛况。开成年间敕"京夜市，宜令禁断"。④ 但王建笔下的汴梁，仍是"水门向晚茶商闹，桥市通宵酒客行"，⑤ 说明夜市可以通宵达旦地开张，统治者禁而未果。

在坊市制度下，固定了商业经营的时间和地点。如果说，草市的大量涌现是从地域范围上突破了坊市制度的限制，那么夜市与早市的风行，则是在时间上冲破了坊市制度的限制。除了草市与夜市外，当时还有野市、蛮市、墟市的存在。由于有些草市、墟市生意兴隆，迁来定居从事贸易或谋生活的人渐多，就逐渐发展成为市镇。隋唐商业为后来宋代商品经济的空前活跃奠

---

① （清）彭定求等编，《全唐诗》卷299《汴路即事》，北京：中华书局，1960年，第1402页。
② （宋）薛居正，《旧五代史·食货志》，北京：中华书局，1976年，第245页。
③ （宋）王溥，《五代会要》卷15《户部》，上海：上海古籍出版社，1978年，第725页。
④ （宋）王溥，《唐会要》卷86《市》，北京：中华书局，1985年，第1877页。
⑤ （清）彭定求等编，《全唐诗》卷300《寄汴州令狐相公》，北京：中华书局，1960年，第1490页。

定了基础。

隋唐时期在一些大城市中出现了柜坊和飞钱。柜坊具有信用机构的性质，主要经营钱物存付，即代人保管钱物，向存钱物者收取一定的柜租，然后凭书帖或信物支付钱物。这种书帖类似于后世的支票。飞钱又称便换，是商人在长安把钱交给某道进奏院（类似地方政府驻京办事处）或某军、某使、某富人家，然后带着当事人付给的文券，到目的地凭文券取钱。这种文券类似于后世的汇票。柜坊和飞钱使商人避免了携带重金走远路的危险，有利于商品经济的发展，也是当时商品交换活跃、钱币收支频繁的表现。

唐代城市在数量和规模方面，都有新的发展。唐代长安有东、西两市，是当时两个集中的商业区。宋敏求的《长安志》卷八记载，东市"南北居二坊之地……街市内货财二百二十行，四面立邸，四方珍奇皆所积集。"卷十记载，西市"南北尽二坊之地……市内店肆如东市之制。长安县所领四万余户，比万年为多，浮寄流寓不可胜计。"长安城中还聚集了不少外来商人，人家百万户，[①] 是当时全国第一大城市。

洛阳在唐时有南、北、西三市，以南市最盛。《河南志》载："唐之南市，隋曰丰都市。东西南北居二坊之地，其内一百二十行，三千余肆。四壁有四百余店，货贿山积。"洛阳所在漕渠"为天下舟船所集，常万余艘，填满河路。商旅贸易，车马填塞"。唐代洛阳是全国货物水陆转运的中心，常吸引不少胡商在此停留。天宝初年，河南府有 19 万户，118 万人，虽少于长安，但也是当时著名的国际大都市。

此外，汴梁（河南开封）、扬州、苏州、杭州、江陵、成都、广州等城市的商贸活动也都比较活跃。这些分布在全国各地的经济性城市，大致可分为两种类型。一是数量众多的内陆城市，它的兴起除了手工业、商业活动有较大发展外，还和当地水路交通优势密切相关。由于陆路运输远不如水运价廉和便当，水运便利处往往就发展成为重要都会。二是分布于沿海的海港城

---

① 韩愈《出门》一诗中有"长安百万家"语，见《韩愈集》卷 2《古诗》。又见贾岛《望山》诗中亦云："长安百万家"，见《全唐诗》卷 571《望山》，北京：中华书局，1960 年。

市，它往往具有便捷的海上交通线、优良的港口和较大的腹地。如唐代的广州已是始航站，官方几次修大庾岭路，扩大了广州的贸易腹地，并且在此最早设置了市舶使。中唐以后，由于华北地区藩镇割据，战祸频仍，使市场贸易大受影响；而东南政局相对稳定，一批大中型城市相继涌现，并获得了前所未有的发展。

承袭前朝，唐前期还是典型的封闭型城市。居民居住于坊，门在坊里，不对大街开。商业只在另外的"市"中进行，由专门官吏管辖，日中击鼓而开，日落而闭。日落后行人不能在街上逗留。唐中期以后，由于商业的发展，原来住宅区"坊"和商业区"市"在空间上被严格分开的旧制度，已经开始在扬州等一些城市中打破，经营商业不再被局限于市。

2. 宋代社会经济在当时世界处于领先地位

宋代经济取得令人惊叹的成就，宋代手工业和商业的繁荣，城市数量的增加，人口的迅速膨胀，部分地区市镇网络的初步形成，都表明中国古代商品经济的发展和都市化进程在宋代跨入到一个新的阶段。

（1）宋代农业的新成就

晚唐以降，钢刃熟铁农具逐步取代此前的铸铁农具，宋代进一步得到推广和普及，有助于大规模农业生产的发展。适应江南水田耕作的农具进步最快，除了创制于中唐的曲辕犁得到普遍使用外，南方湖荡沼泽的开发则得力于"犁刀"这种新式农具。

中国传统农具的配套与定型化，基本上是在宋代完成的。元初王祯《农书》记载的百多种农具，绝大多数宋代都已使用，并且构成一个完整系列。

从宋朝管辖的全境看，两浙、江东、福建沿海和西川路成都平原属于当时的农业发展先进地区。北宋中叶秦观说，"今天下之田称沃野者为吴越闽蜀。其亩所出，视他州辄数倍"。原因是"吴越闽蜀地狭人众，培粪灌溉之功是也。"① 其中最为突出的又是以太湖流域为中心的两浙地区。范仲淹说：

---

① 秦观，《淮海集》卷15《财用上》，长春：吉林出版集团有限责任公司，2005年，第522页。

"苏、常、湖、秀，膏腴数千里，国之仓庾也。"① 福建沿海平原是宋代新兴的又一农业中心，又如江南东路的好田集中区，如人口密度与两浙同居全国之冠的成都府路，都是集约化程度很高的精耕细作地区。

宋代经济作物和商品性农业取得较大发展，已有不少茶农、桑农、蔗农、果农和菜农不再为自身的直接消费而生产，而是把产品投入市场，转换成货币，再购入粮食、布帛等生活必需品。他们已从单纯的粮食种植业中分离出来，开始了自己行业的独立发展。南方蚕桑业多集中在成都平原和太湖流域。《宋史·地理五》记载成都府路"土宜桑柘，茧丝织文纤丽者穷于天下"。北宋李觏认为太湖流域"平原沃土，桑柘甚盛""缫车之声，连甍相闻"。② 这种农户不再从事粮食种植，而是"以蚕桑为岁计""唯藉蚕办生事"，他们的口粮从市场上买进，蚕桑业已从粮食种植业中分离出来。

宋时茶叶成为人们的主要饮料，宋代产量每年约四五千万斤，茶树种植相当广泛。据《太平寰宇记》记载，产茶州郡遍及福建各地，仅绍兴三十二年（1152 年）福建的产茶额就有百万斤。江淮、荆湖、福建、西川四路等地广泛分布的私营茶园，已从粮食种植业中分离出来，其口粮、税赋、日用品全靠茶叶换钱，已经是小商品生产者。少数大茶园，每年产茶三五万斤，或由园主自己雇工贫民，或取租佃方式，其商品生产的性质更为明显。靠近城市、港口和码头的近郊地区，独立的果蔬种植业也发展起来。例如福建水果种植业发达，尤以荔枝为盛。有一家果园 10000 株荔枝，产品不仅畅销开封，而且远销到西夏。

（2）宋代手工业发展概况

宋代手工业的发展在前代的基础上，更进一步，各方面都迅猛发展。在北宋中叶，就进入了煤炭规模开采阶段。在今山西、陕西和河南等地区，煤炭已经作为新型能源进入生产和生活领域，挖煤工人即"仰石炭为生"者。冶铁业的规模发展主要在北方，除铁矿资源外，这里煤炭产地集中也是重要

---

① 《范文正公集》卷 9《上吕相公并呈中丞咨目》，北京：商务印书馆"四部丛刊"本。

② 《李觏集》卷 16《富国策》（3），北京：中华书局，1981 年，第 438 页。

原因。宋代四大冶铁基地与煤炭产区的地理位置高度一致，成为宋代冶铁业的最大特征。就当时社会经济中的地位而言，纺织业的重要性不在矿冶之下。这时纺织业的主体仍是丝织业，但至少到南宋中叶，棉织业逐步兴起。宋代陶瓷可分为三大生产区域：北方窑系、南方窑系和闽广窑系。印刷业在宋代是一个新兴的手工业部门。国子监、秘书监和各路的转运司、茶盐司均设刻书作坊，主要承印官颁历书和历代经史，时称"官刻"。产量更多的是民间刻书作坊，时称"坊肆"，集雕刻、印刷和售书于一身，印卖日用历书、农业种艺和士子应试书等。

（3）宋代商品经济与都市化的发展

宋代城市数量的增加和城市人口的膨胀，是中国古代传统的政治性城市开始向经济性城市加速转变的一个结果。不仅地域经济中心城市逐步增多，而且少数城市表现出由消费性城市向生产性城市过渡的明显特征。

据《元丰九域志》记载，北宋全境 10 万户以上的城市有四十多个，比唐代增加 3 倍多。徽宗崇宁元年（1102 年），东京城内外共 26 万多户，人口超过百万。"杭州城内生齿不可胜数，约计四五十万人。"南宋初陆游到成都评价"城中繁雄十万户，朱门甲第何峥嵘。"

城市人口的飞速增长，使近郊出现了新的居民点。政府在城外设厢，作为新的一级城区机构。东京开封府，五代末年就"华夷辐辏，水陆会通""工商外地人至，络绎无穷"。因此在京城四周"别筑罗城"，罗城就是外城，城区因而成倍扩展。到真宗大中祥符二年（1009 年），罗城之内又住满，人口繁众，不得不将之划为 9 个"厢"分别管辖。南宋杭州城的南、西、北三面"各数十里，人烟生聚，市井坊陌，数日径行不尽"，其繁华程度可想而知。

宋代的城市面貌与性质也悄然发生重大变化。唐代城内以居民区和市场区互相隔绝为特征的坊市制，此时已被临街设店的新格局所取代，近代型城市风貌由此显现，其经济价值日趋鲜明。例如东京"越商海贾，朝盈夕充"，商业气氛浓厚。有些城市成长为区域经济中心，如成都作为西南交通枢纽，不仅是川西所产粮食、绢帛、陶瓷、茶叶、纸张、书籍等商品的集散地，而且是同吐蕃、大理等周边政权进行茶马贸易的重要商埠。宋人吕大防《锦官楼记》描绘的成都"万井云错，百货川委，高车大马决骤于通途，层楼复阁荡摩乎半空"俨然一大都会。又如太湖流域的苏州、伊洛流域的洛阳、东川的汉中、两湖的荆州、潭州等，也都是与成都类似的区域经济中心。此外扬州不仅节制淮南 11 个州郡，而且江南的"迁徙、贸易之人往返皆出其下"。鄂州（武昌）"市邑雄雷，列肆繁错"，沿江"贾船客舫不可胜计，衔尾不绝者数里"，也都是地当冲会的商业重镇。

更令人瞩目的是少数生产性工商城市的崛起。如浙东金华"民以织作为生，县称衣被天下"；① 东川梓州"有机织户数千家"，② 皆可被视为纺织城镇。如聚冶工五六万至十数万的铅山场（江西上饶）、岑水城（广东韶关），皆可被视为冶金城镇。四川陵州，在北宋中叶卓筒井兴起后，数万井盐工人聚集于此，这是典型的盐业城镇。

草市和市镇网络体系兴起、形成。早期草市交易主要是小生产者之间的余缺调剂和品种互换，是自然经济的补充。到南宋，多数草市发展成乡村市场，交易物品以米谷、鱼肉、蔬菜、食盐等生活资料和农具、布帛、瓷器、纸张等手工业制品为主，生产者和消费者都在周围居住。另一些位于出产丰富、交通便利的较大草市，则发展成为新的居民点，这就是"市"。在经济发达的江南，"市"的数量可观。建康府（南京）25 个市，庆元府（宁波）22 个市，台州 16 个市，嘉兴 15，常州 13 个市，杭州 12 个市，苏州 11 个市。固定居民和市场的市，既是周围乡村农副产品外销的起点，又是外地日用消费品的销售终点。

宋代的镇则完全经济化了，如太湖流域的很多镇是直接从市发展而来，有些商业城镇甚至在规模、居民数量和繁华程度上可超过州县治。如湖州乌墩镇、新市镇"井邑之盛、赋人之多，县道所不及"；秀州澉浦镇，东西长12 里，南北宽 5 里，居民 5000 人物余户，不啻一大县。南方各地还有一些镇的规模接近或超过县治州府，如淮阴洪泽镇"人烟繁盛，倍于淮阴"；芜

---

① 刘敞，《公是集》卷 51《先考行状》，文渊阁四库全书本。
② （清）徐松，《宋会要辑稿·食货》64 之 23，上海：上海古籍出版社，2014 年，第 2315 页。

湖黄池镇，当地俗谚有"太平州不如芜湖，芜湖不如黄池"之说。

宋代区域经济基本格局形成。宋代区域经济的基本格局大体可用"东强西弱，南升北降"这八个字来概括。从总体上看，南方的两浙、江东、成都府、福建沿海和北方的开封府可以认为是经济发达地区。除开封府外，其余都在南方。除成都府外，其余均在东部。

经济重心南移过程完成，无论是粮食生产还是经济作物种植面积，也无论是农业劳动生产率还是手工业、商业发展水平，江南经济区均已全面超过中原经济区，成为新的经济重心所在。这就是说，中国古代经济重心的南移过程开始于公元755年的安史之乱，而在北宋晚期基本完成。

富庶繁荣的社会经济为这一时期佛教的发展提供了坚实的经济保障。

二、唐宋时期五台山寺院经济的繁荣富庶

社会总体经济的繁荣发展为五台山寺院经济的富庶奠定了坚实的基础，正是在农业、手工业以及商业高度发达的基础上，才可能出现繁荣的寺院经济。而寺院经济的富庶又是其时五台山佛教景观资源丰富的基石。

（一）唐宋五台山寺院财产的积聚

唐宋时期，通过社会各阶层的大量赏赐、捐施以及寺院自身经营等方式，五台山各寺庙获得了大量的财产，其财产积聚的方式主要有如下几个方面：

1. 帝王崇奉

有唐一代，除唐武宗之外，帝王大都尊崇佛教，兴隆佛法，并给予五台山以极大的经济扶植。唐太宗在贞观二年（628年）下诏"五台山等名山大刹，圣道场处，修斋七日"。[①] 贞观九年（635年）十一月再次下诏"凡天下名山佛刹，宜度僧众，数以三千为限，代朕清修。而五台山者，文殊闼宅，万圣幽栖，境系太原，实我祖宗植德之所，尤当建寺度僧，切宜柢畏。"于

---

① （明）镇澄撰、沈慧云点校，《清凉山志》，太原：山西教育出版社，1991年，第67页。

是便在五台山"建寺十所，度僧百数。"① 唐高宗则通过减免五台山的赋税来增加其财产，显庆元年（656 年）十月敕有司："五台等圣道场地僧寺，不得税敛"。② 武则天长安二年（702 年）重新修建清凉寺。长安三年（703年），敕命德感法师率领百余人到五台山设斋，并封德感法师为"昌平县开国公，食邑一千户，请充清凉寺主，主掌京国僧尼事。"③ 唐玄宗在位时也曾修建过清凉寺。④ 唐肃宗乾元元年（758 年）敕有司，"五岳并五台，各建寺一区，选高行沙门主之"。⑤ 唐代宗广德元年（763 年）十二月"诏修五台文殊殿，铸铜为瓦，涂以黄金，费亿万计"。⑥ 唐文宗时，每年敕送衣钵香花等物，细绢五百领，绵五百屯，袈裟一千端，香一千两，茶一千斤，手巾一千条，分施给五台山的十二大寺，并在十二寺设斋供养。⑦ 从上述可以看出，唐代诸帝几乎都较关注五台山佛教的发展，并给予了五台山很大的财力支持。

　　北宋王朝自宋太祖赵匡胤建隆元年（960 年）建立政权之后，对佛教采取了适当保护、利用和限制相结合的政策，但对于五台山的佛教则是优礼相待。太平兴国四年（979 年）有诏："五台禅林大谷，禅侣幽栖，尽蠲赋税"⑧。其后，宋真宗景德四年（1007 年），赐一万贯并敕使修建菩萨院，建

---

① （明）镇澄撰、沈慧云点校，《清凉山志》，太原：山西教育出版社，1991 年，第68 页。
② （明）镇澄撰、沈慧云点校，《清凉山志》，太原：山西教育出版社，1991 年，第68 页。
③ （宋）延一撰、陈扬炯等校注，《广清凉传》，太原：山西人民出版社，1989 年，第55 页。
④ （唐）李邕撰，《李北海集》第 212 册，四库全书珍本四集，第 9 页。
⑤ （明）镇澄撰、沈慧云点校，《清凉山志》，太原：山西教育出版社，1991 年，第68 页。
⑥ 本觉撰，《释氏通鉴》《续藏经》第二编乙，第 4 套，第 5 册. 涵芬楼，1933 年，第471 页。
⑦ 〔日〕圆仁撰、白化文等校注，《入唐求法巡礼行记》，石家庄：花山文艺出版社，1992 年，第 296 页。
⑧ （明）镇澄撰、沈慧云点校，《清凉山志》，太原：山西教育出版社，1991 年，第69 页。

两层大阁，赐额"奉真之阁"。① 宋神宗熙宁三年到四年间（1070—1071年），朝廷调厢兵义勇缮葺五台山寺院。② 帝王的崇佛信仰和扶持，是五台山寺院财产的重要积聚方式。

2. 布施

佛教六婆罗蜜之第一为布施，梵语曰檀那，分为三种：一曰财施，二曰法施，三曰无畏施。在财施方面，凡朝台礼佛供奉钱财的俗称上布施，由寺庙僧人四方化缘，俗名化布施。五台山寺庙接受布施分为四种类型：

第一，官户的捐施。唐宋的官僚体系，从上到下，信奉佛教者大量存在，他们常常把财产捐赠给寺庙供奉佛祖，以求功德。如"开元二十三年，代州都督王嗣，尝巡礼清凉山五台诸寺院……，嗣于是顿发愿心，欲饭千僧，以祈胜福"。③ "贞元四年（788 年），并州节度使马遂、代州都督王朝光各遣使赍供施至山"。④ "嘉定三年，丞相史弥远承父志，舍财庄严殿宇廊庑，备具香灯供养。""淳佑八年戊申，制师颜颐仲祷雨有应，施钱二万，米五十石，置长生库，接济待庄"。⑤ 由于官户地位高、社会影响大，他们的捐施往往具有很强的示范带动作用，给寺院带来了大量的钱财。

第二，普通百姓的捐施。唐宋时期，随着佛教世俗化程度的加深，普通百姓捐赠财产给五台山的现象也比较普遍。如"恒州土俗五十余人，六斋之日，常赍花香珍味来就，奉献文殊师利菩萨，年年无替。又舍珍财，选地建寺，文石刻铭，至今犹在"。⑥ 再如"安州人张氏，崇信三宝，纯厚人也。元丰甲子（1084 年）来游此山，以钱百万奉曼殊室利。"⑦ 等等，这样的记载不可胜数。普通百姓人数众多，他们的捐施自然也就成为寺院财产积聚的重要组成部分。

---

① （宋）延一撰、陈扬炯等校注，《广清凉传》，太原：山西人民出版社，1989 年，第63 页。
② （元）脱脱等，《宋史》，北京：中华书局，1977 年，第 9612 页。
③ 华和平主编，《清凉山志传》，太原：山西人民出版社，2009 年，第 97 页。
④ 华和平主编，《清凉山志传》，太原：山西人民出版社，2009 年，第 106 页。
⑤ 华和平主编，《清凉山志传》，太原：山西人民出版社，2009 年，第 175 页。
⑥ 华和平主编，《清凉山志传》，太原：山西人民出版社，2009 年，第 13 页。
⑦ 华和平主编，《清凉山志传》，太原：山西人民出版社，2009 年，第 130 页。

第三，僧尼自身的捐赠。隋唐以前，寺院财产与僧尼财产大体是统一的，僧尼过着集体的生活，基本没有私人财产。随着寺院经济的发展，僧尼私有财产出现并日益发展壮大，出现了大量僧尼捐赠私有财产予寺院的记载。如"淳化中，有扬州僧，忘其法名。……尝赍五百副钵，大小相盛，副各五事，入山普施"。① 还有僧人直接修建寺院的，如"大历十二年（777年）九月十三日，……法照大师乃度华严寺南一十五里，当中台中麓下，依所逢大圣化寺式，特建一寺"。② 有将自己的私人所得全部捐施寺院而受到皇室加封官爵者，如"僧统大师者，俗姓刘氏，讳继颙，燕畿人也，……遭乱避地清凉山。……游历东京，时晋少主在位，见之信重，赐大相国寺讲《大华严经》，及解讲，获施财巨万……寻请还山，遂建真容院四面廊庑，及华严寺楼阁凡三千间，不啻设供七百余会……逢三八普施温汤，设四众无遮粥会……寻诏授五台山十寺都监"。③ 僧尼自身的捐施成为唐宋时期寺院财产积聚的新特点。

第四，寺庙僧人四方所化布施。根据现存史料记载，唐宋时期五台山参加化缘活动的僧尼行化的距离近在代州，远的则在湖南和吴越地区。如唐代宗大历间（766—779年），有一神姑名天女三昧姑，在华严岭居住，常"入云、代行乞，朝去暮归。大开社火，广济饥寒，游礼之人，由是侵广"。④ 神姑的行乞，解决了五台山游礼人的温饱问题，于是游礼五台山的人日益增多。再如化缘僧人超化大师，他于晋天福三年（938年）戊戌岁，"游方行化，至湖南，谒伪国主、王公，公施香茶盈万。至丁未岁，遣使赍送入山，遍给诸寺。癸卯岁，至吴越国，见尚义、元帅钱王。王礼接殊厚，语论造微，雅合王意，遂施五台山文殊大士、一万圣众前供物、香茶，及制银钵盂、镇子万付、茗荈百笼，仍遣人送至吴越馆内。诸州刺史各办施利，铺陈

① 华和平主编，《清凉山志传》，太原：山西人民出版社，2009年，第122页。
② 华和平主编，《清凉山志传》，太原：山西人民出版社，2009年，第89页。
③ 华和平主编，《清凉山志传》，太原：山西人民出版社，2009年，第110页。
④ （明）镇澄撰、沈慧云点校，《清凉山志》，太原：山西教育出版社，1991年，第124页。

供具，无不周备。别造巨舶乘载，由海路北归"。① 超化大师到湖南和吴越的行化，得到了各位国王及王公大臣的礼遇，还施得了很多供物和财物。再如化缘僧人睿谏，他为筹集资金修建"白鹿寺"，遂"办装之北地缘化"，辽国宁王与夫人"大施金币"。大师回五台山，募工修建。之后又"诣太原，谒伪主刘氏，亦蒙厚赍，寺号曰'白鹿之寺'"。② 睿谏的化缘为修建白鹿寺筹集到资金，为五台山的寺庙建设做出了贡献。五台山僧尼的化缘活动，为寺院筹集了大量资金。

3. 对自然资源的开发、利用

五台山寺院对自然资源的开发历史较久，主要包括以下方面：

首先，开矿。如："继颙，故燕王刘守光之子，守光死，以孽子不得杀，削发为浮屠，后居五台山。"作为一名僧人，他"于柏谷置银冶，募民凿山取矿烹银"。③ 继颙的这一举动，一方面促进了当地自然资源的开发利用，另一方面也增加了寺院财产来源。

其次，大力开发耕地、林地、果园花圃、野生药物等。唐宋时期是五台山佛教发展的重要时期，寺院通过均田制下僧尼的授田、统治阶层的赏赐、民众的捐施等形式获得大量耕地。唐武宗灭佛时，"收膏腴上田数千万顷"，④"五台山十寺，旧管四十二庄。"⑤"嘉定三年，有田五百六十七亩，山千六百七亩。"⑥ 种植耕地，成为五台山寺院财产的重要来源。而植树造林，也一直是五台山重要的经济活动，如"嘉定三年，……植杉十万。"⑦ 这就使山上形成良好的森林植被"即松成盖者，数以千计。"⑧ 东北面还有

① （宋）延一撰、陈扬炯等校注，《广清凉传》，太原：山西人民出版社，1989 年，第 94 页。

② （宋）延一撰、陈扬炯等校注，《广清凉传》，太原：山西人民出版社，1989 年，第 101 页。

③ （清）吴任臣撰，《十国春秋》，北京：中华书局，1983 年，第 1154 页。

④ （宋）王溥，《唐会要》，北京：中华书局，1998 年，第 841 页。

⑤ 华和平主编，《清凉山志传》，太原：山西人民出版社，2009 年，第 243 页。

⑥ 华和平主编，《清凉山志传》，太原：山西人民出版社，2009 年，第 175 页。

⑦ 华和平主编，《清凉山志传》，太原：山西人民出版社，2009 年，第 175 页。

⑧ 华和平主编，《清凉山志传》，太原：山西人民出版社，2009 年，第 7 页。

大片的枣林、桑林供僧众食用。① 圃种植业也相当繁盛，中台大孚寺"寺南有花园，可二、三顷许，沃壤繁茂，百品千名，光彩晃耀，状同舒锦。"② 当时，五台山还有大量名花异草，如日菊花、孝文十二院花、五凤花、百枝花、钵囊花以及鸡足草、萱薞草不胜枚举。③ 林园花草不仅为寺院装饰提供了大量鲜花，使寺院的环境优美、招徕了大量游客，间接促进了寺院财产的增长，而且还引起了朝廷的注意。"长安二年，遣使于五台山大孚灵鹫寺前，采花万株，移与禁掖。"④ 这也反过来催生了朝廷对寺院的再次赏赐。良好的植被，更使山中草药众多，人参、长松、茯苓、黄精、木瓜、钟乳等非常普遍。僧众或服食或采来治病救人，如"繁峙县城内景云寺边，有老人姓王名相儿，采药为业"。⑤ 代州有信士，"登台礼拜，至一住处，见僧等多服药饵，时兼果菜"。⑥ "释普明，……于南台之北，凿龛修业，……遍身洪烂，百穴脓流，眉毛须发，一时俱坠，……取服长松三日，身疮即愈，毛发并生"。⑦ 这就解决了部分僧众对食品和药品的需求，间接促进了寺院财产的积聚。

4. 佛事收入

五台山僧人的佛事活动主要有"六月道场""十寺法令""各寺法令""僧众斋会""讲经说法""传戒受戒""念谱佛""放焰口"等。每项活动，寺庙都要支出一定开销，但四方游客、施主均要上布施，收入大于支出。今仅以僧众斋会举例说明："会僧而施斋食"，⑧ 称为斋会，斋会中的施斋主虽然身份各不相同，但无一例外都要捐施财物，唐高宗显庆年间设斋"供一万菩萨"⑨。之后，一直到唐文宗开成四年（840 年），每位帝王都要敕使到五

① 华和平主编，《清凉山志传》，太原：山西人民出版社，2009 年，第 36 页。
② 华和平主编，《清凉山志传》，太原：山西人民出版社，2009 年，第 10 页。
③ 华和平主编，《清凉山志传》，太原：山西人民出版社，2009 年，第 56 页。
④ 华和平主编，《清凉山志传》，太原：山西人民出版社，2009 年，第 57 页。
⑤ 华和平主编，《清凉山志传》，太原：山西人民出版社，2009 年，第 33 页。
⑥ 华和平主编，《清凉山志传》，太原：山西人民出版社，2009 年，第 22 页。
⑦ 华和平主编，《清凉山志传》，太原：山西人民出版社，2009 年，第 21 页。
⑧ 丁福保编，《佛学大辞典》，北京：文物出版社，1984 年，第 1373 页。
⑨ （宋）延一撰、陈扬炯等校注，《广清凉传》，太原：山西人民出版社，1989 年，第 54 页。

台山的十二大寺设斋，供一千僧。宋真宗修建好真容院后，也"岁遣内臣诣山，设斋供养。"宋仁宗朝时"每郊禋礼毕，道场设斋供养。"① 设斋，是为了庆祝重大事件，如新的著作成果的问世等。澄观国师历时四年，著完《大方广佛华严经疏》"乃罄资缘设千僧会斋，用为显庆。"之后，华严寺主贤林、尚座悟寂、山门十寺都供养主温州无著以及阖山僧众，又"共设大斋"，② 恭贺著成。普通信众是为了祈求得到上等之福而设斋，武则天圣历二年（699 年），齐政游五台山时见到文殊化僧人形象，齐政"竭诚斋设供施而归"。③ 不管设斋的目的如何，寺院最终都会得到一定数量的财产。

5. 商业、借贷收入

在唐宋商品经济发展的大环境下，五台山寺庙也从事一定的商业、借贷业，以获取利润。如道义禅师，于唐开元二十四年游五台山后"归清凉寺，取所寄衣衾。"④ 说明寺庙已经开展为外来游客代存行李的业务从而获取相应报酬。寺院不仅经商，而且还经营贷款业务以收取利息。"宋淳佑八年戊申，制师颜颐仲祷雨有应，施钱二万，米五十石，置长生库，免租役。"⑤ 商业、贷款业务的发展，进一步补充了寺院财产。

唐宋时期，五台山寺院财产的积聚方式是多途径的，而非单一的，这种状况的形成和唐宋时期佛教的普及以及商品经济的发展有着难以割舍的联系。上述收入，共同构成五台山寺庙经济的主体部分，也是五台山寺庙经济繁盛的主要体现。

（二）五台山寺院财产的消费

唐宋时期，五台山寺院财产的消费也在一定程度上折射出寺院经济的繁盛程度，当时的消费主要有如下几类：

---

① （宋）延一撰、陈扬炯等校注，《广清凉传》，太原：山西人民出版社，1989 年，第 63 页。

② （宋）延一撰、陈扬炯等校注，《广清凉传》，太原：山西人民出版社，1989 年，第 91 页。

③ （宋）延一撰、陈扬炯等校注，《广清凉传》，太原：山西人民出版社，1989 年，第 82 页。

④ 华和平主编，《清凉山志传》，太原：山西人民出版社，2009 年，第 84 页。

⑤ 华和平主编，《清凉山志传》，太原：山西人民出版社，2009 年，第 175 页。

1. 修建和维护寺院建筑

唐宋时期,五台山寺院大都建有巍峨高大、金碧辉煌的殿堂,这些殿堂的建设除依靠政府资助外,寺院自身的资产投入也是保证佛殿建设顺利的必要条件。有些寺院的修建花费非常巨大,如唐代宗大历二年,"造金阁寺于五台山,铸铜涂金为瓦,所费巨亿"。[1] 朝廷投资外,修缮对寺院来说也是一笔巨大的花费。当然,也有一些寺院的修建是由寺院花费人力来完成的,如"中台上有旧石精舍一所,大乘基以咸亨四年与白黑五百余人往而修焉"。[2] 庙建成后,庙里的厅堂楼阁也属于建造的范畴,如"西台接东峨谷有一古寺,唐垂拱中,有雁门清信士誓愿主持,经阁始成,楼台营构。堂殿房廊,六七院宇。"[3] 北台之麓的木瓜寺也曾修缮过数次。[4] 唐宋时期,有一个值得关注的现象是,随着商品经济的发展,寺院在修建时也以雇佣劳动力的方式进行,如"大孚灵鹫寺之北,有小峰,……乃缮治堂宇,募工仪形。"[5] 这样,寺庙不仅需要购置物质材料,还需要支付工匠薪酬。这一时期五台山有些寺庙修建时,为得到精良的建筑材料,甚至到异地求购,如法华院在建造时,"远自易州,千里求采玉石"。[6] 这样花费的资金应是更大,从另一个侧面表明了寺院经济力量的强大。

2. 僧侣日常生活支出

五台山僧尼数量庞大,寺院僧尼维持正常生活的衣食消费成为寺院必不可少的支出。中台东南的玉华寺"常有骡三十头,不烦驱策,从北川上下运斋粮,以供僧用。如此凡数十载,未尝阙乏。"[7] 可见,一座寺庙僧人每日消费的粮食数量是非常庞大的,对粮食的运送很有可能也是通过雇佣的方式来进行的。而寺内一般都有食堂,如释义禅师到供养所时"果与众僧食次",[8]

---

① (宋) 司马光,《资治通鉴》,北京:中华书局,2007 年,第 10255 页。
② 华和平主编,《清凉山志传》,太原:山西人民出版社,2009 年,第 9 页。
③ 华和平主编,《清凉山志传》,太原:山西人民出版社,2009 年,第 61 页。
④ 华和平主编,《清凉山志传》,太原:山西人民出版社,2009 年,第 61 页。
⑤ 华和平主编,《清凉山志传》,太原:山西人民出版社,2009 年,第 72 页。
⑥ 华和平主编,《清凉山志传》,太原:山西人民出版社,2009 年,第 82 页。
⑦ 华和平主编,《清凉山志传》,太原:山西人民出版社,2009 年,第 64 页。
⑧ 华和平主编,《清凉山志传》,太原:山西人民出版社,2009 年,第 84 页。

赶上众位僧人开饭，释法照则在云峰寺食堂内食粥。① 茶也是僧人日常生活的重要组成部分，僧人无著于温州到达五台山华严寺，见到"大众各备盏啜茶"。② 清凉三传中记载僧人喝茶的史料不胜枚举，这说明对茶叶的消费在寺中非常普遍，以购买的方式来获取已成为一种必然。有时，僧人的沐浴也由寺院统一安排，如"宋至道间，真容院僧结百僧会，夏三月，讽《华严》。方为众僧设浴，群药煮汤，好香薰室，巾单鲜洁，茶果清奇。"③ 可见沐浴成本支出也是相当大的。

此外，寺院为僧人日常生活所消费的衣服、鞋帽、日用品、药品以及剃度等费用也构成寺院财产消费的重要组成部分，此不赘述。

3. 寺院僧人参与社会活动

唐宋时期，五台山在很多情况下，同时还承担着为行旅之人提供寓居、饮食的功能。同时，寺院僧人还积极参与救济、治病以及环保等社会福利活动，这些活动都是以经济支出为前提的。

这一时期，游览五台山的僧众数量众多，为游客提供食宿便利成为五台山寺院重要的财产支出之一。日本僧人圆仁在《入唐求法巡礼行记》中详细记载了他在行程中留宿的佛寺的名称，揭示出一幅晚唐时代由晋冀普通院组成的网状传舍布局。这里所谓的"普通院"，就是"对巡礼者普与供养，通达五台"的意思。院里"常有饭粥，不论僧俗来集，便僧（房）宿。有饭即与，无饭不与，不妨僧俗赴宿"。④ 如果说"普通院"是固定提供食宿的场所的话，那么，五台山还有很多临时为游客提供食宿的场所，如"中台南三十里，在山之麓有通衢，乃登台者常游此路也。旁有石室三间，内有释迦、文殊、普贤等像。又有房宇、厨帐、器物存焉，拟登台道俗往来休憩。"⑤ 当然各个寺庙因为经济实力的不同，对来往五台山的游客接待能力各不相同，

---

① 华和平主编，《清凉山志传》，太原：山西人民出版社，2009年，第87页。

② 华和平主编，《清凉山志传》，太原：山西人民出版社，2009年，第78页。

③ 华和平主编，《清凉山志传》，太原：山西人民出版社，2009年，第200页。

④ 〔日〕圆仁撰、白化文等校注，《入唐求法巡礼行记校注》，石家庄：花山文艺出版社，2007年，第284页。

⑤ 华和平主编，《清凉山志传》，太原：山西人民出版社，2009年，第11页。

但这些都构成为寺庙财产支出的重要组成部分。

五台山许多僧侣还通过多种形式积极参与社会慈善事业，在这些形式不一的慈善活动中，僧侣们除了要付出自身的体力和智力外，寺院财产的支出也是保证这些活动得以顺利实施的必要条件。玄宗开元年间，五台山清凉寺设立"粥院"周济贫民。① 此外，五台山很多寺庙常通过各种方式为僧众施食，如大孚灵鹫寺"每岁首之月，大备斋会。遐迩无间，圣凡混同。"② 显然，僧俗无论远近都在斋会的日子里可到寺院就食。华严寺在"大中七年夏四月，普供天下，巡礼四众，斋粥一月"。③ 继颙为真容院主持时，"逢三八普施温汤，设四众无遮粥会。殊因妙果，植大福田，未有若斯之盛也。"④

五台山寺庙中许多僧侣精于医术，他们经常为四方民众解除疾病痛苦，如"唐福州陈仲良，游清凉，囊土而归，其妻患疮，尽医莫差。仲良以土付之曰：'此文殊大圣所赐药，汝但至诚归命，所苦必差。'……其苦即愈。"⑤ 如"唐景龙间，代州谢平，于东台麓见一老叟，招之入深谷。……采薇而食，……久之思亲，采薇囊之而归，奉母。母病将死，食之病愈。"⑥ 虽然这些记载中多含有神秘的成分，但僧侣行医的记载基本是可信的。僧侣的这些公益性活动的顺利进行是以占有并消费物质财富为前提的，换言之，这些活动也是寺庙财产消费的重要表现形式。

（三）王权对五台山寺院财产的有意抑制

唐宋时期佛教兴盛，寺院经济也得以迅猛发展，其势力的扩张，更是危及当时社会秩序。时人对于寺院经济势力破坏国家法度有着许多抨击，狄仁杰说"今之伽蓝，制过宫阙，穷奢极壮，宝珠殚于缀饰，琼材竭于轮奂。工不使鬼，止在役人，物不天来，终须地出，不损百姓，将何以求？生之有时，用之无度，编户所奉，常若不充，痛切肌肤……"。⑦ 之后，这种针对佛

① （宋）赞宁，《宋高僧传》，北京：中华书局，1987年，第538页。
② 华和平主编，《清凉山志传》，太原：山西人民出版社，2009年，第70页。
③ 华和平主编，《清凉山志传》，太原：山西人民出版社，2009年，第100页。
④ 华和平主编，《清凉山志传》，太原：山西人民出版社，2009年，第110页。
⑤ 华和平主编，《清凉山志传》，太原：山西人民出版社，2009年，第268页。
⑥ 华和平主编，《清凉山志传》，太原：山西人民出版社，2009年，第269页。
⑦ （后晋）刘昫，《旧唐书》，北京：中华书局，1997年，第2893页。

教寺院经济势力扩张的言论更是不绝于耳，桓彦范、辛替否、高郢、彭偃、韩愈等都有所指责。当寺院经济势力扩张威胁到王权国家的根本利益时，国家还是要对其实行抑制的。

从会昌二年（842 年）十月起，唐武宗下令凡违反佛教戒律的僧侣必须还俗，并没收其财产。会昌四年（844 年）三月，武宗敕"代州五台山及泗州普光王寺、终南山五台、凤翔府法门寺，寺中有佛指节也，并不许置供及巡礼等。如有人送一钱者，脊杖二十"。① 又下令"毁拆天下山房兰若、普通佛堂、义井、村邑斋堂等，未满二百间，不入寺额者，其僧尼等尽勒还俗"。② 当时"所拆寺四千六百余所，还俗僧尼二十六万五百人，收充两税户，拆招提兰若四万余所，收膏腴上田数千万顷。"③ 武宗灭佛沉重打击了寺院经济。五台山寺院也未能逃过"武宗灭佛"这一劫难，寺院财产大量散失。唐玄宗开元二十三年（735 年）三月十五日，清凉寺普观禅师与同造功德主沙门法会，在中台顶造玉石释迦、文殊、普贤等部从的像，开元二十四年（736 年）造成，雕像"神功妙绝"，④ 但是在会昌灭佛时被全部毁坏。唐武宗灭佛也使五台山大量僧人四处逃亡，智颙大师"藏匿岩薮，余众解散"⑤ 愿诚和尚"执志无改"继续藏在山中。⑥ 五台僧多亡奔幽州，李德裕同张仲武等人商量"有游僧入境则斩之"。⑦ 五台山僧人遭到了重大伤亡，寺院财产散失的力度也是相当大的。

到宋代，河东北部与辽朝接界地带，北宋初年朝廷不许耕种，由于欧阳

---

① 〔日〕圆仁撰、白化文等校注，《入唐求法巡礼行记校注》，石家庄：花山文艺出版社，2007 年，第 439 页。
② 〔日〕圆仁撰、白化文等校注，《入唐求法巡礼行记校注》，石家庄：花山文艺出版社，2007 年，第 446 页。
③ （宋）王溥，《唐会要》，北京：中华书局，1998 年，第 841 页。
④ （宋）延一撰、陈扬炯等校注，《广清凉传》，太原：山西人民出版社，1989 年，第 89 页。
⑤ （宋）延一撰、陈扬炯等校注，《广清凉传》，太原：山西人民出版社，1989 年，第 84 页。
⑥ （宋）延一撰、陈扬炯等校注，《广清凉传》，太原：山西人民出版社，1989 年，第 91 页。
⑦ （宋）司马光，《资治通鉴》，北京：中华书局，2007 年，第 801 页。

修等大臣的力争，为改变"河东凋敝"的现状，才允许开垦。河东的边臣借口五台山寺院的土地属于山荒地，"遂摽夺其良田三百余顷，召置弓箭手一百余户"。① 这使五台山的寺院财产被严重削弱，造成了"僧徒分散，寺宇堕摧"的状况。宋神宗熙宁中（1068—1077 年）河东分划地界，"起遣弓箭手四十二人，请以五台山寺地处之。又令僧每人给二顷，童行一顷，余悉以招弓箭手"。② 五台山僧人的土地有了数量规定，剩余的地都分给弓箭手，五台山的寺院财产再次被削弱，原本保有的些许财产至此基本散失殆尽。

北宋时五台山地处边界，多受战事牵连。宋太宗雍熙三年（986 年）八月，契丹诸路兵马都统耶律色珍追击知雄州贺令图，在五台山发生激战，死者达数万人。五台山遭受如此大规模战争的破坏，寺院财产一定损失严重。北宋末年金兵大举伐宋，五台山因与金朝接壤"比因边倅议括旷土，故我圣境山林，为土兵所有；开畬斩伐，发露龙神之窟宅。我等寺宇，十残八九；僧众乞匄，散之四方"。③ 五台山寺院因战事再次受到冲击。宋徽宗宣和七年（1125 年），忻、代二郡失守，金兵占领了五台山，五台山一带受到金兵烧杀抢掠，寺院财产受到严重的破坏。接连不断的战争对本身还未从唐武宗灭佛中恢复过来的五台山，更是雪上加霜。

综上所述，唐宋时期五台山寺院经济不管是收入的多途径还是消费的多领域，都在一定程度上反映出其时寺院经济的繁盛程度，而皇权对寺院财产的有意抑制更折射出寺院经济足以与世俗经济对抗的程度，更是其兴盛的体现。

---

① （宋）张商英撰、陈扬炯等校注，《续清凉传》，太原：山西人民出版社，1989 年，第125 页。

② （宋）李焘，《续资治通鉴长编》，北京：中华书局，2004 年，第11960 页。

③ （宋）张商英撰、陈扬炯等校注，《续清凉传》，太原：山西人民出版社，1989 年，第119 页。

第三节　唐宋时期五台山的交通体系

唐宋时期五台山景观资源的丰富以及朝拜活动的兴盛也与当时通往五台山比较成熟、发达的交通体系有一定关联。

一、唐代通往五台山的道路四通八达

早在北魏时期，五台山就已开始创立寺庙。到唐代，形成文殊道场。以五台山为地域界标，南边的道路主要是以太原为枢纽，多途径到达太原后，或直接北上，或迂回东进再登台。之北则主要是从河北阜平或雁门关、朔州等地进入五台山。

1. 南部地区以太原为枢纽通往五台山的道路

唐代，通往五台山的道路中，太原是一个重要的转折点，大体来说，五台山以南地区的僧众朝拜，无论西南或东南，基本上都要经过太原，然后再行北上、东进朝台。

首先，由西北方向到达太原，再由太原北上忻州、定襄、五台县到达五台山。唐代西北的主要聚集地是京师长安，西北各地僧众先到达长安，然后再由长安往太原。这条道路在唐代应该是通用的大道，以至于远道而来的日僧圆仁参拜完五台山后，就沿此道路到达长安。他在《入唐求法巡礼行记》中，很详细地记述了他于唐开元五年（717 年）7 月 8 日参拜完五台山后，从南台下山前往长安的沿途情况。比如由南台至忻州这段路途，《入唐求法巡礼行记》载："从停点普通院西行十七里许，向北过一高岭，行十五里，到竹林寺。……从竹林寺前，向西南逾一高岭，到保磨镇国金阁寺。"出金阁寺山门，掌岭向南上行二十里到南台西头，然后到五台县。又西南二十里过滹沱河，又西南三十里至定襄县。由县往西四十五里到忻州治所秀容县。由秀容至北都太原，再由太原至西安。可见，此条道路应该是时人常走的官道，应该人员众多，较为热闹。另外还有一条路，是从长安出发经同州沿黄河北行至韩城，从绛州驿，北行经临汾驿、益昌驿、永清驿、长宁驿到达太原都亭驿。

其次，由汾河峡谷区到太原。此条道路也是太原以南地区僧众常走的线路，大体走向为灵石雀鼠谷至介休至平遥、太谷、徐沟到太原。汾河峡谷区，东为太岳山，西为吕梁山支脉，两岸峭壁高耸，汾河穿行其间，从此路到达太原因水流湍急，所走的人并不很多。

再次，由东南方向到达太原，到达五台山。唐开元十年（722年）与开元二十年（732年），唐玄宗两次由东都洛阳北上到北都太原视察，都走这条路，敦煌遗书中《往五台山行记》记载某僧人从河南前往五台山途中所经过的路线与上述完全一样。《往五台山行记》载："七日至天井关张家，吃返后至泽州（今晋城市）开元寺主院内宿。九日斋后，离泽州至新店宿。十日至口口县，十五里吃食斋，……十一日卯时起，行四十里到潞府城南……十七日巳时离潞府进行四十里，至积石骡乔家宿。至十八日进行四十里至太骡平王家受供养，又行四十里，至恩亭骡宿。……二十一日卯时发行，三十里于团城择赵家受供养，又行四十里到南石会关宿。二十二日卯时发行，到北石会关行十里，于忽延家受供养，又行四十里到团伯谷口普遍禅院宿……二十四日卯时发行三十里南桥受供养，又行十里到太原城内……"。帝王与普通僧人所走路线完全相同，说明此条路是官道。唐时，在这条路上设立了大批馆驿。主要有太原都亭驿、铜涡驿、秦城驿、盘陀驿、梁侯驿、太平驿、龙泉驿，渡孟律浮桥，至洛阳。如此完备的交通保障体系，为朝拜五台山的僧众解决了后顾之忧，也为他们顺利朝台奠定了坚实的基础。

此外，唐代通过太原往五台山还有一条间接道路，即到达太原后不是直接北上，而是迂回曲折，由太原经榆次、寿阳、平定，冶桃河谷经井隆口，再往东北至鹿泉县，又五十里到达恒州，再由恒州到达五台山。这条路虽然也是以太原为枢纽的，但显然不是直接登台，因此可算是曲折路径。

2. 北部地区通往五台山的道路

五台山以北地区登山的主要枢纽一为河北阜平，二为雁门关、朔州。

首先，由河北阜平入五台山。通过不同路径到达河北阜平后，沿着阜平、龙泉驿，经长城岭、射虎川、石咀到达五台山，唐代日本僧人圆仁就是循此道朝拜五台山的。他在《入唐求法巡礼行记》卷二详细记述了沿途情况：唐文宗开成五年（840 年）四月二十一日"到镇州（治所今河北正定县）节度府。……正北行二十五里到镇州界行唐县。……一西北行二十五里倒黄山八会寺断中，……时人称之为上房普遍院，长有饭粥，不论僧俗来集，便僧俗，有饭即与，无饭不与，不妨僧俗赴宿，故曰普通院。……以上房行得二十里到刘使普通院宿，便遇五台山金阁寺僧义深等往深州求油归山，五十头驴，驮油麻油去。……二十四日天阴，发从山谷西北行二十五里，见遇一羊客驱五百许羊行。……寻谷向西行三十里，到解普通院。巡礼五台山送供人僧、尼、女人共一百余人同在院宿。……逾两重岭，西行三十里到塘城普通院。过院西行，岭高谷深。……西行十五里，申时到龙泉普通院宿，一行谷十里，到茶浦普通院，过院西行十里逾大复岭。岭东溪水向东流，岭西溪水向西流。……山岳崎峻，欲接天汉。二十八日，入平谷西行三十里。巳时一到停点普通院。未入院中，向西北望见中台，伏地礼拜。此即文殊师利境地。"从上述记述中我们可以看出，这条路为河北朝台的主要通道，同时也是商旅来往的交通要道。沿途每三十里则设一普通院，供来往僧俗吃住方便。在圆仁和尚的数日行程中，见山中寺僧一行驱驴五十头由深州运油，又遇卖羊贩子一次驱羊五百头，又曾经与百余送供的僧尼同宿一普通院中，可见此路虽为极峻险之山路，但交通还是比较频繁的。

其次，由雁门关、朔州入五台山。

这条往五台山的道路主要走的是雁门关、朔州、忻州、代州，再由定襄、五台入山。当时，这条路也是大西北一直延伸到河西走廊的敦煌僧众朝拜五台山的进香之道。据敦煌遗书《往五台山行记》记述："……十里，有真身毗沙门天王。代州（今山西代县）圆果寺有舍利塔。去过雁门关，南至忻州，内有仁泽寺、开元寺、铁佛寺。一戊寅年出沙州（今甘肃敦煌市），二月二十至五台山，又名清凉山。五台山者，文殊菩萨居处。"据《往五台山行记》记述敦煌一僧人从沙州出发，到灵州（今宁夏灵武）北折，经丰州（今内蒙古五原县西南黄河北岸）、胜州（今内蒙古准格尔旗东北黄河岸十二连城）、朔州（今山西朔州西南）、代州、忻州、定襄到五台山。辛卯年十一月又从五台山返回沙州。

从以上记载可见，唐代通往五台山的道路不管是南方还是北方，既有重要的枢纽城市，又有分布广泛的大小道路，组成了四通八达的交通网络，加上相对和平的社会环境，使朝台的僧众络绎不绝，寺庙辉煌、灵迹兴盛。

二、宋代通往五台山的道路与政局变化紧密相关

太平兴国四年（979年），宋太宗平定北汉，五台山地区纳入宋朝版图。北宋时期五台山佛教的发展历程始于太平兴国四年（979年），终于靖康二年（1127年）。因此，大体来说，北宋年间，通往五台山的道路基本畅通，前期几位帝王对五台山也基本持扶植政策，去往五台山的路径与唐大体相似。如日僧成寻的入台道路是这样的：成寻在开封获得宋神宗的批准，并有给各地牒文，让各地官员沿路给予成寻方便。成寻于宋熙宁五年（1072年）十一月一日从京城出发赴五台山，沿路经过祥符县、中牟县、郑州、荥阳县、汜水县、巩县、永安县，渡潞河，河阳县、渡黄河、孟州、怀州、泽州晋城县、泽州城、高平县、上党县、潞州、屯留县、襄垣县、铜鞮县、武乡县、祁县、太谷县、徐沟县、太原府、石岭关、忻州、代州、崞县、繁峙县，在十一月二十八日到达五台境，首先眺望到北台顶。成寻走的此条路径正如唐代以太原为枢纽登台的路径相似，只是通往太原的道路是多途径的，而且成寻的返程也基本为同样的路径，说明此条路径在宋代是交通较为畅达的朝台道路。

成寻一行沿途多食宿在驿站、马铺，而且用的交通工具马匹在每个马铺大都可以更换，这样路途上基本没有什么坎坷，可见此条道路不仅通畅，而且路上的给养一应俱全，这就为朝台活动提供了坚实的物质保障。

宋太宗雍熙三年（986年）八月，契丹诸路兵马都统耶律色珍追击知雄州贺令图，在五台山发生激战，死者达数万人。北宋末年金兵大举伐宋，五台山因与金朝接壤，寺院因战事再次受到冲击。宋徽宗宣和七年（1125年），忻、代二郡失守，金兵占领了五台山，五台山一带受到金兵烧杀抢掠。这一时期通往五台山的道路基本处于停滞阶段。

1127年之后，宋金对峙，五台山纳入金控制的版图之内。金朝在灭辽和占领宋都汴京后，接受了辽、宋代社会盛行的佛教习俗，尊崇佛教"奉佛尤谨"。金代诸帝和女真族都景仰五台山，把五台山当作神灵居住之所，顶礼

膜拜，遂使五台山的佛教有所发展。金天会十五年（1137 年），在五台山佛光寺修建了文殊殿，表示对五台山佛教的尊崇。金世宗时"天下鸿宁，释教大兴"，大定三年（1163 年）敕建五台山万岁寺。大定年间（1161－1190年）于五台山新建了平章寺，重修了净名寺。金代于京城设国师，帅府设僧录、僧正，县级设维那。而对于五台山，别设僧官，专门负责五台山寺院，以示对五台山佛教的礼遇。由于局部社会环境相对和平，通往五台山的道路部分畅通。但从整体来分析，由于两个政权对峙，时战时和，与之前相比，道路的畅通程度多少受到一定的影响。

三、唐宋时期通往五台山的道路上存在大量"普通院"

1. 普通院的大量存在

五台山地处偏远，平均海拔三千多米，在交通工具不甚发达的唐宋时期，朝台路上的食宿问题当是必须要解决的后顾之忧。唐宋时期五台山的景观资源丰盛与朝台人员众多，与能够解决朝台过程中食宿问题的"普通院"的大量存在关系较为密切。

日僧圆仁在《入唐求法巡礼行记》中，详尽地记载了他进出五台山时，一路经过的一些普通院。他从禹城县（今山东省禹城市）渡黄河，往西北方向向五台山进发的。"一路上经德州、唐州、冀州、赵州、镇州等地，于四月二十三日到黄山八会寺，即上房普通院。院中唯有两僧，及一黄毛狗，此狗见俗慎咬，见僧则振尾畏驯。这是圆仁首次记载五台山普通院。接着，他西北入山寻谷行，在距上房普通院二十里处，到刘使普通院，当日便宿于此。廿四日，西北行廿五里，过一岭到两岭普通院，斋后，又西北三十里，到果苑普通院。"

"一什五日，西行三十里，到解普通院，在此碰见巡礼五台山送供人僧、尼、女人共一百余人。"

"廿六日到距北廿里之处的净水普通院，接着越两重岭，西行册里，到塘城普通院。从塘城西行十五里到龙泉普通院。"

"廿七日从龙泉西行廿里到张花普通院，在此断中，斋后行谷十里，到茶铺普通院，又越大复岭，行三十里，傍晚到角诗普通院。"

二十八日，圆仁来到距角诗三十里的停点普通院。这儿已能望见五台山的主峰，他遥望西北方的中台，只见树木异花不同别处，奇境特深，五顶圆高，状如覆盆，不禁伏地礼拜，潸然泪下。自二十三日在上房普通院起，开始进入五台山境，行到此时，入山谷行，已经过六天。停点普通院是个较大的普通院，又处于交通要道，所以来往僧俗较多。

五月一日，圆仁离开停点普通院，来到了五台山竹林寺，开始进行巡礼朝拜、访问清益的活动。其间转五月二十二日出北台东行廿里许，经上米普通院到东台。圆仁在五台山上共考察了二月有余，于七月五日回到上房普通院，并开始向西南的长安方向进发。六日经过思阳岭，到达五台山南山门处的大贤岭普通院，从那儿到五台县，渡过胡陀河（即滹沱河）、忻州定襄县，于九日中午到胡讨普通院。十日到宋村普通院，又行三十五里到关城普通院。十一日到大孟普通院，十二日到白扬普通院，并于当晚宿于古城普通院，次日到太原府，更西南行至清源县宿普通院，接着注有至晋州城内之市西普通院，再往西南行五十五里宿景云普通院。

宋代，普通院在五台山还有为数不少。《大宋僧史略》卷上"创造伽蓝"条中列举了六种伽蓝之名，其中第六种即为普通院。下面又注有"现五台山有多所"。

2. 普通院的主要功能

圆仁在《入唐求法巡礼行记》中曾多次提到过"普通院"，他在进五台山途中，几乎都是投宿于普通院，并在普通院中休息。他在《入唐求法巡礼行记》第二卷《开成五年四月廿三日》条中说："普通院长常有饭粥。不论僧俗，来集便宿。若饭时即与饭，无饭时不与饭，不妨僧俗之赴宿，故曰普通院。"也就是说，普通院的主要是功能一是用以接待四方前来朝山巡礼的僧俗，为他们提供一定的食宿和休息条件。圆仁在刘使普通院和停点普通院曾两次遇到天台国清寺前来五台朝山的巨坚等四人，在解普通院又遇见前来巡礼五台的僧、尼、女人共一百余人，这些前来朝山者都是投宿于普通院中。正是这些普通院的存在，解决了朝台之人的食宿问题，使他们可以心无旁骛、克服路途艰险的困难而坚定登台。

此外，圆仁在大华寺曾遇见汾州头陀僧义圆，他是五台十二寺及诸普通兰若的供养主，十年来，每年送大量物品上山遍山供养。还有，圆仁在刘使普通院曾遇见过一支运送油料的队伍，他们是五台山金阁寺僧人义深等，于深州求油归山，所带的油和麻油要用 50 头驴驮运。不管是供养主还是供给粮食的运输队，都需要再普通院休息，说明普通院的另一项主要功能是供给五台山僧尼日常生活所需物品的中转站。也即普通院既是上山之僧众所必需的休息场所，也是五台山僧尼日常生活物品来源的补给转运地。

　　3. 普通院的分布与规模

　　从圆仁的记载来看，普通院的分布没有固定的规则，一般是根据山势、地形等自然条件决定的。往往每隔几十里设置一座。这对于进出五台山的僧俗香客是非常便利的，他们每隔一定距离就可停歇休息，消除疲劳。五台山方圆五百余里，四面高峰张列，"从东入台山，入山谷行五百里，上至谷岩之顶，下到深谷之底，动经七日，方得到五台山地。其余三方四维，亦是远涉山谷，方到五台。诚知五台山乃万峰之中心也。"① 由此可见，普通院的分布应是星罗棋布列于其中，没有固定的距离限制。

　　从圆仁的记载大体可以判定，普通院的规模大小不一。有的规模很小，只有僧人数名，而有的则规模较大，屋宇宽敞，能同时容纳百余人投宿。从经济情况来看，也大不一样，有的能供应粥饭，甚至能设百僧斋的，如龙泉普通院和张花普通院，都是"院有粥饭"供僧俗斋食，而停点普通院能"设百僧斋、赴请同斋"。由此看来，这些普通院的经济情况，相对来说是较为富裕的。但也有些普通院在经济上却相当拮据，如圆仁经过的两岭普通院，"院中曾未有粥饭，缘近年虫灾，今无粮食。"以致圆仁等人只能自行举炊。此外如角诗普通院，也是"院无粥食"。圆仁在谈到这类普通院情况时说："普通院深山无粥饭。吃少豆为饭。从赵州已来直至此间。三四年来有蝗虫灾。五谷不熟，粮食难得"②。看来，连年灾荒、粮食歉收，使这些普通院的经济也受到极大影响。好在普通院主要是提供来往僧俗休息和投宿的场所，

---

① 〔日〕圆仁撰、白化文等校注，《入唐求法巡礼行记校注》，石家庄：花山文艺出版社，2007 年，第 105 页。

② 〔日〕圆仁撰、白化文等校注，《入唐求法巡礼行记校注》，石家庄：花山文艺出版社，2007 年，第 76 页。

"有饭即与，无饭不与，不妨僧俗赴宿，"所以尽管经济状况不佳，却并不影响普通院履行其应有的职能。

　　五台山普通院可视作为唐宋时期五台山交通体系当中的重要组成部分，正是因为普通院的大量存在，才使得通往五台山的交通体系较为完备。从此意义上来讲，普通院已超越了"普通"寺庙的含义，成为唐宋时期五台山文殊道场形成和发展的重要保障之一。

第二章

唐宋时期五台山的方位范围及自然景观

五台山在唐初被确立为文殊菩萨的道场，是全国的佛教中心。北宋时，"五台山地位仅次于东京（开封）的大相国寺，居于天台、峨嵋、庐山之上。"① 亦可谓盛极一时。唐宋时期五台山之所以能处于全国佛教的核心地位，与其独特的方位范围和自然景观有一定的关系。

"景观"一词的含义最初源自欧洲，从视觉美学意义上出发，被用来描写耶路撒冷的秀美景色。② 其实质性含义即为"风景"或"景色"。后期研究者将其逐步扩展为地学概念、生态学概念等等不一而足。本文所指的"景观"是从其初始含义角度出发的，特指五台山自然风貌、物质文化以及非物质文化等呈现出的景色，这一景色使人在视觉上有较强的美感。

第一节　唐宋时期五台山的方位范围

五台山现位于山西省东北部，五座台顶中的南台坐落在五台县境内，其余四台跨入繁峙、代县和河北阜平境内。整个山势呈五瓣莲花状，中心最低处为台怀镇，海拔 1700 米。周围五台，北台叶斗峰，距台怀镇 25 千米，西

---

① 李裕民，《北宋王朝与五台山佛教》，《山西大学学报》（哲学社会科学版），1994 年第 1 期。

② Naveh，Z. and Lieberman，A. S.，1984，Landsca Pe Ecology. Theoryand Applieation，Springer – Verlag. 356

台挂月峰，距台怀镇 25 千米，南台锦绣峰，距台怀镇 15 千米，中台翠叶峰，距台怀镇 20 千米，东台望海峰，距台怀镇 15 千米。但是，唐宋时期五台山所处的方位范围到底如何，还需予以考定。

唐代成书的《古清凉传·封域里数二》指出五台山的方位范围是：

> 山在长安东北一千六百余里，代州之所管。山顶至州城，东南一百余里。其山，左邻恒岳，右接天池。南属五台县，北至繁峙县，环基所至，五百余里。①

慧祥在此指出了五台山的方位范围。首先，他强调山的方位在长安东北，"东北"的方位，是根据《华严经》记载东北方有清凉山，传到东土，被认为"五台山"即是清凉山，同时位置符合在印度的东北方，唐代进而附会为长安东北方。在方位上与佛经记载相吻合，这为五台山成为佛教名山奠定了非常重要的理论基础。

其次，山距离长安为 1600 多里。隋唐时 360 步为一里，每步五尺，一里长 1800 尺。在中国古代历史上，除元代以 240 步为一里外，其余各个朝代都沿用唐大里制。② 若以初唐大尺（宫尺，营造尺）为标准，一尺约现在的 29.5 厘米。③ 则长安东北一千六百里约为现在的 849.6 千米。现在，五台山距离陕西西安的距离因路线的不同大约为 807—850 千米之间，基本上与唐时两地的距离数接近，说明唐以后直到现在，五台山的总体方位未发生大的变

---

① （唐）慧祥，《古清凉传》卷上，《封域里数二》，《大正藏》第 51 册，第 1093 页。

② "里"，包含长度单位和面积单位。作为长度单位，每步为六尺时，一里长 1800 尺。隋唐时，360 步为一里，每步五尺。作为面积单位，"里"即一平方里合 540 亩。作为长度单位，一里仍长 1800 尺。此时，尺分大小，里亦分大里、小里。唐以后，除元代以 240 步为里外，各代均沿用唐大里制。参见赵德馨主编，《中国经济史辞典》，武汉：湖北辞书出版社，1990 年，第 81—82 页。

③ 唐代早期的大尺，一尺长度在 28 厘米至 29.7 厘米之间不等，中期以后的大尺长度在 29.5—31.81 厘米之间。学者考订唐尺度已经有丰富的研究数据，本文取一尺 29.5 厘米的换算率，原因在于 681 和 684 年的"吐鲁番日用木尺"，一尺长度在 29.3 到 29.5 厘米之间，而这个年代和慧祥撰写《古清凉传》的成书时间最为接近。参见郭正忠：《三至十四世纪中国的权衡度量》，北京，中国社会科学出版社，1993 年，第 235—255 页；吴洛：《中国度量衡》，台北，台湾商务印书馆，1981 年，第 217—228 页；杨生民：《中国里的长度演变考》，《中国经济史研究》，2005 年第 1 期。

动，地理位置基本保持原貌。

再次，"代州之所管"，表明的是五台山的行政区划归属地。代州，春秋时晋地，战国时赵地，秦为太原、雁门二郡之境，两汉、魏、晋因之。后魏亦为雁门等郡地，后周移肆州治此，隋改为代州，大业初，称雁门郡。唐又称为代州，治雁门，今山西省忻州市代县，位于山西省东北部，五台山即坐落于代州辖境内。五台山和代州之间的距离，当时是"山顶至州城，东南一百余里"，约为现在的80多千米，与现在五台山山顶到代县县城的距离基本接近。

"其山，左邻恒岳，右接天池。南属五台县，北至繁峙县，环基所至，五百余里。"也就是说，五台山左与恒山相邻，恒山今河北省曲阳县西北，与山西省接壤处，① 右面连接天池，今山西省宁武县西南五十里管涔山上。② 南面属五台县管，北面是繁峙县。上述记载也可如此理解，五台山是由五座巍然屹立的山峰组成的，东、北、中三个台顶为繁峙县和五台县的分水岭，西台在繁峙境内。若沿着峨岭——砂河——神堂堡来计算，五台县在繁峙境内的周长为120余千米，几乎环绕了五台山的半圈。若沿着峨岭——滹沱河——长城岭来计算，五台山在五台县境内的周长为160余千米，大大超过了五台山的半圈。两个半圈共285余千米，故曰范围周长大约五百余里。

上述史料中，值得关注的是所谓"环基所至，五百余里"，如此记载与广为传诵的"文殊乞一坐地"的故事颇为符合，圆仁在《入唐求法巡礼行记》中载：

> 昔者孝文皇帝住此五台游赏，文殊菩萨化为僧形，从皇帝乞一坐具地。皇帝许之。其僧见许已，敷一座具满五百里地。皇帝怪云："朕只许一座具地，此僧敷一座具遍满五台，大奇！朕不要共住此处"。遂以

---

① 魏嵩山主编，《中国历史地名大辞典》，广州，广东教育出版社，1995年，第841页。

② 史为乐主编，《中国历史地名大辞典》，北京，中国社会科学出版社，2005年，第301页。此外，中国里制的变化中，在1929年制定一市里为150丈，合500米，因此，"五十里"即是25千米。参见赵德馨主编，《中国经济史辞典》，武汉，湖北辞书出版社，1990年，第81-82页。

葱韭散五台上，便出山去。其僧在后，将零凌香子散葱韭之上，令无臭气。今见每台遍生葱韭，总不闻臭氧。有凌香满台生茂，香气氤氲。相传云："五台五百里，敷一座具地矣"。①

相似的记载在《广清凉传》卷上也有出现：

世传后魏孝文皇帝，台山避暑，大圣化作梵僧，从帝乞一坐具之地，修行住止。帝许之，梵僧乃张坐具，弥覆五百余里。②

《佛祖历代通载》卷七记载：

帝时避暑五台山，有梵僧来乞坐具地，帝然之，遂敷坐具如是。头出星辰，尾摇日月，方圆五百里，皆属圣基，乃文殊化身。

上述记载大同小异，情节相差不大。虽然内含着强烈的宗教情感，多少带有神话色彩，但之中部分信息应该不是空穴来风，如确切数字为"弥覆五百余里"。多部记载的同一性，基本可以判断，其时五台山的方圆里数为五百余里是可信的。

唐之后，有关五台山地理范围的记载大体类似。成书于宋代的《广清凉传》载：

此山磅礴数州，绵五百里。左邻恒岳，隐嶙参天；右控洪河，萦回带地；北临朔野，限雄镇之关防；南拥汾阳，作神州之势胜。③

这里左边的疆界与前述相同，洪河位于山西省忻州市宁武县 161 县道附近，与《古清凉传》中所载天池位置相当。"北临朔野，南拥汾阳"，朔野，本泛指北方的荒野之地，但由于可"限雄镇之关防"，因此，大体上指雁门关一带，与《古清凉传》中所载繁峙县位置相当。汾阳，虽然唐代也曾设置"汾阳县"，即今山西省静乐县，《唐书·地理志》中说："岚州静乐，武德四年（622 年）析置汾阳县。"但从文中所述来看，其所指不可能为具体的

---

① 〔日〕圆仁著、白化文校注，《入唐求法巡礼行记校注》卷3，《开成五年七月二日条》，石家庄：花山文艺出版社，2007 年，第 302 页。

② 《广清凉传》卷上，《释五台诸寺方所七》，《大正藏》第 51 册，第 1108 页。

③ 华和平主编，《清凉山志传》（上册），太原，山西人民出版社，2009 年，第 50 页。

某一州县,"南拥汾阳"更多势在描述五台山所具有的宏伟气势。因此,此中"汾阳",当为"汾水之阳"简称,中国古代以河之北为阳,即汾水以北的广大地域。《水经》载:"汾水出太原,汾阳县北管涔山。"说明五台山气势非常庞大伟岸,北靠雄关,南拥大河,汾河之北的广大区域尽在其相拥范围之内,最后形成了神州的险要形势。从这个意义上来说,此条史料并未明确标出五台山的南界,基本反映出了一个大概的轮廓,即其南界未到汾水,这与前述《古清凉传》所载也基本吻合。

又《广清凉传》还载:"按《灵异记》,五台有四埵,去台各一百二十里。"所谓四埵,即是文中所说的东埵"无恤台,常山顶是也"。常山,即古恒山,释家又谓青峰埵,在河北省曲阳县西北,与山西接壤。"北有覆宿堆,即夏屋山也"。在山西省代县东北30千米。"南有系舟山",亦名读书山,在定襄县境内。"西晋薨山"即管涔山,在山西省宁武县西南30千米。这里所记载的五台山四至基本上与《古清凉传》记载也相当。

明代《清凉山志》卷二载:

> 五峰之外,复有四埵,东曰青峰埵,即常山,亦名无恤台,赵襄子曾登是山,因以为名。南曰朱明埵,即方山,李长者著论处。西曰鹤林埵,即马头山,亦名磨笄山,代子夫人磨笄自杀处也。北曰玄冥埵,即夏屋山,亦名覆宿山,古之帝王避暑处。[1]

东埵常山,与《广清凉传》记载相同。南埵方山,在今山西省平定县西北25千米、寿阳县东北20千米,和盂县接界。西埵马头山,亦名磨笄山,在代县东南12.5千米。北埵覆宿山,即夏屋山,在代县城东北30千米。这里所记载的五台山的南界明显扩充至了山西的东南边,大大超越《广清凉传》和《古清凉传》的记载。对这样的记载,《清凉山志》的作者镇澄大师是持否定态度的,他说"依妙济法师延一《广清凉传》","然四埵之名,好事者立,而圣教无考焉。"[2]至少说明他自认为五台山的四至如此叙述还缺乏典籍的实证支持。清代学者顾亭林也认为:"余考昔人之言五台者过侈,

---

① 华和平主编,《清凉山志传》(下册),太原,山西人民出版社,2009年,第54页。
② 华和平主编,《清凉山志传》(下册),太原,山西人民出版社,2009年,第54页。

有谓环基所至五百余里，有谓四捶去各台一百二十里，东埵为赵襄子所登，以临代国；南埵为帝尧遭洪水系舟之处；北士垂夏屋山，后魏文帝驻跸之所；西捶天池，隋炀帝避暑之龙楼凤阁者，皆太广远而失其真。"① 清代地理学者徐继畬先生，对于宋明四埵也持否定态度。他在《五台新志》卷二中说："案四山距五台甚远，殆广鲁于天下耳。《清凉山志》谓好事者所立之名，谅矣。"对于宋代妙济《广清凉传》所言四埵，他也认为距离五台太远，讥讽它几乎是广鲁于天下。有可能是"好事者"由于虔诚信仰文殊菩萨，希望其信众可广布天下，故对其止住地的疆界无限制扩充。

《清凉山志》卷一还记载：五台山"雄据雁代，磅礴数州，在四关之中，周五百余里。"② 所谓四关，即是雁门关、龙泉关、平型关和牧护关。雁门关，亦名西陉关，在山西省代县西北 15 千米的雁门山上。因为东西山岩峭拔，中路盘旋崎岖，两山夹峙，形势雄胜，自古以来为戍守重地。龙泉关，在河北省阜平县西 35 千米。它有上下两关，相距 10 千米。关之南北，沿山曲折，长城在其西 10 千米。其隘口有百余处，是五台锁钥，也是三晋全省的东北要隘。平型关，即故瓶形寨，在山西省繁峙县东北 60 千米，西北与浑源县相连，南面与河北省阜平县接壤，为通往灵丘县的重要关隘，古往今来就是兵家必争之地。牧护关，在五台县城东南 5 千米，"关踞山巅，题曰：清凉境门，过关，盖入五台之墟矣"。这里的记述是《清凉山志》的作者镇澄大师所认可的范围，四关之中，周围大约为五百余里。镇澄大师于明万历十年（1582 年）至五台山，前后住了三十余年。他对五台山的地形、历史及佛教情况了如指掌，所以这一记载基本是可信的。

依现代学者江阳指出，五台山的地理坐标位于东经 113°29′—113°39′，北纬 38°55′—39°66′，东西最宽处为 16 千米，南北最长处为 21 千米。是由北台——中台，北台——南台，北台——东台三大支系构成的一座山脉。北台——中台支系，由中台沿着峨岭向西延伸，与繁峙县、代县、原平市接壤。北台——南台支系，由南台向南延伸，沿着黄花梁、天塔梁，直至黄罗

---

① 顾亭林，《亭林文集》《五台山记》，北京：全国图书馆文献缩微中心，1996 年。
② 华和平主编，《清凉山志传》（下册），太原，山西人民出版社，2009 年，第 1 页。

山及龙湾山，雄据五台县境内。北台——东台支系，由东向南，绵延200余里（即100余千米），是与河北省阜平县的天然分界。可见，五台山跨越两省五县，环基所至五百余里（即250余千米）。[①] 这样的研究结果与《古清凉传》和《清凉山志》所记基本符合，说明古今五台山的总体地理位置基本保持不变

第二节 唐宋时期五台山各台位置、方圆里数及自然景观

东、西、南、北、中五个台既是五台山主要的组成部分，同时，也是五台山最具有代表性的地理标识。各台位置、方圆里数及自然景观，集中代表了五台山的整体概貌。

一、唐宋时期五台山各台位置

关于唐宋时期五台山五个台顶的位置，《广清凉传》中有如此记载：

> 据古图所载，今北台即古中台，中台即南台，大黄尖即北台，栲栳山是西台，漫天石是东台。（唯北台、中台，古时有异，东、西二台，古今无异）……至巨（大）唐，俨禅师，神异僧也，尝登南台之上，望见五顶皆有五色云覆之。随云覆者，配之为台。唯古之中台，即今之北台；古之南台，即今之中台（孝文封为南岳也）。余皆定矣。[②]

从这条史料可知，在唐代俨禅师之前，五座台顶的位置与唐代不大相同，唐代北台为古中台、中台为古南台、大黄尖为古北台、栲栳山为古西台、漫天石为古东台，其中东、西二台唐与前代相同，但其余三台则发生了

---

① 江阳，《五台山的地理范围》，《五台山研究》，1987年第3期；崔正森，《五台山佛教史》（上册），太原，山西人民出版社，2000年，第7页。

② （宋）延一撰、陈扬炯等校注，《广清凉传》卷上《五台四埵古圣行迹》，太原，山西人民出版社，1989年，第51页。

变化。

这一改变的依据是大唐的俨禅师根据五色云的位置确定的。五个台顶具体变换的时间，现代学界也进行过论述，崔正森先生认为是在唐中晚期，他在《五台山佛教史》的绪论中认为上述文献中的"俨禅师"是佛光寺的高僧"行俨"。行俨出生的时间不详，圆寂于公元849年，可以断定他生活的年代大约在唐代后期，也就是说古今五台位置发生变化的时间大概在唐中后期。[①]赵慧则认为发生变更的时间是在唐代初期，最迟不晚于公元673年。依据的标准是俨禅师与行俨并非同一个人，他所说的俨禅师是指《古清凉传》卷上中记载的俨禅师，因他于唐高宗咸亨四年（673年）在五台山石窟寺圆寂，故而判定五台山五个台顶变化位置的时间是在唐初期。[②] 上述学者在五台山台顶变迁时间上认识有一定差距，在此姑且将这一问题搁置不论，重点论述台顶位置的变迁问题。

关于五台山各台的具体情况，事实上《古清凉传》作者慧祥就有说明：

> 按《括地》等记言，诸台高下，远近里数，多相乖越，盖是取道不同，或指台有异。今聊据一家，存其大致也。[③]

慧祥指出，在《括地志》等书的记载里，五台山各台的高低、远近、里数各家说法已经出现不同。《括地志》是唐初由魏王李泰主编的一部大型地理著作。可见，有可能在唐初或更早时期对五台山各台所指已经出现了争议，而且慧祥对此并不以为然，他说其中的原因可能是因为上山时取道的不同，抑或是对各台的指称不一样导致的，慧祥的论述似更中允。唐及前代，因受测绘工具及交通工具所限，仅靠个人目测难免会出现认知结果的不同，史籍所载的某些结果未必代表是当时的共识。因此，唐与前代五台山各台位置应该没有发生大的变化，若有，则可能是指称的不同。

对于"指台有异"的问题，从慧祥到镇澄即有不同。慧祥在《古清凉传》卷上《封域里数二》载："中台，高四十里，顶上地平，周回六里零二

---

① 崔正森，《五台山佛教史》，太原，山西人民出版社，2000年，第5页。

② 赵慧，《唐宋五台山景观资源及旅游活动研究》，河南大学硕士学位论文，2008年。

③ （唐）慧祥，《古清凉传》卷上，《封域里数二》，《大正藏》第51册，第1093页。

百步。"① 但在《清凉山志》则谓"中台高三十九里，顶平广，周五里。"②
慧祥与镇澄二人所载中台高度是有差异的，原因就在于镇澄与慧祥对中台与
北台"指台有异"。镇澄解释道：

> （北台）旧传（指慧祥《古清凉传》）三十八里，中台四十里。今
> 登中台，不见北台地面，登北台，则见中台地面。是知北台高于中台，
> 故易之。③

可见，镇澄在此对慧祥的记载提出了质疑，但他认为之中的原因也是
"指台有误"，因此，他在修志时将二者"易之"。类似的情况也极可能出现
在唐及唐之前的时代。

接着，镇澄又详细分析了慧祥所记载的中台高于北台的原因，在于"误
以古当今"：

> 古志以大黄尖为北台，叶斗峰为中台，翠岩峰为南台，蓝谷传以中
> 台高于北台者，则误以古当今也。④

并且，镇澄又指出：

> 况大黄尖，乃叶斗支山，比之叶斗，殆若培塿，固不足以当五峰
> 之列。⑤

即大黄尖和叶斗峰本就不在一个可比的序列当中，比起叶斗峰，大黄尖
充其量是一个小土堆，根本不足以进入五峰之列。

如果大黄尖不足以进入五峰之列，东台、西台古今相同，叶斗峰成为北

---

① 《古清凉传》卷上，《封域里数二》，《大正藏》第51册，第1093页。
② 华和平主编，《清凉山志传》（下册）卷2，《第三五峰灵迹》，太原，山西人民出版
　　社，2009年，第45页。《大清一统志》同采此说，见《嘉庆重修一统治》第9册，
　　第151卷，《代州直隶州·五台山》，第7060页。
③ （明）镇澄撰、沈慧云点校，《清凉山志》，卷2，《第三五峰灵迹》，太原：山西教
　　育出版社，1991年，第42页。
④ 《清凉山志》，卷2，《第三五峰灵迹》，第49页。同载于（清）曾国荃等撰，《山西
　　通志》，卷35，《山川考四·五台山》，收入《续修四库全书》第642册，第89页。
⑤ 华和平主编，《清凉山志传》（下册）卷2，《第三五峰灵迹》，太原，山西人民出版
　　社，2009年，第49页。

台，则需要论证的是中台与南台的位置。前述镇澄指出："古志以……翠岩峰为南台"，但是在《古清凉传》中明确记载：

> 南台，……北去太华泉八十里。南有溪水源出此山，发源东南，乱流入东溪水。其山正南，延六十里，连五台县界当嵚岩寺①

此处的南台已经和镇澄的记载相同，也与今天公认的锦绣峰位置相同，基本可以判定，在慧祥生活的唐初，人们的共识是将锦绣峰认作了南台。如此，按照地理方位来讲，原来的南台翠岩峰变为了人们心目中的中台。这样，唐宋时期五台山五座台顶的位置是北台在叶斗峰，中台在翠岩峰，南台在锦绣峰，西台在挂月峰，东台在望海峰，大黄尖从五座台顶中取消，增加了锦绣锋作为新南台。五座台顶看似在位置上发生了变化，但依据慧祥和后期镇澄的记载，更有可能的是古人认知方面的个体差异，或者指认方面出现的不同，是否一定代表着唐及唐前期五个台顶位置发生了实质性差异，则有待来日做进一步新的论证。

二、唐宋时期五台山各台方圆里数

1. 中台

《古清凉传》卷上《封域里数二》载："中台，高四十里，顶上地平，周回六里零二百步。"② 可见，在唐初，中台高40里，大约2124米，顶上地势较为平坦，方圆周长六里零二百步，大约3481米。《广清凉传》中对各台的方圆里数及高度未有明确的记载，到镇澄《清凉山志》则谓"中台高三十九里，顶广平，周五里。"③ 前文已述，出现不同的数字，这是二人"指台有异"产生的结果。若依镇澄，则高度略有下降，周长大约为2655米，也略小一些。今依慧祥所记观唐宋时期的五台山中台，与现代中台"翠岩峰"

---

① （唐）慧祥，《古清凉传》，卷上，《封域里数二》，《大正藏》第51册，第1093页。
② 《古清凉传》，卷上，《封域里数二》，《大正藏》第51册，第1093页。
③ （明）镇澄撰、沈慧云点校，《清凉山志》卷2，《第三五峰灵迹》，太原：山西教育出版社，1991年，第45页。《大清一统志》同采此说，见《嘉庆重修一统治》第9册，第151卷，《代州直隶州·五台山》，第7060页。

相比，现代所测中台面积 200 余亩，周长 2500 米，海拔 2894 米。① 其中周长和面积相差不大，差距最大的恐怕是高度，出现这一问题的原因恐在于古今测量高度的方法不同，现代以海拔高度计算，古代则以实际上山的山道距离计算。

2. 东台

《古清凉传》卷上《封域里数二》记载："东台，高三十八里，顶上地平，周回三里，去中台太华泉，四十二里。"② 由于东台在记载中未发生"指台有异"的现象，明镇澄《清凉山志》所载："东台，约高三十八里，顶若鳌背，周三里。"③ 二者所载基本相同，只是镇澄对台顶的描述更加形象化，突出了其像大海一般的辽阔与平坦。两人的记述，基本明确为东台高度大约为 20187 米，方圆周长大约 1593 米，与中台的距离大约为 22302 米。现代中台名"望海峰"，海拔高度 2795 米，面积 100 多亩，周长约 1500 米。④ 古今基本相同。

3. 西台

《古清凉传》卷上《封域里数二》载："西台，高三十五里，顶上地平，周回二里。"⑤ 这一记载到明代基本相同。可见，唐宋时期西台的高度大约为 1858 米，山顶同样较为平缓，周长大约 1062 米。西台古今指称相同，现代名为"挂月峰"，现代海拔 2773 米，周长 1000 米，面积约 300 亩。⑥ 古今基本相同。

4. 南台

《古清凉传》卷上《封域里数二》载："南台，高三十七里，顶上地平，周回二里。"⑦ 前述，南台古今指称有异，但从慧祥的记载来看，基本可以确

---

① 崔正森，《五台山佛教史》（上），太原，山西人民出版社，2000 年，第 13 页。
② （唐）慧祥，《古清凉传》，卷上，《封域里数二》，《大正藏》第 51 册，第 1093 页。
③ 华和平主编，《清凉山志传》（下册）卷 2，《第三五峰灵迹》，太原，山西人民出版社，2009 年，第 37 页。
④ 崔正森，《五台山佛教史》（上册），太原：山西人民出版社，2000 年，第 12 页。
⑤ 《古清凉传》，卷上，《封域里数二》，《大正藏》第 51 册，第 1093 页。
⑥ 崔正森，《五台山佛教史》（上册），太原：山西人民出版社，2000 年，第 12 页。
⑦ 《古清凉传》，卷上，《封域里数二》，《大正藏》第 51 册，第 1093 页。

定，唐初的南台与明代镇澄所记载的南台基本相似，《清凉山志》中载："南台，高三十七里，顶若覆盂，周一里"① 高度大约 1964 米，顶部地势都较为平坦，只是周长稍多。现代南台为锦绣峰，海拔 2485 米，面积约 200 亩，周长约 1000 米，比慧祥所记略少，大体接近镇澄所记。唐宋时期南台可能比明朝及现在稍大。

5. 北台

《古清凉传》卷上《封域里数二》载："北台，高三十八里，顶上地平，三里。"② 即在慧祥的记载中，北台高约 2017 米，顶上地势平坦，周长约 1593 米。由于北台古今指称也存在差异，明代镇澄《清凉山志》载："北台，高四十里，顶平广，周四里。"③ 关于之中的差异，前文已述，此不赘述。现代的北台"叶斗峰"，海拔高度约 3061 米，面积约 400 亩，周长约 2000 米。④ 这一方圆里数更接近明代，可见，唐宋时期北台与现代稍有差距。

三、唐宋时期五台山各台自然景观

1. 中台

关于唐代中台的自然景观特色，慧祥在《古清凉传》中有较详细的描述：

> 中台，……稍近西北，有太华泉（亦名池），周回三十八步，水深一尺四寸。前后感者，或深或浅不同。其水清澈凝映，未尝减竭，皆以为圣人盥漱之处，故往还者，多以香花财贿投之供养。台顶四畔，各二里，绝无树木，唯有细草藿靡存焉。诸台，无树有草，例皆准此。郦元《水经注》云：东峨谷水，源出中台。其水众溪竞发，控于群川，乱流

---

① （明）镇澄撰、沈慧云点校，《清凉山志》，卷 2，《第三五峰灵迹》，太原：山西教育出版社，1991 年，第 39 页。

② （唐）慧祥，《古清凉传》，卷上，《封域里数二》，《大正藏》第 51 册，第 1093 页。

③ 华和平主编，《清凉山志传·清凉山志》（下册）卷 2，《第三五峰灵迹》，太原，山西人民出版社，2009 年，第 42 页。

④ 崔正森，《五台山佛教史》（上册），太原：山西人民出版社，2000 年，第 12 页。

西南，经西台之山，历东峨谷，谓之东峨谷。①

从上文可知，中台的自然景观可概括为两方面：一为水资源景观，有泉水、谷水；二为高山草甸景观。泉水的位置在台顶西北处，名曰"太华泉"，长约56米，深约0.41米。中台海拔较高，约2800多米。如此高的山顶上有泉水的出现，据现代学者的研究，这一现象被称为"热融湖"，是冰缘地貌的自然景观之一，其形成原因是由于此地气温常年偏低，多年冻土地下水沉陷形成洼地，融水和大气降水渐渐形成泉水。② 这一泉水本身出现于山势雄旷的中台顶，给人以超凡脱俗之感，再加上"其水湛然，色若琉璃，澄澈见底。……神龙宫宅之所在焉。人暂视之，瘆然神骇，云雾祥映，难以具言"。③ 如此描述，给泉水本身加上了更加神秘的色彩，以至于往来之人都以此地作为菩萨的盥漱之处，将香花和钱币投于其中，赋予了其宗教意象。

中台除了太华泉之外，还有白水池、千年冰窟④和东峨谷水。白水池、千年冰窟的出现恐也与冰缘地貌有关。而东峨谷水与泉水稍稍有所不同，上文引《水经注》说，其水发源于中台，但并未形成泉水，而是受地势的影响，向西南方向流入东峨口，期间众多小溪汇入。

由以上可见，中台的水资源景观不仅有泉（池）水、常年不化的冰窟，更有随山势蜿蜒而流的谷水。如此的水资源景观不仅给雄伟的中台增添了不少的灵气，也滋润了山上的一草一木、珍禽瑞兽，使五台山更具活力。

中台的自然景观其二为细草芳菲、鲜花摇曳。整个中台顶四畔，各二里，没有任何树木，只有细草绒绒纷错覆盖台顶。《广清凉传》又载，中台有名花五：曰菊花、孝文十二院花、五凤花、百枝花和钵囊花。这些花摇曳于草甸中，装点着中台，使其在雄壮中略显秀美。

---

① 《古清凉传》，卷上，《封域里数二》，《大正藏》第51册，第1093页。
② 朱景湖、崔之久，《五台山冰缘地貌的基本特征》，《冰川冻土》，1984年第1期。
③ 华和平主编，《清凉山志传·广清凉传》（上册），太原：山西人民出版社，2009年，第56页。
④ 华和平主编，《清凉山志传·广清凉传》（上册），太原：山西人民出版社，2009年，第56页。

2. 东台

《古清凉传》对东台景观的描述为："顶上无水，唯有乱石。"① 《广清凉传》则说东台"台上遥见沧、瀛诸州，日出时下视大海，犹陂泽焉。"② 可见，唐宋时期东台景观也有两大亮点：一为乱石；二为云海。所谓乱石，说明其上石头不仅数量较多，而且形状不规则。东台上的乱石较多，以至于"有叠石塔，高六七丈，中有文殊师利像。"③ 有关五台山石头景观的记载，在其他台顶也有，如北台"有磊落石"④ 中台"遍台砂石"⑤ 西台台顶有"盘石、石塔"。⑥ 石头如此众多，以至于朝山者在路上，即可利用石环、石网、龙蟠石等叠成石塔，表达自己心中的文殊情节。⑦ 可见，石头景观可视为五台山自然景观的特色之一。这其中，东台的石头是由绢英片岩、绿泥石英片岩和黑云母石角闪石片岩构成，砾径多为 10—15 厘米。⑧ 由于更突出，更具特色，形成了以东台乱石为代表的五台山石头景观。这一景观的形成与五台山独特的冰缘地貌现象有关，冰缘地貌又称冻土地貌，由多年冻土层中的冻融作用而形成的各种形态的总称。⑨ 冰缘地貌的表现形态各异，如冰缘岩柱、石海（俗称龙蟠石）、石条、石块、热融湖等。⑩ 这一地貌的形成与五台山较高的海拔、平缓的地势、偏低的气温有着密切的关系。

所谓云海，《广清凉传》有如下记载："东台……，台上遥见沧、瀛诸

---

① （唐）慧祥，《古清凉传》，卷上，《封域里数二》，《大正藏》第 51 册，第 1093 页。
② 华和平主编，《清凉山志传·广清凉传》（上册），太原：山西人民出版社，2009 年，第 56 页。
③ 《古清凉传》，卷上，《古今圣迹三》，《大正藏》第 51 册，第 1095 页。
④ 《古清凉传》，卷上，《封域里数二》，《大正藏》第 51 册，第 1093 页。
⑤ 〔日〕圆仁著、白化文等校注，《入唐求法巡礼行记校注》卷 2，"开成五年五月廿日条"，石家庄：华山文艺出版社，2007 年，第 267 页。
⑥ 《入唐求法巡礼行记校注》卷 2，"开成五年五月廿日条"，第 287 页。
⑦ 廉考文，《五台山的塔》，《五台山研究》，1988 年第 2 期。
⑧ 游长江、李容全，《五台山顶冰缘地貌形成时代的判别》，《北京师范大学学报》（自然科学版），1990 年第 4 期。
⑨ 邓绶林、刘文彰，《地学辞典》，石家庄：河北教育出版社，1992 年，第 198 页。
⑩ 朱景湖、崔之久，《五台山冰缘地貌的基本特征》，《冰川冻土》，1984 年第 1 期。

州，日出时下视大海，犹陂泽焉。"① 从台上可以隐隐约约见到沧州、瀛洲，一方面说明东台地势较高，极目之处可达沧、瀛一带；另一方面是遥见，说明因云蒸霞蔚，沧、瀛二洲的显现度并不高。云海景观在日出时更甚，从台上下视时，烟云缭绕，犹如大海一般，东台名为望海峰，其原因恐在于此。

东台的景观有乱石、有云海，可谓壮丽，但要观赏到如此壮丽的美景需要经过艰苦的历程。一是因为"诸台之中，此台最远"② 即实际到达该地的距离非常遥远，二是"期间山谷转状，故见者亡失所怀。礼谒之徒，多不能至。"③ 山谷转状，说明要上东台，没有捷径，需要走过一个又一个山谷方能达到。有学者甚至指出，"须要登攀千尺的陡坡"是巡礼五台山最艰险的一条路线。④

3. 西台

《古清凉传》载："西台，有水。东去太华泉四里。其山西北，延二十里，入繁峙县界西峨谷。"⑤ 此外，《古清凉传》还载"西台西有秘魔岩，岩之东西，壁立数千丈，石文五色，艳似朝霞，有松树数行，植根岩腹。于是两边渐降，合于西面，中间一路，才可容身。自余天然，状如城郭。"⑥ 从上述两条记载可见，西台的景观也主要有两点：一为水景；二为山岩。之中的水景没有更多的特色之处，与太华泉相邻，但亦可视为西台的景观之一。西台的山岩比较有名，首先岩石两边是数千丈深的峭壁，可谓险峰深沟；其次是其形状非常独特，像一个自然天成的城郭；再次是颜色独特，岩石五彩，绚烂亮丽，艳红像朝霞一般；此外其中有松树点缀，植根于岩石中，非常壮观。西台又名挂月峰，与此景完全匹配吻合。

4. 南台

《古清凉传》载："南台，……无水。北去太华泉八十里。南有溪水源出

① （宋）延一，《广清凉传》卷上，《五台境界寺名圣迹六》，《大正藏》第51册，第1106页。

② （唐）慧祥，《古清凉传》，卷上，《古今圣迹三》，《大正藏》第51册，第1095页。

③ 《古清凉传》，卷上，《古今圣迹三》，《大正藏》第51册，第1095页。

④ 严耕望，《唐代交通图考》，上海：上海古籍出版社，2007年，第1507－1511页。

⑤ 《古清凉传》，卷上，《封域里数二》，《大正藏》第51册，第1093页。

⑥ 《古清凉传》，卷上，《古今圣迹三》，《大正藏》第51册，第1095页。

此山，发源东南，乱流入东溪水。"① 《广清凉传》载："南台孤绝，距诸台差远，林麓翁郁，岩崖倾欹，最为幽寂。……三十里内，悉是名花，遍生峰岫，俗号仙华山。"② 可见，南台的自然景观为水和花。这里的水为溪水，其源头就在南台，自南台上没有规则地流向他处，最后乱流汇入东溪河。可见，南台上的水资源较为丰富，不仅是溪水的发源地，而且由于溪水乱流，整个台顶的水流纵横交错，使其充满了无限生机。但由于南台"灵境寂寞，"③ 即《广清凉传》中所谓的"南台孤绝""故人罕经焉"，说明到南台巡礼者甚少，这样反倒使南台的自然环境破坏相对较少，故而森林茂密，名花盛开，世人将南台名为"仙华山"，反映出南台溪水环绕、森林覆盖、漫山遍野鲜花盛开的秀美景色。

5. 北台

《古清凉传》载："北台，……顶上往往有磊落石，丛石涧洌水不流。其山正北，延二十里，连繁峙县界大柏谷。谷中有水，源出北台，流注滹沱。《山海经》云：'泰戏之山，滹沱之水出焉'。郭璞注云：'今滹沱，出雁门卤城县南武夫山'。《括地志》云：'泰戏、武夫，即一山也，今名派（音孤）山'。"④ 《广清凉传》载："北台顶上有天井，下有龙宫，白水池相连。"⑤ 唐宋时期北台的景观特色之为到处是磊落石，而且洌水、天井并杂期间。其中的磊落石与东台上的乱石景观相似。洌水不流、天井下有龙宫，都说明北台上的水景观为泉水性质。乱石、泉水的形成与前述五台山独特的冰缘地貌现象有着密切的关系。

五台山的这五座台顶，是它的显著地貌特点。其五台之外，称为台外；五台之内，称为台内。台内中心区，左襟右带，犹如怀抱，故名台怀。台怀为一盆地，东有黛螺顶，南有梵仙山，西有寿宁峰，北有灵鹫峰，称为"台

---

① （唐）慧祥，《古清凉传》，卷上，《封域里数二》，《大正藏》第 51 册，第 1093 页。
② 华和平主编，《清凉山志传·广清凉传》（上册），太原：山西人民出版社，2009 年，第 56 页。
③ 《古清凉传》，卷上，《古今圣迹三》，《大正藏》第 51 册，第 1095 页。
④ 《古清凉传》，卷上，《封域里数二》，《大正藏》第 51 册，第 1093 页。
⑤ 华和平主编，《清凉山志传·广清凉传》（上册），太原：山西人民出版社，2009 年，第 56 页。

怀四峰"。台怀是五台山寺庙的集群区，也是五台山政治、经济、文化、旅游和佛教圣地的中心。

第三节　唐宋时期五台山的地质地貌景观

地质景观是由地壳运动、岩浆活动和变质作用等内营力作用形成的，具体有向斜、背斜，地垒、地堑，还有断层、褶皱等；地貌景观是由风、流水、冰川、生物等外营力作用形成的，如冰缘地貌、河谷峡谷等。[1] 五台山的地质地貌景观是在内外营力作用下共同影响的结果。总体来看，五台山地质地貌景观呈现出如下三个特点。

一、五峰高耸、台顶平缓

五峰耸立当为五台山最具特色的地貌景观，也是其被称为五台山的根本原因。《古清凉传》对此有详细的记载："一名五台山，其中五山高耸，顶上并不生林木，事同积土，故谓之台也。郦元《水经》云：'其山五峦巍然，回出群山之上，故谓五峰'。"[2] 这一记载表面上看是在解释五台山地名的由来，但同时却恰恰说明五峰耸立是其最独具特色、最具有标志性的地貌特性。

相似的记载也出现在《广清凉传·清凉山得名所因四》中："按《华严经疏》云：'清凉山者，……五峰耸出，顶无林木，有如累土之台，故曰五台。'"[3] 其中所说到的"五峰耸出"，即是高度概括出了五台山地貌景观的特征。圆仁在《入唐求法巡礼行记》中也多次记述了五台山五峰高耸、台顶

---

[1] 景天星，《论五台山自然景观的类型》，《山西师范大学学报》（自然科学版），2012年第4期。

[2] （唐）慧详，《古清凉传》卷上，《立名标化一》，《大正藏》第51册，第1093页。

[3] 华和平主编，《清凉山志传》，太原，山西人民出版社，2009年，上册第49页、下册第1页。

平缓的景观特征，他说："五顶之圆高，不见树木，状如覆铜盆。"① 还说"圆顶高耸"，五个台"台顶独秀，与碧天接连，超然于众峰之外。"② 再说"回首遍观五顶：圆高超然，秀于众峰之上。"③ 还指出法藏曾云"一名五台山，以五山最高。"④ 从慧祥到延一再到圆仁，相关记载不胜枚举，都说明一个事实，那就是五台山上五峰高高耸立，但高耸的台峰在其顶部则是"状如覆铜盆"，即较为平缓。这一特色不仅是五台山名称由来的主要原因，更是五台山地貌景观的高度概括。

形成这一景观特色的原因可依据现代地质学家的研究成果进行分析：

现代学者的研究指出，五台山及其邻区的地质演化背景对其地貌特征的形成起决定作用。五台山是中国早前寒武纪地层"五台群"与"滹沱群"的命名地。"五台群"是一套由变质基性火山岩和沉积岩构成的组合单元，其形成年代为24亿—26亿年前。"滹沱群"是一套变质程度较轻的而构造变形强烈的沉积岩系，主要分布在五台山南坡，形成于18亿—24亿年前。⑤ 在其漫长的地壳演进过程中，五台山经过了铁堡运动、台怀运动、五台运动、燕山运动，这些运动都不断促使"五台隆起"，⑥ 也即五台山的整体海拔不断上升。新第三世纪以来（距今2600万—300万年）的构造运动也引起山体

---

① 〔日〕圆仁著、白化文等校注，《入唐求法巡礼行记校注》卷2，《开成五年四月廿八日条》，石家庄：花山文艺出版社，2007年，第268页。

② 《入唐求法巡礼行记校注》卷3，《开成五年五月十七日条》，第282页。

③ 《入唐求法巡礼行记校注》卷3，《开成五年七月二日条》，第301页。

④ 《入唐求法巡礼行记校注》卷2，《开成五年四月廿八日条》，第268页。

⑤ 郑庆荣等，《五台山自然遗产资源特征及其形成的地学背景》，《忻州师范学院学报》，2015年第5期。

⑥ 沈保丰、毛德宝，《论五台群的地质年代》，《地质调查与研究》，2003年第2期。此外，五台山地区历经一百多年五台群的地质研究，对五台群的认识有重要的进展，但对其层序和时代的归属仍有不同理解。参见王曰伦等，《五台山五台纪地层的新见：1951年6–9月野外观察总结》，《地质学报》，1951年第4期。刘敦一、伍家善，《阜平群、五台群、滹沱群的界限年龄》《中国地质科学院地质研究所文集》1988年第18号，第58–67页。李江海等，《五台山区太古宙/元古宙界线划分及其地球演化意义》，《大地构造与成矿学》，2006年第4期。

不断隆升，经过长时段的演化，山体逐渐上升到现今的高度。① 这一结果最终使得五台山形成了五峰高耸的壮丽美景，因其山高入云，又被冠以"华北屋脊"的美誉。

五台山五峰虽然高耸，但台顶却呈平缓之势，其形成原因与其"夷平面"的地貌形态有关。所谓"夷平面"，是在构造相对稳定的条件下，由剥蚀和夷平作用所产生的，以截面形式横切所有在年龄上先于它的地层和构造的一种平缓地形，是地貌长期发展的终极产物，或者也可以概括为因各种外动力地质作用对地面进行剥蚀形成的一种近似平坦的地面，又称"均夷面"。② 从这一定义的内蕴出发，来看五台山"夷平面"的形成原因：五台山早期地处华北准平原，新生代以来华北准平原解体，五台山持续隆升，成为华北屋脊。③ 在相当长的时期内，古滹沱河上游沿繁—代盆地侵蚀华北准平原，古清水河上游也斜向侵蚀华北准平原，五台山位于两条河流的上游，故其地貌特征表现为鲜明的夷平面，并根据北台命名为北台期夷平面，其形成始于古新世，距今约 6700 万—6000 万年。④

在上述因素的共同影响下，五峰高耸、台顶平缓成为为五台山最具代表性的地质地貌景观，唐宋时期依然保持这一样貌。

二、千峰百岭、山峦叠嶂

五台山是太行山系的组成部分，因此，除五座台顶外，五台山其余之地

---

① 参见崔海亭，《五台山自然遗产的价值》，《五台山研究》，2003 年第 1 期。此外，或说五台山顶的夷平面的形成于大约 6000—6500 万年，并在约 230—260 万年上升到现今 3000 米左右的高度。参见田永清，《五台山地质的突出普遍价值》，《五台山研究》，2007 年第 3 期。

② 楚玉春等，《夷平面形成的气候因素研究》，《重庆师范大学学报》（自然科学版），2009 年第 4 期。徐叔鹰，《论夷平面的成因、年龄与变形》，《兰州大学学报》（自然科学版），1963 年第 2 期。任雪梅等，《夷平面研究综述》，《地理科学》，2003 年第 1 期。李德文、崔之久，《岩溶夷平面演化与青藏高原隆升》，《第四纪研究》，2004 年第 1 期。

③ 吴忱，马永红等，《华北山地地形面、地文期与地貌发育史》，石家庄：河北科学技术出版社，1999 年，第 54 页。

④ 朱景湖、崔之久，《五台山冰缘地貌的基本特征》，《冰川冻土》，1984 年第 1 期。

也以千峰百岭的姿态呈现。慧祥对这一地貌特征的描述是"崇岩叠嶂",①
他还特别引用了《括地志》"其山层盘秀峙"②的语句进行进一步描述。这
些记载说明五台山确实是崇山峻岭,重峦叠嶂,"形如虎踞,势若龙蟠。"类
似的记载在道宣著作中也有,所谓"极澜岩崇峻"。③圆仁《入唐求法巡礼
行记》更是用较大的篇幅来说明,他说五台周围"千峰百岭",④有"高峰
重重,隔谷高起,绕其五台,而成墙壁之势"。⑤又说:

> 五顶之地,五百里外,四面皆有高峰张列,围拥五台而可千里。并
> 其锋刃而有重庐周绕之势。峰谷重重,不知几重。且从东入台山,入山
> 谷行五百里,上至巉澜岩之顶,下到深谷之底,动经七日,方得到五台
> 山地。其余三方四维,亦是远涉山谷,方到五台。诚知五台山乃万峰之
> 中心也。⑥

从上述史料可以看出,若从外地要进入五台山,尤其是上到五个台顶,
必定要经历"重重峰谷",而且圆仁自身对峰谷的数目并未有确切地了解,
大概是由于数目较多的缘故,因此他说必须要"远涉山谷,方到五台",这
里的"远涉"二字将五台山峰峦叠嶂的景观一表无余。同样的记载在敦煌资
料中也大量存在,如《五台山赞文》:"五台险峻□嵯峨"⑦和《五台山赞文
并序》云"南台峻岭崄巉峨"。⑧此不赘述。

若按现代海拔⑨标准来划分,整个五台山区最高处为北台顶,海拔高度

---

① (唐)慧祥,《古清凉传》,《封域里数二》,《大正藏》第 51 册,第 1093 页。

② 《古清凉传》,《立名标化一》,《大正藏》第 51 册,第 1093 页。

③ 《集神州三宝感应通录》卷下,《大正藏》第 52 册,第 424 页。

④ 〔日〕圆仁著、白化文等校注,《入唐求法巡礼行记校注》卷 3,《开成五年七月二
日条》,石家庄:花山文艺出版社,2007 年,第 301 页。

⑤ 《入唐求法巡礼行记校注》卷 3,《开成五年五月廿日条》,第 286 页。

⑥ 《入唐求法巡礼行记校注》卷 3,《开成五年七月二日条》,第 301 页。

⑦ 《五台山赞文》P. 3645,《敦煌宝藏》第 129 册,第 439 页。或收入杜斗城,《敦煌
五台山文献校录研究》,太原:山西人民出版社,1991 年,第 61 页。

⑧ 《五台山赞文并序》P. 2483,《敦煌宝藏》第 121 册,第 57 页。或收入杜斗城,《敦
煌五台山文献校录研究》,第 78 页。

⑨ "海拔",即地面上一点沿铅垂线方向至大地水平面的距离。见徐世芳、李博主编,
《地震学辞典》,北京:地震出版社,2000 年,第 229 页。

为 3061.1 米，最低处为滹沱河下游，海拔高度仅 620 米。① 整体山势绝对高度相差 2000 多米，从高到低，地貌依次为亚高山（2700 米以上，缓坡平台）、高中山（1800—2700 米，主要为石质山地）、低中山（1000—1800 米，土石山地、山间盆地、沟谷淤地）和山麓丘陵——倾斜平原——河谷阶地（1000 米以下）。从如此的划分结果可以看出，五台山境内亚高山、高中山以及低中山占据绝大多数，只在 1000 米以下的区域有部分为丘陵、平原和河谷。故而境内形成山峰林立的景况，其中 2000 米以上的山峰达 40 座。尤其是从东台顶向南，经铁瓦殿上部扩向西南，在山梁上山峰，整齐均匀地排列着众多山峰。东台周围坡缓，坡面长，从木瓦沟——庙沟——楼上村划一直线，在此线西南部，山势陡立，地形破碎，形成复杂的山地类型。②

三、洞窟遍地、峡谷众多

唐宋时期，五台山的地质地貌景观除五峰高耸、山峦叠嶂的特征外，最鲜明的是漫山的洞窟、众多的峡谷遍布其中。《古清凉传·古今胜迹三》载："王子烧身寺东北，未详其远近里数，是中台、北台南、东台西，三山之中央也。径路深阻，人莫能至传闻金刚窟。"③ 此窟的存在意义非凡，所谓三世诸佛的供养之具，大多藏在这里。另外，佛灭后，文殊菩萨来到清凉山，其驻锡地就在金刚窟内。《广清凉传》对洞窟的记载更加具体，在《五台境界寺名圣迹六》中，详细记述了各台的洞窟，如中台的千年冰窟，东台的那罗延窟，西台的龙窟，东、北台二麓之下的金刚窟。④ 到明清时期有关洞窟方面的记载更多，《清凉山志》载有"那罗延窟""龙窟""金刚窟""观音洞""志公洞""法华洞""西天洞""七佛洞""千佛洞""罗汉洞"等，而且大多数洞窟都是用来修行的。从此可以推演出唐宋时期五台山的洞窟不在

---

① 赵亚辉，《第一批山峰高程测量完成，19 座中华名山有了准确身高》，《人民日报》2007 年 4 月 28 日。

② 赵淑娟、蒋世泽，《五台山森林植被及土壤资源》，《五台山研究》，1989 年第 1 期。

③ 华和平主编，《清凉山志传》（上册），太原，山西人民出版社，2009 年，第 10—11 页。

④ 华和平主编，《清凉山志传》（上册），太原，山西人民出版社，2009 年，第 56—57 页。

少数。

五台山也大量存在河谷峡谷景观。《古清凉传》载："山在长安东北一千六百余里……潜谷飞泉。""东台，……西北延十三里，连入繁峙县界大柏谷。"① "西台，……其山西北延二十里，入繁峙县界西峨谷。"② "周沙门，……少年出家，……至一名谷，且入深山。"③ "登中台之上，极目四望，唯恒岳居其次，自余之山谷，莫不迤逦如清胜也。"④ 东台是五个台中位置比较偏远的，游历者往往因为"其间山谷转状，故见者亡失所怀。"⑤《广清凉传》中也有大量的记载，"松柏茂林，森于谷底"⑥ "东台东大会谷内有铜钟寺"⑦ "清凉岭南三十余里，入大谷中，有嵌岩寺、小柏寺""入东峨谷，有大会寺……""东台北四十余里，谷底有华林寺、香云寺"⑧ 日僧圆仁记载有"五顶之下，深溪邃谷。"⑨ 还说他到中台菩萨寺吃茶时，遥望东北，"谷深处数十町地见白银之色，人云是千年冻凌。"⑩《清凉山志》中也记载了不少的山谷，如"天盆谷""李牛谷""峨谷""楼观谷""紫霞谷""藏真谷""凤林谷""杨柏谷""清凉谷"和"大会谷"等，南梁沟、驼梁沟等地，也有大量河谷峡谷存在。⑪

由此可见，唐宋时期五台山峡谷遍地的地貌景观。但如此景观却存在西

① 华和平主编，《清凉山志传》（上册），太原，山西人民出版社，2009年，第7页。
② 华和平主编，《清凉山志传》（上册），太原，山西人民出版社，2009年，第8页。
③ 华和平主编，《清凉山志传》（上册），太原，山西人民出版社，2009年，第19页。
④ 华和平主编，《清凉山志传》（上册），太原，山西人民出版社，2009年，第20页。
⑤ （唐）慧祥，《古清凉传》，卷上，《古今胜迹三》，《大正藏》第51册，第1095页。
⑥ 华和平主编，《清凉山志传·广清凉传》（上册），太原，山西人民出版社，2009年，第51页。
⑦ 华和平主编，《清凉山志传·广清凉传》（上册），太原，山西人民出版社，2009年，第62页。
⑧ 华和平主编，《清凉山志传·广清凉传》（上册），太原，山西人民出版社，2009年，第63页。
⑨ 〔日〕圆仁著、白化文等校注，《入唐求法巡礼行记校注》卷3，《开成五年七月二日条》，石家庄：花山文艺出版社，2007年，第301页。
⑩ 〔日〕圆仁著、白化文等校注，《入唐求法巡礼行记校注》卷3，《开成五年七月二日条》，石家庄：花山文艺出版社，2007年，第303页。
⑪ 华和平主编，《清凉山志传·清凉山志》（下册），太原，山西人民出版社，2009年。

北方和东南方的差异，据现代研究指出，"西北侧山坡受滹沱河上游侵蚀，沟谷切割深、山体破碎度高，多侵蚀三角面，属于地貌侵蚀的壮年期；东南侧山坡则多浑圆山丘，地形较为和缓，谷底宽展，是地貌侵蚀的壮年晚期。"① 之所以出现这种差异，恐与滹沱河水系变迁、区域构造差异有着较大的关系。

第四节　唐宋时期五台山的气象气候景观

气象景观是地球外围大气层中经常出现的大气物理现象和物理过程的总称，包括冷、热、干、湿、云、雨、雪、霜、雾、雷、电、虹、霞和光等；气候景观是指五台山地区多年天气状况的综合，不仅包括相继稳定发生的天气状况，也包括偶尔出现的极端天气状况。② 五台山的五个台顶均在 2485 米以上，其中北台海拔 3061 米，这种高海拔特征，也形成了高寒湿润的山地气候，因而也被称为中纬度亚高山气候，因为气候清凉，这里一直是"瑞气吐于林中，祥云横于岭上"的避暑胜地。由于地理位置及海拔高度基本未变，故和现代相比较，唐宋时期五台山的气象气候基本无大的变化。

一、唐宋时期五台山气象气候景观的具体表现

1. 气候高寒

在《古清凉传》卷上《封域里数二》中，描述五台山的气候"霜雪夏凝"③ 说明慧祥所见五台山气候高寒，霜雪期很长，是连夏季都可见霜雪凝结的景象。此外，在僧侣游礼感通的事例里，慧祥有段描述"风雪飘驶，俄

---

① 胥勤勉、林晓辉，《五台山地貌特征及其旅游价值》，《五台山研究》，2007 年第 4 期。

② 李华章，《山西省五台山地区晚更新世以来环境演变的研究》，《山西师范大学学报》（自然科学版），1993 年第 7 期。

③ （唐）慧祥，《古清凉传》，卷上，《封域里数二》，《大正藏》第 51 册，第 1093 页。

深数尺，凝寒猛烈，特异于常"的情形，① 雪深数尺而严寒的现象，应是寄居五台山者逢遇冬季所见的景象。一般短期的巡礼者多选在夏季登山，如法藏云"四月以前，七月以后，坚冰积雪，嵩皓弥布，自非盛夏之日，无由登践。"② 道宣亦言"其山极寒"，故谓"清凉雪山"。③ 法藏《华严经探玄记》亦载：

> 清凉山则是代州五台山是也。于中现有古清凉寺，以冬夏积雪故以为名。④

同样说明五台山气候"冬夏积雪"的特征，并结合其气候的关系，故名"清凉"。澄观也是沿用此说：

> 清凉山，即代州雁门郡五台山也。于中现有清凉寺，以岁积坚冰，夏仍飞雪，曾无炎暑，故曰清凉。⑤

五台山以岁积坚冰，夏仍飞雪，曾无炎暑，故又名清凉山。据现代研究指出，"清凉"一词，梵文为"Hima"，词根在作动词时，有变冷、特凉、下雪、入冬等用法，在作名词时表示清凉、冷、雪、冬季等称谓。⑥ 故而寒冷下雪的气候，也是五台山名为"清凉"山的特色之一。

此外，古籍中亦常描述山中寒冷积雪的气候景象，例如圆仁在《行记》中谓"此清凉山，五月之夜极寒，寻常着棉袄子。"⑦ 在敦煌写卷《五台山圣境赞》云"迢迢雪水涉峰峦"、⑧《五台山赞文》谓"盛夏犹如八月秋，积

---

① 《古清凉传》，卷下，《游礼感通四》，《大正藏》第 51 册，第 1097 页。
② 《华严经传记》，卷 1，《大正藏》第 51 册，第 157 页。
③ 《集神州三宝感通录》，卷下，《大正藏》第 52 册，第 424 页。
④ （唐）法藏，《华严经探玄记》卷 15，《菩萨住处品第二十七》《大正藏》第 35 册，第 391 页。
⑤ 《大方广华严经疏》，卷 47，《诸菩萨住处品第三十二初》，《大正藏》第 35 册，第 859 页。
⑥ 黄夏年，《清凉与清凉山》，《中华文化论坛》，1994 年第 4 期。
⑦ 〔日〕圆仁著、白化文等校注，《入唐求法巡礼行记校注》卷 2，《开成五年五月十六日条》，石家庄：花山文艺出版社，2007 年，第 277 页。
⑧ 《五台山圣境赞》，《东台》P. 4617，收入《敦煌宝藏》第 134 册，第 21 页。或收入杜斗城，《敦煌五台山文献校录研究》，太原：山西人民出版社，1991 年，第 51 页。

雪寒霜常无散"① 或言"披云蹑雪上南台"② 宋濮阳太守李师圣游五台山,其诗曰:"冬冰夏雪无炎暑,我来七月秋正寒"③ 仁甫诗亦云:"披裘六月尚余寒"。④ 以上可知连夏季还积着雪水,气候犹寒,必须披上棉袄御寒。

此外,明代乔宇在夏季游五台山时,记述所见说:"凄风密雪""诸台风雪繁猛,石且冰路",⑤ 可知也有夏季还飘着雪,天气极寒的情形。在冬季更是满山冰雪,气候严寒,或云"冰雪满山银点缀"⑥ "夏睹千峰似锦,冬观五顶如银"。⑦ 诸如上述,皆示山上气候之高寒,故慧祥描述夏季霜雪凝结,冬季雪深达数尺,气候凝寒的景象。由上可知,唐宋时期五台山的气候是非常寒冷的。

2. 云雾缭绕

五台山的气象景观中,还有一个独具特色之处,那便是与文殊菩萨"化现"密切相关的一种天象,即所谓"云雾缭绕"。此种现象在唐宋五台山的典籍中多有记载,虽然多少含有记载者的宗教情感在其中,但之中所表达的自然现象也不容忽视,那就是五台山天气多云、多雾。

慧祥《古清凉传》中还谈到山中"触石吐云""烟雾常积"的景象。⑧ "触石吐云",古有"云触石而出"之说,⑨ 慧祥以此作为咏云的典故。"烟

① 《五台山赞文》P. 3645,收入《敦煌宝藏》第 129 册,第 439 页。或收入杜斗城,《敦煌五台山文献校录研究》,第 62 页。

② (宋)张商英,《南台》,《古今图书集成》第 18 册,卷 32,《五台山部》,第 22200 页。

③ 《游五台感神灯示现》,《古今图书集成》第 18 册,卷 32,《五台山部》,第 22200 页。

④ (明)镇澄撰、沈慧云点校,《清凉山志》卷 2《第三五峰灵迹》,太原,山西教育出版社,1991 年,第 45 页。

⑤ 李师圣,《五台山游记》,《古今图书集成》第 18 册,卷 32,《五台山部》,第 22199 页。

⑥ (宋)张商英,《续清凉传》,卷下,《清凉山赋并诗·总诗》,《大正藏》第 51 册,第 1130 页。

⑦ 《续清凉传》,卷上,《清凉山赋并诗》,《大正藏》第 51 册,第 1129 页。

⑧ 《古清凉传》,卷上,《封域里数二》,《大正藏》第 51 册,第 1093 页。

⑨ (东汉)应劭,《风俗通义》第 2 册,卷下,《山泽第十·五岳》,第 51 页,收入《百部丛书集成》第 11 涵装。《古清凉传》,卷上,《古今胜迹三》,《大正藏》第 51 册,第 1095 页。

雾常积"，烟雾是泛指烟、气、云、雾等天象，以上形容五台山云雾常积的情形。例如《古清凉传》记载，曾有游山者到东台时，忽遇"祥云郁勃，生其左右，顾眄之间，冥如闭目"的情况；① 或有"云间飘然如匹帛，下落树前"的情景；② 以及书中援引《旌异记》云，五台山"一台常晦，不甚分明，天清云散，有时而出"。③ 都说明山中云雾缭绕，甚至浓云密雾的景象。

这样的胜景，在圆仁登南台时亦云："台上忽见云起，俄尔之间，重云遍山"；④ 或有唐代碑铭记云"乔木森沈云兴霞"；⑤ 敦煌写卷《五台山圣境赞》中记载："风云每从岩下起，那罗延窟有龙蟠"，⑥ 或谓："披云蹑雪上南台"。⑦《广清凉传》载，中台"云雾祥映，难以具言"；⑧《清凉山志》谓，东台"蒸云寝壑"⑨ 北台"风云雷雨，出自半麓"或有"四方云气，每归朝而宿泊焉"，⑩ 意指北台风云雷电从半山而出，当四方云雾相聚而归，仿佛宿泊于台顶。对五台山的整体描述则谓："白云凝布，夺万里之澄江，杲日将升，见一陂之大海。此其常境也"。⑪ 以上描述可见，云在山中常出现的景象与变化，有时突然间重叠的云层遍布整山，或似横卧于山谷、半山中，乃至从岩下或幽深繁茂的林木中出现，甚至当日出之际，白云密布犹如大海等奇景。

---

① （唐）慧祥，《古清凉传》，卷上，《古今胜迹三》，《大正藏》第51册，第1095页。
② 《古清凉传》，卷上，《古今胜迹三》，《大正藏》第51册，第1094页。
③ 《古清凉传》，卷上，《立名标化一》，《大正藏》第51册，第1093页。
④ 〔日〕圆仁著、白化文等校注，《入唐求法巡礼行记校注》卷3，《开成五年七月二日条》，石家庄：花山文艺出版社，2007年，第301页。
⑤ 佚名，《五台山狮子窟建十方院碑铭》，收入《古今图书集成》第18册，卷32，《五台山部》，第22199页。
⑥ 《五台山圣境赞》，《东台》P. 4617，收入《敦煌宝藏》第134册，第21页。或收入杜斗城，《敦煌五台山文献校录研究》，太原：山西人民出版社，1991年，第56页。
⑦ （宋）张商英，《南台》，《古今图书集成》第18册，卷32，《五台山部》，第22200页。
⑧ （宋）延一，《广清凉传》，卷上，《五台境界寺名圣迹六》，《大正藏》第51册，第1105页；卷上，《清凉山得名所因四》，《大正藏》第51册，第1105页。
⑨ （明）镇澄撰、沈慧云点校，《清凉山志》卷2《第三五峰灵迹》，太原，山西教育出版社，1991年，第37页。
⑩ 《清凉山志》，卷2，《第三五峰灵迹》，第42页。
⑪ 《清凉山志》，卷1，《第一总标化字》，第19页。

值得关注的是，文殊还常以云为载体来彰显圣迹。在《古清凉传》记载，会颐等人到大孚寺东堂修理文殊故像，在焚烧杂草时火势蔓延开来，烧燃花园，花园离水井须四十五步（66.357 米）路程，派人汲水还未到时，忽然腾起黑云下雨，骤然将火全部浇灭之后，黑云即又消散不见。① 又载，慧祥等六十人登上中台南面安奉舍利函，当时黑云四合，雨下数滴，大家皆惶恐不能安放，于是虔敬礼拜文殊，焚香采花供养舍利，忽然绕塔四边约百余尺（29.5 米），云雾廓清，团圆如镜，等安放好舍利函之后，黑云又如原来一样的合回来。②

又有名远、灵裕等十八人前往东台时，"见五色庆云"，③ 云五色曰庆，是"瑞云"的代表；④ 原来唐高宗时期营造盛世过程，大力提倡祥瑞政治，并在武后执政时达到初唐的最盛期，⑤ 其中，景星与庆云为大瑞，象征对太平盛世的应验。⑥ 在敦煌写卷《五台山曲子》等亦记："五色祥云，一日三回现"，⑦《五台山圣境赞》云："五色云中游上界"，⑧ 或谓"雾卷云收，化现千般有"⑨ "常云化作楼台状"，⑩ 明代乔宇游五台亦描述说"灵云怪雾"

① （唐）慧祥，《古清凉传》，卷下，《游礼感通四》，《大正藏》第 51 册，第 1098 页。
② 《古清凉传》，卷下，《游礼感通四》，《大正藏》第 51 册，第 1099 页。
③ 《古清凉传》，卷下，《游礼感通四》，《大正藏》第 51 册，第 1100 页。
④ （唐）徐坚等奉撰，《宋本初学记》第 1 册，卷 1 天部上，《五色庆云》，台北：艺文印书馆，1976 年，第 10 页。
⑤ 李俊，《初唐时期的祥瑞与雅颂文学》，《中国青年政治学院学报》，2005 年第 5 期。
⑥ 李浩，《中国古代祥瑞崇拜的文化诠释》，《民俗研究》，2008 年第 2 期。
⑦ 《五台山曲子六首》S.0467、《五台山曲子》S.2080、《大唐五台山曲子五首》P.3360，分别收入《敦煌宝藏》第 4 册，第 19 页；第 16 册，第 25 页；第 128 册，第 24 页，或收入杜斗城，《敦煌五台山文献校录研究》，太原：山西人民出版社，1991 年，第 82、88、92 页。
⑧ 《五台山圣境赞》，《西台》P.4617，收入《敦煌宝藏》第 134 册，第 21 页。或收入杜斗城，《敦煌五台山文献校录研究》，第 57 页。
⑨ 《五台山曲子六首》S.0467、《五台山曲子》S.2080、《大唐五台山曲子五首》P.3360，分别收入《敦煌宝藏》第 4 册，第 19 页；第 16 册，第 25 页；第 128 册，第 24 页，或收入杜斗城，《敦煌五台山文献校录研究》，第 82、87、91 页。
⑩ 《五台山圣境赞》，《北台》P.4617，收入《敦煌宝藏》第 134 册，第 21 页。或收入杜斗城，《敦煌五台山文献校录研究》，第 56 页。

等。① 表现山中常积云雾，并且云雾的变化难测，也增加对圣山的神秘感。

3. "佛光"普照

五台山在气候方面还有一个显著的特征，那就是在晴朗之日，光照充足，尤其在盛夏晴夜，能见度极好，在最高峰上视野距离可达 23.6 万米之多。② 比如东台，站在台顶可"遥见沧、瀛③诸州，日出时，下视大海犹陂泽焉。"④ 事实上，五台山距大海很远，纵使再高也无法看到海面，此处所指的大海是为云海。在晴朗的夏日，拂晓时登上东台向东眺望，烟云缭绕，弥漫在群山之中，犹如海洋，旭日东升，霞光万道，照射在时动时静的云海上，云浪滚滚，煞是壮观，更胜似在海上观日出。

二、五台山气象气候景观的形成原因分析

五台山独具特色的寒凉、多云雾、晴空光照充足的气象气候特征，与其所处的地理位置、海拔高度及其降雨量、降雨强度等有着密切的关系。

1. 地理位置和海拔高度决定了其高寒的气候特征

依现代学者的研究分析，五台山是由北台——中台，北台——南台，北台——东台三大支系构成的一座山脉。北台——中台支系，由中台沿着峨岭向西延伸，与繁峙县、代县、原平市接壤。北台——南台支系，由南台向南延伸，沿着黄花梁、天塔梁，直至黄罗山及龙湾山，雄踞五台县境内。北台——东台支系，由东向南，绵延 200 余里，是与河北省阜平县的天然分界。可见，五台山跨越两省五县，环基所至五百余里。⑤ 这样的研究结果与《古清凉传》和《清凉山志》所记基本符合，说明古今五台山的总体地理位置基

① （明）乔宇，《五台山游记》，《古今图书集成》第 18 册，卷 32，《五台山部》第 22199 页。
② 任健美、牛俊杰，《五台山旅游气候及其舒适度评价》，《地理研究》，2004 年第 6 期。
③ 沧州，今河北省沧州市；瀛州，今河北省河间市。
④ （宋）延一撰、陈扬炯等校注，《广清凉传》卷上《五台境界寺名圣迹》，太原：山西人民出版社，1989 年，第 52 页。
⑤ 江阳，《五台山的地理范围》，《五台山研究》，1987 年第 3 期；崔正森，《五台山佛教史》（上册），太原，山西人民出版社，2000 年，第 7 页。

本保持原貌。

五个台顶具体来讲，东台（海拔2465米）、西台（海拔2773米）、北台（海拔3058米）、南台（海拔2485米）、中台（海拔2898米）五大高峰。北台是我国华北地区最高的山峰，有"华北屋脊"之称。[①]

从上述数据可知，五台山基本属暖温带半干旱型森林草原气候带的北端。[②] 由于山体高大，且东西山脉的阻隔和境内地形崎岖，使五台山除具有一些地带性的气候特征外，还具有一些垂直地带性的山地气候特征。因此，虽然五台山处于与北京大致相同的纬度，但气候特征却和中国东北部的大兴安岭差不多，是华北半湿润半干旱区域背景上的一个寒冷中心，是华北最冷区。[③]

五台山属于中纬度亚高山气候，据中台气象站1955—1980年的气象观测资料，年平均气温 -4.5℃，极端最低温 -45℃，极端最高温20[④]℃。或有统计五台山年平均温度为 -4℃左右，一月份平均气温约为 -15℃，极端最低气温为 -44℃，七月份平均温度约为12℃。[⑤] 或说北台顶的年均温度为 -4.8℃，[⑥] 另一方面，刘存安依据五台山气象站在1970—1981年，于台怀镇（台怀盆地海拔约1600—1800米）[⑦] 罗睺罗寺观测的气象资料统计，其最热月份是在七月，平均气温17.9℃；最冷月份当在一月，平均气温为 -9.2℃。[⑧] 上述温度观测数据不尽相同，是因为观测的时间、地点不同。并且，由于近年来，整个气候受到厄尔诺尼现象、臭氧层孔洞，以及核森林减

---

① 任健美、牛俊杰等，《五台山旅游气候及其舒适度评价》，《地理研究》，2004年第6期。

② 汪光焘，《五台山》，杭州：浙江大学出版社，1993年，第105 – 129页。

③ 曹燕丽、崔海亭等，《五台山高山景观的遥感分析》，《地理学报》，2001年第3期．

④ 朱景湖、崔之久，《五台山冰缘地貌的基本特征》，《冰川动土》，1984年第1期。

⑤ 赵淑娟、蒋世泽，《五台山森林植被及土壤资源》，《五台山研究》，1989年第1期。此外，或说台顶平均气温约 -4.22℃，夏季平均气温在16.5℃，与前述统计大同小异。参见胥勤勉、林晓辉，《五台山地貌特征及其旅游价值》，《五台山研究》，2007年第4期。

⑥ 崔海亭，《五台山自然遗产的价值》，《五台山研究》，2003年第1期。

⑦ 胥勤勉、林晓辉，《五台山地貌特征及其旅游价值》，《五台山研究》，2007年第4期。

⑧ 刘存安，《五台山台怀镇气候评介》，《五台山研究》，1985年创刊号。

少等因素的影响，全球气温都往上升中，五台山气温也相应地提高。①

整体而言，五台山气候高寒（年均温 -4.5℃），风大风多（8 级以上的风，一年超过 200 天），无霜短期（无霜期一年少于 60 天）。② 或由高到低表现为：冷湿——凉润——温（半）润——暖（半）旱。年均气温随海拔降低而生高（由 -5℃—12℃），无霜期随海拔降低而延长（由小于 60 天—大于 160 天）。③ 其特点是冬季漫长而严寒，夏季温和无酷暑。④ 统计其降雪日时，谓"六月冰方融，七月雪又至"，冻土层可深达 2 米左右。⑤ 可知，五台山气候同于澄观所言"岁积坚冰，夏仍飞雪"，慧祥所谓"霜雪夏凝"的情形；同时，慧祥形容"风雪飘驶，俄深数尺，凝寒猛烈"的现象，亦见于学者研究指出，五台山极端最低温 -45℃，冻土层可深达 2 米左右，且风大风多的事实，并且，极寒的气候，也是五台山名为"清凉"山的特色之一。

2. 降水丰沛、空气湿度大，多山地是云雾缭绕的关键成因

五台山地形复杂，山势呈东北 - 西南走向，因此成为东南风深入本区的第一道屏障和河北省与本区的气候分界线。山脉迎风面是五台山降雨中心，而山脉的背风面繁峙、砂河一带则为少雨地带。

据现代学者研究，五台山境内雨水丰富，主要集中在夏季。五台山境内的降雨量受地形影响很大，由于山体高大，东南湿润气候顺势爬升，形成一定的地形雨。一般是高处的雨水多于低处，南坡平均年降雨量为 966.3 毫米，多于北坡。五台山年均降水量为 500—600 毫米，多雨区年平均在 800 毫米以上，北台最高年平均降水量达 1000 毫米以上，而周边地区的平均降水量为 500 毫米以下，五台山的降水量比相邻的忻定盆地多 0.2—1.9 倍，较同纬度地区多，是山西省平均降水量的两倍多。五台山是华北半湿润半干旱区域背

---

① 崔正森，《五台山佛教史》（上册），太原：山西人民出版社，2000 年，第 15 - 16 页。

② 程占红、牛莉芹，《五台山南台旅游活动对山地草甸优势种群格局的影响》，《生态学报》，2008 年第 1 期。程占红、牛莉芹，《五台山南台山地草甸种群对旅游干扰响应的识别》，《应用与环境生物学报》，2008 年第 3 期。

③ 赵淑娟、蒋世泽，《五台山森林植被及土壤资源》，《五台山研究》，1989 年第 1 期。

④ 赵淑娟、蒋世泽，《五台山森林植被及土壤资源》，《五台山研究》，1989 年第 1 期。

⑤ 赵淑娟、蒋世泽，《五台山森林植被及土壤资源》，《五台山研究》，1989 年第 1 期。

景上的一个湿润中心。①

多降雨使得空气湿度较大，水汽易聚集，而多山、封闭的地形又不利于水汽的扩散，逐渐形成云雾，特别是雨后天气刚刚转晴，最容易形成云海。这里云海的云状主要有碎积云、淡积云、层云、层积云，并以由层积云形成的云海最壮观、最常见。

3. 五台山海拔较高，大气容易形成下层气温低而上层气温高的逆温现象，使空气密度下密上疏，有利于大气产生折射，能见度极好，是其晴空阳光充足的主要成因。

三、五台山天气清凉、多云、多雾、光照强的影响

五台山在气象气候方面独有的清凉、多云、雾特征，对佛教在该地的发展以及游客到山的朝拜活动均产生了一定的积极影响。

1. 对佛教发展的影响

首先，有助于五台山成为文殊道场。

天竺高僧佛陀跋陀罗于东晋恭帝元熙二年（420年）译出了60卷本《大方广佛华严经》，其卷27《菩萨住处品》云：

> 东北方有菩萨住处，名清凉山，过去诸菩萨常于中住。彼现有菩萨，名文殊师利，有一万菩萨眷属，常为说法。②

这个"清凉山"，并非地理学意义的实际山名，到北魏之时，尚属模糊概念，从印度到中国都未被指实。③ 而五台山本身气候确确实实是非常之清凉，加上山势奇特，多云多雾，这些景观都能给人带来一定的神秘气氛，足可当"清凉山"而无疑。因此，当华严学者虔诚地想象"清凉山"文殊道场具体景象时，很容易把眼前的五台山当作了"清凉山"。刚开始也许是个别僧人偶然的遐思，以后便一传十、十传百地为人接受，传播开来。

---

① 刘丽芳，《五台山气候资源特征及旅游产品开发》，《忻州师范学院学报》，2009年第5期。
② 《大正藏》第9册，第590页。
③ 冯巧英，《五台山文殊道场的形成和发展》，《太原大学学报》，2002年第1期。

《华严经·十地品》之三说，"诸佛悉了知，一切从心转；若能如是解，彼人真见佛。"后来的澄观解释说"依不动之真源，言自金色世界，震旦（中国）之人有感，偏居清凉之山矣。"这个有感之"感"，是感应之感，感觉之感，感情之感。人们感觉到文殊在五台山，五台山有文殊教化的感应，对五台山文殊有崇拜的感情。由此，《华严经》中的"清凉山"一变而成为现实的五台山，文殊因其能满足传统的直觉性、现实性要求而成为人们亲近的菩萨，五台山也因有《华严经》为据而成为真实的佛国，五台山文殊信仰由此形成。

其次，有助于五台山成为唐宋时期的佛教中心。

唐代五台山佛教非常兴盛，太宗于五台山建寺度僧，高宗敕令蠲除税敛，武后则造塔供养。此外，唐代各个佛教宗派也纷纷到五台山巡礼弘法。华严宗、天台宗、密宗、净土宗、禅宗的名僧，都对五台山文殊信仰大加弘扬。华严宗第四祖澄观在《大方广佛华严经疏》卷13中说文殊"体含万德，降魔制外，通辩难思，化满尘方，用周三际，道成先劫，已称龙种尊王，现证菩提，复曰摩尼宝积，实为三世佛母。"[1] 卷47 中又说："清凉山即代州雁门郡五台山也，于中现有清凉寺，以岁积坚冰，夏仍飞雪，曾无炎暑，故曰清凉"，并且以五台山表文殊之"五智已圆、五眼已净、总五部之真秘、洞五阴之真源，故首戴五佛之冠，顶分五方之髻，运五乘之要，清五浊之灾矣。"[2] 至此五台山作为其时佛教中心的地位已确定无疑。

除上述因素外，五台山文殊信仰的广泛盛行，还与其多云、雾的气候特征关系密切。

五台山天气云雾缭绕，云雾的变化难测，在史籍记载当中，屡见文殊常借助由云、雾的作用或变化来彰显圣迹的事例。在《古清凉传》中记载，会赜等人到大孚寺东堂修理文殊故像，在焚烧杂草时火势蔓延开来，烧燃花园，花园离水井须四十五步（66.357 米）路程，派人汲水还未到时，忽然腾

---

① 《大正藏》第35 册，第591 页。
② 《大正藏》第35 册，第859 页。

起黑云下雨，骤然将火全部浇灭之后，黑云即又消散不见。① 又载，慧祥等60人登上中台南面安奉舍利函，当时黑云四合，雨下数滴，大家皆惶恐不能安放，于是虔敬礼拜文殊，焚香采花供养舍利，忽然绕塔四边约百余尺（29.5多米），云雾廓清，团圆如镜，等安放好舍利函之后，黑云又如原来一样的合回来。② 又有名远、灵裕等十八人前往东台时"见五色庆云"，③ 五色曰庆，是"瑞云"的代表。④ 原来唐高宗时期营造盛世过程，大力提倡祥瑞政治，并在武后执政时达到初唐的最盛期。⑤《五台山圣境赞》云："五色云中游上界"，⑥ 在敦煌写卷《五台山曲子》等亦记："五色祥云，一日三回现"⑦ 或谓"雾卷云收，化现千般有"⑧ 还有俨禅师曾登台山礼拜，"望见五顶，皆有五色云覆之。随云覆者，配之为台。"⑨ 又因心喜庆幸，故发愿塑造文殊真容。同时，于高宗咸亨三年（672年）间，在中台南面建造石室三间，内有释迦、文殊、普贤尊像，以及房宇、厨帐、器物等，目的是为了提供登台僧俗往来可以休憩的地方。

从这些记载都可见，山中常积云雾，并且云雾的变化难测。这些云雾既增加五台山的神秘感，使信众进一步增多，与此同时，因史籍记载的宣扬效应，人们往往容易将自然界中形状变幻多端的云雾景观幻化为菩萨显圣，通过口口相传，文殊菩萨的信众自然愈来愈多，从而进一步助推了五台山的佛

---

① 《古清凉传》，卷下，《游礼感通四》，《大正藏》第51册，第1098页。

② 《古清凉传》，卷下，《游礼感通四》，《大正藏》第51册，第1099页。

③ 《古清凉传》，卷下，《游礼感通四》，《大正藏》第51册，第1100页。

④ 《宋本初学记》第1册，卷1天部上，《五色庆云》，台北：艺文印书馆，1976年，第10页。

⑤ 李俊，《初唐时期的祥瑞与雅颂文学》，《中国青年政治学院学报》，2005年第5期。

⑥ 《五台山圣境赞》，《西台》P.4617，收入《敦煌宝藏》第134册，页21。或收入杜斗城，《敦煌五台山文献校录研究》，太原：山西人民出版社，1991年，第57页。

⑦ 《五台山曲子六首》S.0467、《五台山曲子》S.2080、《大唐五台山曲子五首》P.3360，分别收入《敦煌宝藏》第4册，第19页；第16册，第25页；第128册，第24页，或收入杜斗城，《敦煌五台山文献校录研究》，第82、88、92页。

⑧ 《五台山曲子六首》S.0467、《五台山曲子》S.2080、《大唐五台山曲子五首》P.3360，分别入《敦煌宝藏》第4册，第19页；第16册，第25页；第128册，第24页，或收入杜斗城，《敦煌五台山文献校录研究》，第82、87、91页。

⑨ （宋）延一撰、陈扬炯等校注，《广清凉传》卷上《五台四埵右圣行迹五》，太原：山西人民出版社1989年，第1105页。

教中心地位。

2. 对朝拜活动的影响

五台山清凉、多云雾、光照充足的气候特征在吸引大批信众朝山方面也功不可没。

首先，日出、云海、佛光、雨、雪本身就是五台山极具观赏价值的自然景观。晴朗的夜晚，尤其在盛夏晴夜，在最高峰上视野距离可达23.6万米之多。① 站在东台顶向东可看到红日喷薄而出，金霞灿烂。观日出是五台山最壮丽的景观。虽然在内陆地区，但因其海拔高而降水多，平均年降水量800多毫米，是山西省平均降水量的两倍多。夏季，降水多湿度较大，云雾也较多。特别是雨后天气刚刚转晴，最容易形成云海。这里云海的云状主要有碎积云、淡积云、层云、层积云，并以由层积云形成的云海最壮观、最常见。五台山山峦起伏，云雾迷蒙，登山远眺，幻影时来，灿烂的光圈里能见到自己的身影。人们把这种神奇的自然现象称为"灵光"，又称为"佛光"。这种佛光以东台顶出现较多。五台山降雨频率高，但强度小，适度雨量加上青山绿水的自然景观，给人在心理、生理上带来一种朦胧美、舒适感，增加了来山朝拜者的情趣。由于海拔高，寒冷期长，台顶一年中有11个月有降雪，有"六月冰方融，七月雪又至"之说，全年降雪日在60—101天，积雪日最多可达218天，历年降雪最大深度为29厘米。冬季大雪漫盖山野，似银装玉砌的冰雪世界。这样的美景自然对朝拜者具有极大的吸引力。再者，夏季五台山相对凉爽舒适的气温也成为游客大量涌现的原因之一。

其次，文殊菩萨多借助"云雾""佛光"等载体而"化现"，也能够吸引大批信众前来朝圣。据《古清凉传》卷下《游礼感通四》云：

> 唐龙朔年中，频敕西京会昌寺沙门会赜，共内侍掌扇张行弘等，往清凉山，检行圣迹。赜等……未及至间，堂后立起黑云，举高五丈，寻便雨下，骤灭无余，云亦当处消散，莫知其由。便行至于饭（梵）仙山，内侍张行弘，复闻异香之气。从南向北，凡是古迹，悉追寻存亡，

---

① 任健美、牛俊杰等，《五台山旅游气候及其舒适度评价》，《地理研究》，2004年第6期。

名德皆亲顶礼。赜等既承国命，目睹佳祥，具已奏闻，深称圣旨。于是，清凉圣迹，益听京畿，文殊宝化，昭扬道路。……赜又以此山图为小帐，述《略传》一卷，广行三辅云。①

这是会赜等人巡礼五台山时所感见的灵迹，往大孚寺东堂，修理文殊故像时，在焚烧杂草时火势蔓延开来，烧燃花园，花园离水井须四十五步路程，派人汲水还未到时，忽然腾起黑云下雨，骤然将火全部浇灭之后，黑云即又消散不见。这很显然是感遇文殊所形成的结果。会赜等人除了庆幸能够逢遇罕见的灵应，而更加地恭敬诚恳的巡访圣迹。并且将所看到的祥瑞奏报皇帝，其影响致使"清凉圣迹，益听京畿"，会赜又以此山图为小帐，述《清凉山略传》一卷，广行三辅。

还有类似对"神光"的记载：

有清信士，不详其氏讳，次往登之。其人年可二十，衣服蓝缕，自云："从抱腹山来"。识者相传云："每在并州，巡市乞焉，以所乞得，造滤水囊，可七八寸，造讫，随处劝人令用。凡造数千余"。当来之日，亦携十数信士登台，还到清凉寺下，忽闻钟声，闻已即礼，遂与同侣一人寻之。既得至寺，誓住一夏，礼忏供养，于北崖之下，结草为庵。初数日之间，时闻钟声，或早或晚。十日后，每斋时为准。又于佛堂读经，至夜轻有神光朗照，不劳灯烛。信士神容简畅，动止肃恭，直尔对之，祛人鄙吝。然凡所谈吐，绵绵入微，时总疑之，为不测之人也。余略与周旋，不复能备。②

此信士生平事迹皆不详，咸亨二年（671 年）间，携伴十多位道友共同登上台山，回到清凉寺下，结草为庵，发愿居住一夏，于佛堂读经到夜晚时，就有轻微的神光明亮地照射进来，不需自备灯烛。这里的"神光"恐为晴空之夜，由于能见度极好而透进屋内的月光。但通过信众带有宗教情感的表述后，这种气候特征变为文殊化现的形式，起到了很好的宣扬效应。

---

① 《古清凉传》卷下，《游礼感通四》，《大正藏》第 51 册，第 1098 页。
② 《古清凉传》，卷下，《游礼感通四》，《大正藏》第 51 册，第 1099 页。

《古清凉传》卷下《游礼感通四》亦云：

> 洛阳白马寺沙门惠藏，本汾邑人，……以调露元年四月，与汾州弘演禅师、同州爱敬寺沙门惠恂、汴州沙门灵智、并州沙门名远，及异方同志沙门灵裕等，于娑婆寺坐夏，九十日中，精加忏洗，解夏安居。与道俗五十余人，相次登台。藏禅师与三十人，将至中台，同见白鹤一群，随行数里，适至台首，奄忽而灭。僧名远、灵裕等，一十八人，先向东台，见五色庆云。僧惠恂后往，亦同前见。名远于中台佛塔东南六十余步，又见杂色瑞光，形如佛像，光高可三丈，人或去就，光亦随之，礼二十余拜，良久方灭。僧灵智，于太华池南三十余步，见光如日，大可三丈，百千种色，重沓相间，霏微表着，难可具名。而举众形服威仪，屈伸俯仰，光中悉见，如临明镜。智等，夺目丧神，心魂失措，顶礼恳诚，少选而灭。又智等，正见光时，佛塔之前，有三沙弥，顶臂焚香，以身供养，复见此光在其东面，藏等周旋往来，向经七日，方遵归路焉。①

以上文殊示现感通的方式，主要以五色庆云、杂色瑞光（形同佛光），来表现，以增进巡礼者的景仰之心；而云、光等的频繁出现，很显然与五台山独特的气候特征关系非常密切。

由此可知，五台山独特的气候特征形成了美轮美奂的自然景观，这些景观又被信众赋予了浓烈的宗教情感，成为文殊化现的载体，使信众因此心生敬仰，从而或驻锡五台山，或让有心修行的人，由此出家修道。同时，有各地僧俗因仰慕文殊圣地而前来寄居、巡礼、参学，僧俗的止住以及巡礼者的增加，由此带动五台山寺塔的修建、文殊信仰的传播及其参学之风气，极大地带动了唐宋时期到五台山的朝拜活动。

---

① 《古清凉传》，卷下，《游礼感通四》，《大正藏》第51册，第1100页。

第五节　唐宋时期五台山的水文景观

自古名山皆有水，水赋予山以灵性，滋养着山间的一草一木。唐宋时期五台山主要的水文景观是河流景观和泉水景观。

一、河流纵横

五台山境内河流纵横，主要河流为滹沱河、清水河，属海河水系。其他小河流多注入滹沱河、清水河。

滹沱河发源于五台山北麓繁峙县泰戏山桥儿沟，五台山区域流域面积11936平方千米，长250千米，平均纵坡1/700，河床宽100—800米。有支流21条，较大支流有阳武河、云中河、牧马河、清水河等。滹沱河顺着北台、西台之外围，由东向西，转南拐东，历经繁峙、代县、原平、忻州、定襄、五台，至坪上村时，与发源于北台，由东北向西南、流经台怀、石咀、耿镇的清水河汇合，经盂县流入河北平山，易名子牙河，终归渤海。

清水河发源于五台山北台南麓紫霞谷与东台沟，经金刚库、石咀、门限石、耿镇、高洪口、陈家庄等乡，于坪上村汇入滹沱河，全长163千米，流域面积2405平方千米。

除去上述两大河流外，还有众多不知名的河流，如虑虒河发源于五台县东雷乡岭底村，经城关、刘家庄乡于黄埠坪汇入清水河。流域面积352平方千米，河长43千米。虒阳河发源于五台县李家寨乡小柏沟村，流域面积457平方千米，旁支有小北沟、智存沟、车场沟、苇地沟、车桂沟等小溪及节令河汇入，全长45千米。小银河发源于五台县殿头村，从殿头至阳白为节令河，至郭家庄始有水出，经北大兴至槐荫村汇入滹沱河，流域面积230平方千米，河长32.5千米。羊眼河发源于五台山北麓繁峙伯强乡大楞地，北流经狮子坪、野子场，循憨山至南峪口出山，经魏家庄至万元池注入滹沱河，流域面积184平方千米，河长31.3千米。峨河发源于五台山北麓繁峙县大黄尖山脚下，至岩头与黑龙池水合，又有峨岭水，自南来汇合，合而北流，过圭峰至代县南新村注入滹沱河。流域面积 331 平方千米，河长 47.2 米。青羊河亦称大沙河，为海河流域大青河水系最上游的支流之一，发源于东台顶脚下的古华严村，境内河长 32 千米，流域面积 398 平方千米。峪河发源于代县八塔乡庙湾村东南娘娘垴和五台县境内杨林岭，下游注入滹沱河。流域面积 354 平方千米，河长 39.7 千米。中解河亦名西峨河，发源于代县赵家湾乡高太乙庄南面的西峨岭，为滹沱河支流。流域面积 128 平方千米，河长 29.3 千米。同河发源于原平市老师尖山石门沟，流向定襄县北社村，至东社村注入滹沱河，流域面积 276 平方千米，河长 37.1 千米。长乐河发源于原平市木图村老师山，至匙村注入滹沱河，流域面积 170 平方千米，河长 22 千米。

　　纵横交错的河流使得五台山不仅山势雄伟，而且由于有秀水的滋养，整座山更加富有灵气，更加具有吸引信众的魅力。

二、深谷纵横、泉水淙淙

　　五台山因山峦绵亘，故沟壑纵横，且泉水淙淙，慧祥谓"浚谷飞泉"。[1]《古清凉传》记载的名谷就有"东峨谷""大柏谷""小柏谷""西峨谷"[2]"木瓜谷"等。[3] 书中亦描述山中深谷纵横的情形，例如东台是五台中位置最远的，巡礼者往往因"其间山谷转状，故见者亡失所怀"的情形，致使"礼谒之徒，多不能至"。[4] 以及记载有周沙门与明禅师曾往东台东花林山，"至一名谷"，或言见有高山"巨谷"等。[5] 圆仁谈及欲入五台山五顶之地，必须远涉重重峰谷的事实；[6] 有高山峻岭、山峦重叠，可知其深谷纵横的情形，故云"曲屈窈窕，锁千道之长豁"。[7]

---

①　《古清凉传》，卷上，《封域里数二》，《大正藏》第 51 册，第 1093 页。
②　《古清凉传》，卷上，《封域里数二》，《大正藏》第 51 册，第 1093 页。
③　《古清凉传》，卷上，《古今胜迹三》，《大正藏》第 51 册，第 1096 页。
④　《古清凉传》，卷上，《古今胜迹三》，《大正藏》第 51 册，第 1095 页。
⑤　《古清凉传》，卷下，《游礼感通四》，《大正藏》第 51 册，第 1097 页。
⑥　〔日〕圆仁著，白化文等校注，《入唐求法巡礼行记校注》卷 3，《开成五年七月二日条》，石家庄：花山文艺出版社，2007 年，第 301 页。
⑦　（明）镇澄，《清凉山志》卷 1，《第一总标化字》，太原，山西教育出版社，1991 年，第 19 页。

有深谷就有幽泉谷水，此在《古清凉传》记载，中台顶上有太华泉（或太华池）"其水清澈凝映，未尝简竭"的情形，被视为文殊的灵迹，① 慧祥在书中常将太华泉作为五台山的地理指标。② 以及南台台西有佛光山，"林泉清茂"③ 或东台的东花林山，亦见"茂林清泉"。④ 圆仁《行记》记载"五顶之下，深溪邃谷，不见其底。幽泉涧水，但闻流响。"⑤

五台山水源丰富，溪泉很多，终年不竭，《广清凉传》记载的就有太华池、白水池、七佛池、玉泉、明月池。⑥ 现代著名的泉水亦有清凉泉、甘露泉、卓锡泉、龙泉、玉泉、般若泉。并且，山山有泉，汇聚成池，较大的有黑龙池、玉花池、澡浴池、太华池等。⑦ 以上说明五台山深谷纵横、泉水淙淙的景观。

当然，五台山的水也被僧众赋予了极强的宗教情感，水和文殊显圣关系非常密切。若据《续高僧传》记载：

> 其五台山有故宕昌寺，甘泉美岫，往而忘返，有僧服水得仙，身如罗縠，明见藏（脏）府骨髓。武德年末行于山泽，今村中父老目者十余人说之。⑧

在五台山宕昌古寺，附近有甜美的泉水，曾有僧人于此服水得仙，其身体就像疏细的丝织品般，隐约可见僧人的五脏六腑及骨髓。唐高祖武德年末（625 年）行于山野中，明隐就曾逢见僧人的脏腑骨髓，村中父老目睹者也有十多人。泉水是灵泉，可以饮水成仙，表现出山上的神异不凡，也反应初唐成仙的风气。委实而言，最初吸引唐高宗对五台山的注意，也起因于传闻此

---

① 《古清凉传》，卷上，《封域里数二》，《大正藏》第 51 册，第 1093 页。
② 《古清凉传》，卷上，《封域里数二》，《大正藏》第 51 册，第 1093 页。
③ 《古清凉传》，卷上，《古今胜迹三》，《大正藏》第 51 册，第 1095 页。
④ 《古清凉传》，卷下，《游礼感通四》，《大正藏》第 51 册，第 1097 页。
⑤ 〔日〕圆仁著、白化文等校注，《入唐求法巡礼行记校注》卷 3，《开成五年七月二日条》，石家庄：花山文艺出版社，2007 年，第 301 页。
⑥ （宋）延一，《广清凉传》，卷上，《五台境界寺名圣迹六》，《大正藏》第 51 册，第 1105 – 1106 页。
⑦ 李平社，《五台山：自然和文化珠联璧合的名山胜境》，《山西日报》2009 年 07 月。
⑧ 《续高僧传》卷 35，《代州五台山释明隐传三十五》，《大正藏》第 50 册，第665 页。

山乃是清凉"圣迹",故派遣会赜等人前往察访此山的灵瑞;或闻有人饵菊成仙,因此派遣使者上山采菊。从中的记载一方面表明唐五台山佛教之兴盛,但也能反映出唐代五台山水质的良好状态。

第六节 唐宋时期五台山的生物景观

在文化生态学中,宗教生态学作为其中的重要分支,旨在研究宗教教义与生态环境之间的互动与影响,这在现代学术界逐步发展并日渐受到重视。唐宋时期,佛教教义在迅速发展的同时,其世俗化程度也在不断加强,因此,佛教的世俗化观念与生态环境之间的互动关系也应该成为宗教生态学关注的重要方面。唐宋时期的五台山不仅因丰富的生物资源营造的景观胜境吸引了众多前来修行的僧众,而且文殊灵迹通过生物资源作为载体在僧众中不断宣扬,强化了五台山生物的神秘性与吸引力,对其进一步生长、繁衍起到了促进作用。二者交融共生,相得益彰,共同促进了五台山区域文化的发展。

一、仙花瑞草筑灵境

唐宋时期五台山的植物资源十分丰富,其中草本植物大量存在,五个台顶全部被覆盖,其余各地亦随处可见。据《古清凉传》卷上《封域里数二》载:

> (中台)台顶四畔,各二里,绝无树木,唯有细草藿靡存焉。诸台,无树有草,例皆准此。①

说明中台台顶四边各长二里(1062 米),绝无树木生长,只有绒绒纷错的细草花卉随风披拂,遮覆台顶;并且,其他各台台顶也同样没有树木,皆长小草遮盖顶上。显示五台山五顶独特的高山草甸景观。此外,同书卷上

---

① 《古清凉传》,卷上,《封域里数二》,《大正藏》第 51 册,第 1093 页。

《古今胜迹三》载，在中台大孚寺南有花园二三顷，"沃壤繁茂，百品千名，光彩晃曜，状同舒锦。"① 可见山上的花有成百的品种和成千的名称之多，形态似同展开的彩色花纹丝织品般，光亮华丽，闪耀辉映，表现山上奇花异色的草卉景象。同时，慧祥又引《括地志》云，花园中"灵草绣林，异种殊名"②，说明瑞草丛生，且种类、名称殊异而多样。以及南行二里（1062米）有梵仙山，慧祥谓"从地际极目，唯有松石菊花，相间照烂。"此梵仙山唯见松石与菊花相互辉映，得知梵仙山之花种多是菊科，并且传闻过去有人于此"饵菊得仙"。③ 这里还表现山上仙花瑞草的殊异。

再者，圆仁《行记》也有较多的描述：

> 然中台者，四台中心也。遍台水涌，地上软草长者一寸余，茸茸稠密，覆地而生，蹋之即伏，举脚还起。步步水湿，其冷如冰。处处小洼，皆水满中矣。遍台砂石间错，石塔无数。细软之草间莓苔而蔓生。虽地水湿而无卤泥，缘莓苔软草布根稠密，故遂不令游人污其鞋脚。奇花异色满山而开。从谷至顶，四面皆花犹如铺锦，香气芬馥熏人衣裳。人云："今此五月犹寒，花开未盛。六七月间花开更繁"云云。看其花色，人间未有者也。④

又说：

> （南台）软草稠密，零凌香花遍台芳馥。……山中多寒，五六七月，遍五台五百里内奇异之花开敷如锦，满山遍谷，香气熏馥。……今见每台遍生葱韭，总不闻臭气。有零凌香满台生茂，香气氛氲。⑤

从圆仁的《行记》另可知，虽然当时已是五月下旬和七月上旬日，可是气候"犹寒"及"多寒"，中台顶上湿度潮湿、地上水湿，其冷如冰，遍台砂石间错，草长者有一寸余，软草柔细浓密，青苔蔓生，山上开满奇花的景

---

① 《古清凉传》，卷上，《古今胜迹三》，《大正藏》第51册，第1094页。
② 《古清凉传》，卷上，《古今胜迹三》，《大正藏》第51册，第1094页。
③ 《古清凉传》，卷上，《古今胜迹三》，《大正藏》第51册，第1094页。
④ 〔日〕圆仁著、白化文等校注，《入唐求法巡礼行记校注》卷3，《开成五年五月廿日条》，石家庄：花山文艺出版社，2007年，第286－287页。
⑤ 《入唐求法巡礼行记校注》，卷3，《开成五年七月二日条》，第301、302页。

象；乃至南台也是软草稠密，有零凌香花遍台芳馥；或到西台顶，亦见"莓苔软草、盘石石塔、奇异花草不异于中台"。① 在敦煌文献中《五台山曲子》亦描绘登北台时"遍地莓草异软草"。②《五台山圣境赞》则谓"瑞草翻成锦绣巢"。③《五台山圣境赞》P.4617、P.4641 形容南台"蜀锦香花并灿烂"。④ 以及张商英《总诗》云"香花遍地锦铺殊"等。⑤ 若据《广清凉传》《清凉山志》略载，中台名花有日菊花、孝文十二院花、五凤花、百枝花、钵囊花等，山中异草有鸡足草、薲草与菩萨线。⑥ 亦云"五台不产百嘉，半麓已上，并无林木，唯生香草，细软如锦。"⑦ 皆明五台台顶皆无树木生长，只有纷错的草卉随风披拂，遮覆台顶，以及奇花异色、瑞草成锦满山而开的景致。

此外，前述五台隆起的古夷平面，其夷平面地表和缓，多覆盖亚高草甸和高山草甸。学者对五台山森林、野生草本植被及土壤做研究，其中，属亚高山草甸土地带，分布于海拔 2700 米以上的山顶缓坡平台上，在喜湿耐寒、矮生密集的草甸植被下面。主要在中台、北台及东台顶部。植被并无森林和灌木生长，并以蒿草（属菊科）为主，次有苔草、兰花棘豆、萎陵菜等草甸植被，特点是喜湿耐寒，矮生密集，生长高度 5—8 厘米，覆盖度达 100%，呈草毯草甸丘状。

其次，属山地草甸土地带，在海拔 2000 米或 2400 米至 2700 米的一些山梁顶部平台缓坡处。其中，以五台山主脉相连的西台顶、南台顶、香峪尖等山梁顶部缓坡地带为主，是天然优质牧草资源基地，植被以苔草、蒿草、蓝

---

① 《入唐求法巡礼行记校注》，卷 3，《开成五年五月廿日条》，页第 287 页。

② 《五台山曲子》S.2080、《五台山赞》S.2985，分别收入《敦煌宝藏》第 16 册，第 25 页；第 25 册，第 116 页。或收入杜斗城，《敦煌五台山文献校录研究》，太原：山西人民出版社，1991 年，第 87 页。其中，S.2985"异"作"唯"。

③ 《五台山圣境赞》，《北台》P.4641，收入《敦煌宝藏》第 134 册，第 132 页。或收入杜斗城，《敦煌五台山文献校录研究》，第 56 页。

④ 《五台山圣境赞》，《南台》P.4617、P.4641，分别收入《敦煌宝藏》第 134 册，第 21、132 页。或收入杜斗城，《敦煌五台山文献校录研究》，第 44、57 页。

⑤ 《续清凉传》，卷上，《清凉山赋并诗·总诗》，《大正藏》第 51 册，第 1130 页。

⑥ 《广清凉传》，卷上，《五台境界寺名圣迹六》，《大正藏》第 51 册，第 1105、1106 页。《清凉山志》，卷 2，《第三五峰灵迹》，第 50 页

⑦ （明）镇澄，《清凉山志》卷 1，《第三五峰灵迹》，太原，山西教育出版社，1991 年，第 49 页。

花棘豆、萎陵菜、铃铃香、金莲花、小龙胆、高山蒲公英、珠芽蓼、龙须草、蛇莓草及菊花科、蒿属等五花草甸及草原草甸为主，比前述的亚高山草甸种类多，一般生长高度5—10厘米，覆盖度为95%—100%，亦呈草毯草甸状。① 并且，据研究统计，五台山境内有野生草472种，可供放牧的在90%以上，可供观赏的花卉植物50余种。② 不过，由于近年来温度的升高可能导致植被带的上移③或因旅游活动对草甸优势种群格的影响，也使五台山植被产生若干变化。④

经由上述，无论是亚高山草甸土的中台、北台及东台顶部，抑或山地草甸土的西台顶、南台顶，同样说明五台台顶上不生林木，唯有草卉生长的事实；并且，慧祥于中台所见菊花和奇花瑞草"百品千名"的草卉景象，以及圆仁中台所见苔草稠密的景象，与上述学者研究指出植被以蒿草（属菊科）为主，次有苔草等草甸植被，呈草毯草甸丘状相符。同时，也印证圆仁在《行记》中所描述的台顶气候、湿度诸现象。总之，台顶上不生林木，皆为细草花卉所覆盖的景象，形成独特的高山草甸景观，也是五台山别于一般山峰的奇景之一。

二、万壑嘉木显殊异

按《古清凉传》卷上《封域里数二》的记载，五台山"松成盖者，数以千计"，⑤ 形容有数以千计的松树覆盖群山的景象。例如，书中谈到在中

---

① 赵淑娟、蒋世泽，《五台山森林植被及土壤资源》，《五台山研究》，1988年第4期。或参见辛志强，《五台山的野生牧草》，《五台山研究》，1986年第6期。戎桂风、韩建平，《五台山野生草本植物资源》，《五台山研究》，1992年第1期。崔海亭，《五台山自然遗产的价值》，《五台山研究》2003年第1期。

② 郭青枝、郭春燕，《五台山植被的现状及保护对策》，《五台山研究》，2002年第4期。

③ 黄晓霞等，《五台山高山、亚高山草甸植物种分布的环境梯度分析和种组划分》《草业科学》，2009年第11期。

④ 程占红、牛莉芹，《五台山南台旅游活动对山地草甸优势种群格局的影响》，《生态学报》，2008年第1期。程占红、牛莉芹，《五台山南台山地草甸种群对旅游干扰响应的识别》，《应用与环境生物学报》，2008年第3期。

⑤ 《古清凉传》，卷上，《封域里数二》，《大正藏》第51册，第1093页。

台于马岭往东山有松树，且因其树大"腹空如门户"，而形成一座松穴。①
西台的西面有秘魔岩，慧祥亲见"松树数行，植根岩腹"。② 以及普明于南
台的北面凿龛修行，其住处前也长有"长松"。③ 此外，书中又处处描述山
中林木茂盛的景况，例如，慧祥于南台西面佛光山，见"林泉清茂"，④ 在
东台东花林山，亦是"茂林清泉""蟠木秀林"之景。⑤

　　同于东台的东北面，有"茂林花果十余顷"。⑥ 或昔有猎师入于山中，
于某村落之东面见有"林果甚茂"，并且多为枣树，"而枣方熟"。⑦ 可知慧
祥所见五台山台顶以下林木茂盛，并以松树见多，山中亦多有果树的情形。

　　并且，道宣亦谓"松柏茂林，森（树木高耸繁密）于谷底"。⑧ 唐代碑
铭谓："乔木森沈云兴霞"；⑨ 圆仁《行记》亦载"其峰参差，树木郁茂，唯
五顶半腹向上并无树木"⑩ 或云"千峰百岭，松杉郁茂，参差间出"⑪，揭
示五台山五顶半腹以下林木高大丛密，松杉茂盛的景况。同时，镇澄也形容
"嘉木森森，千峦弥布"，⑫ 并言"其诸台麓溪壑之间，纯生杆（柘木）⑬ 朱
（松柏）⑭ 异草杂花，不可悉记。"⑮《游五台山记》亦谓"山尽豫章（大木；

---

① 《古清凉传》，卷上，《古今胜迹三》，《大正藏》第 51 册，第 1094 页。
② 《古清凉传》，卷上，《古今胜迹三》，《大正藏》第 51 册，第 1095 页。
③ 《古清凉传》，卷下，《游礼感通四》，《大正藏》第 51 册，第 1097－1098 页。
④ 《古清凉传》，卷上，《古今胜迹三》，《大正藏》第 51 册，第 1095 页。
⑤ 《古清凉传》，卷下，《游礼感通四》，《大正藏》第 51 册，第 1097 页。
⑥ 《古清凉传》，卷上，《古今胜迹三》，《大正藏》第 51 册，第 1095 页。
⑦ 《古清凉传》，卷下，《游礼感通四》，《大正藏》第 51 册，第 1100 页。
⑧ 《集神州三宝感应通录》，卷下，《大正藏》第 52 册，第 424 页。
⑨ 佚名，《五台山狮子窟建十方院碑铭》《古今图书集成》第 18 册，卷 32，《五台山
　　部》，第 22199 页。
⑩ 〔日〕圆仁著、白化文等校注，《入唐求法巡礼行记校注》卷 3，《开成五年五月廿
　　日条》，石家庄：花山文艺出版社，2007 年，第 286 页。
⑪ 《入唐求法巡礼行记校注》卷 3，《开成五年七月二日条》，第 301 页。
⑫ （明）镇澄，《清凉山志》卷 1，《第一总标化宇》，太原，山西教育出版社，1991
　　年，第 19 页。
⑬ 《汉语大辞典》第 4 册，上海：上海辞书出版社，2014 年，第 746 页。
⑭ "朱"是木名，这里意指松柏。按段玉裁注，《说文解字注》云："朱，赤心木，松
　　柏属"。（《说文解字注》六篇上，《木部》，第 248 页。）
⑮ 《清凉山志》卷 1，《第三五峰灵迹》，太原，山西教育出版社，1991 年，第 49 页。

樟类)① 之材"。② 李师圣游五台山，其诗曰："悬崖峻岭架大木""森森铁
凤相交舞"或云"松影摇空山谷中"③ 皆表现山中树木繁密，其中包括有
柘、枕、樟木等，尤其长松古杉耸立于如屏障的山峰深谷里。乃至张商英诗
云："万年松径锁苍苔"，④ 王思任谓："松径荟幽"，⑤ 描述行走在长满松树
的小路，草木繁盛而僻静，封闭了青色苔藓的景况。以上皆明五台山林木丛
密，松杉郁茂的壮景。

　　此外，根据五台山森林植被和土壤的研究，其中山地草甸土，在海拔
2000 米或 2400 米至 2700 米处，除了前述植被为多种草卉生长在一些山梁顶
部平台缓坡处之外，同属山地草甸土的森林植被，则大部分分布在 2600 米以
下的阴坡，⑥ 其中植被以华北落叶松为主，其次有青杨、白桦、油松、云杉
等，分布在阴坡、半阴坡。以及棕壤，分布在海拔 1800—2700 米之间的高中
山地带，南坡多在 2400 米处。棕壤区是天然次生林区，为用材林生产基地，
植被以云杉、落叶松等针叶林为主。⑦ 据研究统计，五台山地区木本植物共
42 科 79 属 131 种。⑧

　　总之，依上述学者的研究显示，分布在 2600 米以下的山地草甸土的森林
植被，以华北落叶松为主，次有油松、云杉等针叶林植被。印证慧祥描绘五
台山"松成盖者，数以千计"，以松树见多的事实，缔造五台山林木丛密，
长松古杉覆盖在崇岩深谷之中的壮丽景象。

①　迟文浚、许志刚、宋绪连主编，《历代赋辞典》沈阳：辽宁人民出版社，1992，第
　　1050 页。
②　(明)乔宇，《五台山游记》，《古今图书集成》第 18 册，卷 32，《五台山部》，第
　　22199 页。
③　(宋)李师圣，《游五台感神灯示现》《古今图书集成》第 18 册，卷 32，《五台山
　　部》，第 22200 页。
④　《续清凉传》，卷上，《清凉山赋并诗·南台》，《大正藏》第 51 册，第 1130 页。
⑤　《游五台山记》，《古今图书集成》第 18 册，卷 32，《五台山部》，第 22198 页。
⑥　指北坡；阳光照不到的山坡
⑦　赵淑娟、蒋世泽，《五台山森林植被及土壤资源》，《五台山研究》，1988 年第 4 期。
　　韩建平、曳弘玉，《五台山地区木本植物资源》，《五台山研究》，1991 年第 1 期。
⑧　韩建平、曳弘玉，《五台山地区木本植物资源》，《五台山研究》，1991 年第 1 期。

三、丰饶药材凸神圣

五台山不仅拥有丰富的草甸植被和木本植被，造就了其独特的高山草甸景观与万壑嘉木的壮丽景象；此外，五台山还有丰饶独特的药材，按《古清凉传》卷下《支流杂述五》载：

> 山有药名长松，其药，取根食之，皮色如荠苨，长三五尺，味微苦，无毒，久服保益。至于解诸虫毒，最为良验，土俗贵之，常采以备急。然《神农本草经》及隐居所记，并无此药。近有沙门普明，节操昭著，感空中声告，因尔而传之。庆哉！末世苍生，遇此大仙之赐也。其诸药，可百余种，大黄、仁（人）参。实繁其类也。①

首先，文中指出山中有药名"长松"，据载，其药如松针，明代李时珍《本草纲目》将它列入草部，现代或有说它系属松柏科，别名仙茆、海松。②此药主要取其根来吃，有养颜美容之效。长有三五尺，味道微苦无毒，长久服食能保身益寿，尤其对于解除各种虫的毒害最为良验，故当地土俗很珍贵它，常采回来以备急用。慧祥并查核《神农本草经》及陶弘景医书所记，③皆无著录此药；原来长松的发现，是来自近来有僧普明，节操昭著，感动大圣而于空中传来声音告诉他，从此流传下来。故而《古清凉传》可说是记载五台山长松最早的文献；而最早记录长松的本草著述，是唐玄宗开元中陈藏

---

① 《古清凉传》，卷下，《支流杂述五》，《大正藏》第51册，第1100页。

② 五台山研究编辑部，《积极开发五台山灵药：长松》，《五台山研究》，2000年第1期。

③ 《古清凉传》卷下《支流杂述五》载："然《神农本草经》及隐居所记，并无此药（指长松）"。（《大正藏》第51册，第1100页）文中的"隐居"乃指陶弘景。陶弘景一般又被简称"隐居先生"，是南朝齐梁间著名的道学大师和医药学家，曾整理古代的《神农本草经》，并增收魏晋间名医所用新药，成《本草经集注》七卷。此在《隋书·经籍志》记载陶弘景的医书就有"《太清草木集要》二卷，陶隐居撰"、"《陶隐居本草》十卷"、"陶弘景《本草经集注》七卷"等书。［唐］魏征等撰，《隋书》，卷34，《经籍志》，《四部备要》第154册，台北：台湾中华书局，1965年，第16）。故慧祥言"隐居所记，并无此药"的"隐居所记"，应指陶弘景著述的医书。

器所撰的《本草拾遗》。① 据载，普明"依言取服，经三日，身疮即愈，毛发并生，姿颜日异"并于"不久之间，遂化仙而去"。② 此中记载带有作者强烈的宗教情感，但也足以反映出此药所具有的神异效应。

除此之外，慧祥强调山中这类的药有百余多种，包括大黄、人参等。据《广清凉传》《清凉山志》略载，山中有药材：人参、长松、茯苓、黄精、木瓜、黄芪、黄连、桔梗、芍药、麻黄、藜芦、白芨、天麻、乌药、甘草、柴胡、百合、沙参、茵陈、茴香、管仲、木贼、秦艽、苍术、细辛、钟乳等。③ 若据现代研究统计，五台山境内的药材达 310 种，加上副品 61 种，共 371 种之多。④

《古清凉传》又载：

> 从（大孚寺）花园南行二里余，有梵仙山，亦名仙花山，从地际极目，唯有松石菊花，相间照烂。传云："昔有人，于此饵菊得仙，故以梵仙仙花为目也"。今上麟德元年九月，遣使殷甄、万福，乘驿向此山探菊。⑤

梵仙山整山布满菊花，传闻有人曾饵菊成仙，高宗还特于麟德元年（664 年）派使者殷甄、万福，乘驿马来此山采菊。可知菊花也被视为是山中常见的仙花灵草，葛洪《抱朴子》已载，曾有人食菊延年益寿，而被修道者视为服食的佳品之一。⑥ 依据现代药理的归纳，也是作为一种解表（菊花，

---

① 五台山研究编辑部，《积极开发五台山灵药：长松》，《五台山研究》，2000 年第 1 期。

② 《古清凉传》，卷下，《游礼感通四》，《大正藏》第 51 册，第 1098 页。

③ 《广清凉传》，卷上，《五台境界寺名圣迹六》，《大正藏》第 51 册，第 1106 页。《清凉山志》，卷 2，《第三五峰灵迹》，第 50 页。

④ 郭青枝、郭春燕，《五台山植被的现状及保护对策》，《五台山研究》，2002 年第 4 期。

⑤ 《古清凉传》，卷上，《古今胜迹三》，《大正藏》第 51 册，第 1094 页。

⑥ 据葛洪，《抱朴子》卷 11《仙药》载："南阳郦县山中有甘谷水，谷水所以甘者，谷上左右皆生甘菊，菊花堕其中，历世弥久，故水味为变。其临此谷中居民，皆不穿井，悉食甘谷水，食者无不老寿，高者百四五十岁，下者不失八九十，无夭年人，得此菊力也"。《抱朴子》卷四《金丹》又云："又刘生丹法，用白菊花汁地楮汁樗汁和丹蒸之，三十日，研合服之，一年，得五百岁，老翁服更少不可识，少年服亦不老"。东晋·葛洪，《抱朴子》，台北：台湾中华书局，1980 年，据珍仿宋版印，平津馆本校刊，内篇卷 11，《仙药》，第 7 - 8 页；内篇卷 4，《金丹》，第 9 页。

附菊叶）或清热（野菊花）的药材。① 同时，上述慧祥所言菊花或人参，在
《神农本草经》里皆属上品药，有养命延年之效。② 其中，也不乏逢遇仙药
者，例如北齐大孚寺僧祥云，因传闻五台山很有灵异，遂前往中台的大孚寺
居住。祥云曾在大孚寺南方见到数十人，有十尺高大，其中一人自称是这里
的山神，并邀请祥云前往他们的居所——金刚窟行道七日。七日圆满之后，
山神取其珍品贵物欲供养祥云，祥云不肯接受，并对山神说：

> "贫道患此微生，不得长寿，以修道业。檀越必不遗，愿赐神灵之
> 药"。神曰："斯亦可耳"。即取药一丸，大如枣许，色白如练，奉之。
> 云受已便服，遂获登仙。③

祥云最忧虑的是这微脆的生命，不能有长寿之身来修行道业，因此向山
神乞求赐予神灵之药。山神给了祥云一颗如枣大小的药丸，服用之后，果获
登仙。关于此药丸有可能是各种中药经过炼制之后的产物，从此药的效果来
看，确非一般。

又有代州信士在登台礼拜时，逢遇一僧引导入东台东面的一座住家，里
面住有百余多的僧人，这位信士在此修道居住半年之久，并记载：

> 僧等多服药饵，时兼果菜，湛若神居，寡于言说。又于汲井之南，
> 见一茎叶圆，如荷叶大，可至寻，日取半边，明生如故。初虽怪之，后
> 不介意，乃与僧徒，共采而食。④

依据上文，山上的僧人多学道教长生术之服养生药，并兼吃蔬果，从能
够长期供应百余多的僧人服养生药，可知山上药草之多，并且采食的茎叶，
隔夜即长好如初，显示五台山药草植物的神异。此外，昔有周沙门与明禅师

---

① 郭青枝、郭春燕，《五台山植被的现状及保护对策》，《五台山研究》，2002 年第
　4 期。
② 据《神农本草经》卷一载："凡药上者养命"，或谓"上药令人身安、命延、升天、
　神仙，遨游上下"。此外，《神农本草经》卷二载：菊花"轻身耐老延年"，人参
　"久服轻身延年"。见清·顾观光辑，《神农本草经》，台中：文兴出版事业有限公
　司，2006 年，卷1，《逸文附录》，第 23 页；卷2，《上品》，第 31 页。
③ 《古清凉传》，卷上，《古今胜迹三》，《大正藏》第 51 册，第 1095 页。
④ 《古清凉传》，卷下，《游礼感通四》，《大正藏》第 51 册，第 1098 页。

曾于东台至一名谷深山里，见有仙人使用过的"石臼，如新捣药，傍有木杵，有药香。"① 以及繁峙县城有王姓老人，以采药为业，曾于大柏谷采药，亦见"仙药"的奇遇。②

经由上述可知，山中丰富独特的药材，慧祥记载有长松、菊花，其次大黄、人参等百余多种，是修道者平日养身益寿的良药，其中也不乏逢遇仙药或饵药成仙者。藉由山上殊异丰富的药草，且是大圣所赐，凸显五台山的神圣不凡。

四、珍禽瑞兽彰化现

慧祥书中援引《括地志》云，五台山"鸟兽驯良，任真不挠"③，指出山中有鸟禽兽类，皆驯服和善，率真自然。《古清凉传》记载的就有大虫、白兔、狐、大龙、青雀、白鹤、山猪等珍禽瑞兽。例如，过去曾有一位僧人，游山礼拜，到中台上，想往东台时，"遥见数十大虫，迎前而进。"④ 释迦蜜多罗等五十人同往中台之上，"见白兔、狐，遶塔而灭。"⑤ 又有一尼僧"独往太华池供养，乃见池里有大春（木），大龙遶之"。⑥ 以及慈恩寺僧灵察，于北台上夜宿，"闻青雀数百飞鸣，左右不见其形"，又往西台，将去的时候，"有百鸟飞引其前，还至中台，方乃远去。"⑦ 乃至惠藏禅师与三十人共行，快到中台时，"同见白鹤一群，随行数里，适至台首，奄忽而灭。"⑧ 此外，恒州刺史呼延庆，猎于此山，其中有猎师四人，"见一山猪甚大，异于常猪。"⑨

同时，上述珍禽瑞兽，亦见于别处所载，例如关于龙的传闻，圆仁《行

---

① 《古清凉传》，卷下，《游礼感通四》，《大正藏》第51册，第1097页。
② 《古清凉传》，卷下，《支流杂述五》，《大正藏》第51册，第1100页。
③ 《古清凉传》，卷上，《古今胜迹三》，《大正藏》第51册，第1094页。
④ 《古清凉传》，卷上，《古今胜迹三》，《大正藏》第51册，第1095页。
⑤ 《古清凉传》，卷下，《游礼感通四》，《大正藏》第51册，第1099页。
⑥ 《古清凉传》，卷下，《游礼感通四》，《大正藏》第51册，第1099页。
⑦ 《古清凉传》，卷下，《游礼感通四》，《大正藏》第51册，第1099页。
⑧ 《古清凉传》，卷下，《游礼感通四》，《大正藏》第51册，第1100页。
⑨ 《古清凉传》，卷下，《支流杂述五》，《大正藏》第51册，第1100页。

记》即云，"每台各有一百毒龙，皆以此龙王为君主。此龙王及民被文殊降伏归依，不敢行恶"。① 据《广清凉传》载，感法师亲谒五台山，共有僧俗一千多人，"同见五色云中，现佛手相，白狐白鹿，驯狎于前"。② 以及有人遇"一白兔"，引入见地狱③或有"群鸟欢噪，百兽鸣吼，有吉祥白鹤盘旋，经日而去"④ "白鹤群翔山后"等，⑤ 认为以上皆是"瑞鸟灵禽，游集栖宿"。⑥

上述记载当中，龙是中国上古传说中的神物，能兴云雨、利万物，使风调雨顺、丰衣食足，是动物祥瑞中被认为最高级的祥瑞，大量有关龙的记载出现在五台山志书中，本身便是其佛教文化烙印的鲜明体现。另外，唐宋时期五台山的气候条件虽然复杂，但与现在相差不大，仍然是温带大陆性气候，四季分明。地形独特多样，地势高低错落——这些都是有利于动物生存的。尽管很多动物可以在这样的气候中生存，但是狮子、大象大多需要生活在地势平缓、植被茂密、气温高且温度相对稳定的环境中。就唐宋时期五台山的气候条件而言，真实存在类动物应该没有狮子和大象，显然，它们是随着佛教传入，由信众对文殊菩萨的虔诚信仰而幻化出来的，目的显然是为了增强五台山的神秘性与神圣性。兔、狐、雀、鹤等动物可能是真实存在的，但也被视为祥瑞之物。在人们的认知里，这些瑞兽的出现，都是太平盛世之兆，这些动物大量出现在五台山，一方面表明五台山动物资源的丰盛，另一方面也是以此为载体来表现五台山的神圣不凡。

综上所述，唐宋时期五台山的生物要素和佛教要素交融共生，形成了中国佛教文化的区域典范。五台山已不再是纯粹的自然山体，被赋予了极强的神圣性。山中丰盛的植物、动物资源与文殊菩萨的幻化、灵迹相融合，共同促进五台山自然与人文的双重发展，进而形成融合生物资源与佛教因子为一

---

① 〔日〕圆仁著、白化文等校注，《入唐求法巡礼行记校注》卷3，《开成五年五月廿一日》，石家庄：花山文艺出版社，2007年，第290页。

② 《广清凉传》，卷上，《释五台诸寺方所七》，《大正藏》第51册，第1107页。

③ 《广清凉传》，卷上，《释五台诸寺方所七》，《大正藏》第51册，第1107页。

④ 《广清凉传》，卷中，《天女三昧姑九》，《大正藏》第51册，第1100页。

⑤ 《广清凉传》，卷中，《州牧宰官归信十八》，《大正藏》第51册，第1117页。

⑥ 《广清凉传》，卷下，《灵异春木二十二》，《大正藏》第51册，第1124页。

体的五台山文化。在这一文化体系中，本无神异功力的动植物借助文殊菩萨的"神"，获得了僧众的景仰与膜拜，从而在生长过程中不曾遭到毁灭或破坏，甚至还有大批僧众自觉植树造林，保护动物，久而久之，形成了动植物生长良好的自然和人文环境，促进了五台山生物资源的良性发展；反过来，因为有良好的、令人心旷神怡的草木、香花环境，因为有或真实的动物存在，或神异的动物传说，大批的信众前来五台山，文殊菩萨在信众的信仰世界因之越来越宽广、深入，最终使得五台山成为文殊菩萨的道场，成为唐宋时期的佛教中心，并在其后的岁月中绵延发展壮大。如同镇澄在《清凉山志》对五台山整体的描绘：

> 山之形势，难以尽言。五峰中立，千嶂环开。曲屈窈窕，锁千道之长豁；叠翠回岚，幕百重之峻岭。岧巍敦厚，他山莫比。故有大人状焉。于其间也，鸣泉历历，万壑奔飞；嘉木森森，千峦弥布。幽涵神物，滀泄云龙。萦纡盘踞，无非梵行之栖；隐显环匝，尽是真人之宅。虽寒风劲冽，瑞草争芳；积雪夏飞，名花竞发。白云凝布，夺万里之澄江，杲日将升，见一陂之大海。此其常境也。[1]

充分描述了五台山的自然景观，五台山的胜境，可谓是"他山莫比"！瑞草、嘉木、仙药、灵兽，成为唐宋时期五台山秀丽自然风光与深度文化内涵珠联璧合的完美载体。斗转星移、历经千年，五台山草长莺飞、山明水秀，佛教文化积淀也愈益厚重，这些都为其成功申报世界文化景观遗产添上了浓墨重彩的一笔。相信在未来的岁月，五台山自然与生态系统当会更加和谐、生物多样性更加突出、其中蕴含的佛教文化、历史文化及人文文化会得到进一步挖掘和探究，形成文化带动景观，景观繁荣文化的良性互动格局，使五台山这一世界文化景观遗产持续发展、熠熠生辉。

---

[1] （明）镇澄，《清凉山志》卷1，《第一总标化宇》，太原，山西教育出版社，1991年，第19页。

第三章

唐宋时期五台山的物质文化景观

五台山佛教自北魏兴起以来，到唐宋时期逐渐形成为佛教文化中心，寺塔胜迹的繁盛既是其佛教中心地位的极好证明，又自然天成，构成为五台山独具特色的物质文化景观。

第一节　唐宋时期五台山的寺庙

佛教自两汉之际传入中国后，发展迅速，尤其是在五台山。南北朝是五台山佛教发展的第一个高峰期，其时寺庙众多，《水经注》记载："五台山，其山峦巍然，故曰五台，俗人以为仙人之都矣。……今多佛寺，四方僧徒善信之士多往礼焉。"《古清凉传·古今胜迹三》亦云："爰及北齐高氏，深弘像教，宇内塔寺将四十千。此中伽蓝，数过二百。"① 到北周武帝时，对佛教实行灭绝政策，五台山寺庙也毁坏甚多。至隋朝建立，复兴佛教，大修寺庙，五台山佛寺也迎来发展的恢复期，这为唐宋时期五台山佛寺的繁盛奠定了基础。

---

① 华和平，《清凉山志传·古清凉传》（上册），太原：山西人民出版社，2009 年，第 9 页。

一、唐宋时期五台山寺庙的规模、概况及风格特征

唐宋时期，五台山是全国的佛教中心，作为佛教文化重要标志的佛寺也顺理成章迎来了发展的黄金时期。当时五台山上寺庙众多，遍布山林，气势宏伟。

（一）唐宋时期五台山寺庙的规模

佛教在中国的发展历程中，唐代是鼎盛时期之一，而"唐朝佛教之圣境，当首推五台山"。① 唐时五台山寺庙的数量，据《古清凉传》记载："此中伽蓝，数过二百。"② 罗振玉的《莫高窟石室秘录》也称，《五台山图》的"画壁上，极工致，梵刹一百九十余，一一皆记其名"。两种记载不约而同都谓唐时五台山寺庙的数量为二百左右，可知，这一数据应该是可信的。当然，这里所说的寺院，应是包括兰若小寺院和灵迹在内的。

从会昌二年（842 年）十月起，唐武宗下令拆毁寺院，僧尼还俗。五台山佛寺也未能逃过这一劫难，大量寺院被毁。绘制于后汉高祖天福十二年（947 年）至乾祐元年（948 年）的《五台山图》，反映的是会昌灭佛后五台山寺院的情景，所画出的寺院"大小共六十七处"。③ 唐玄宗开元二十三年（735 年），清凉寺普观禅师与同造功德主沙门法会，在中台顶造玉石释迦、文殊、普贤等部从的像，开元二十四年（736 年）造成，雕像"神功妙绝"，④ 但是在会昌灭佛时被全部毁坏，这说明唐武宗时五台山佛寺遭受了重大打击。唐宣宗继位后着手恢复五台山佛教，大中二年（848 年）正月下敕："五台山宜置僧寺四所、尼寺一所。如有见存者，使令修饰。每寺度僧五十人。"⑤ 但是由于五台山佛寺已元气大伤，恢复的程度也是很有限的。

北宋建立初期，出于维护统治的需要，对佛教进行了适度扶持，在五台

① 汤用彤，《隋唐佛教史稿》，北京：北京大学出版社，2010 年，第 27 页。
② 华和平，《清凉山志传·古清凉传》（上册），太原：山西人民出版社，2009 年，第 9 页。
③ 宿白，《敦煌莫高窟中的〈五台山图〉》，1951 年《文物参考资料》第 2 卷第 5 期。
④ （宋）延一撰、陈扬炯等校注，《广清凉传》，太原：山西人民出版社，1989 年，第 89 页。
⑤ （宋）王溥，《唐会要》，北京：中华书局，1998 年，第 854 页。

山兴建和修葺了一批佛寺。《清凉山志》载:"自太宗至仁宗,三代圣主,眷想灵峰,流光五顶,天书玉札,凡三百八十轴,恢隆佛化,照耀林数,清凉之兴,于时为盛。"① 由于宋代诸帝对五台山的崇建,佛寺兴建增多,其时的景象是"层楼广殿,飞阁长廊,云日相辉,金碧交映,庄严崇奉,藐越前代矣。"② 宋代五台山寺庙的数量,据《资治通鉴》卷二四八记载:"五台古寺,中台二十余,东台十五,西台十二,南台九处,北台八处,唐末所添寺不在此数。"③ 也即除去唐末所修建的寺,共计六十四处。而宋代僧人延一撰《广清凉传·五台境界寺名圣迹六》的记载更加详细:"中台古寺十,唐代增益六寺,灵迹四;北台古寺八,唐益寺二,灵迹十六;东台古寺十五,益寺三,灵迹十一;西台古寺十二,益寺四,灵迹十五;南台古寺九,益寺三,灵迹九,凡七十二处。"④ 这里的"七十二处"显然是不包括灵迹在内的。六十四处与七十二处记载不是绝对相同,但大致相当,主要是指宋代五台山五个台顶中,规模相对较大的寺院数量。

由以上记载可知,由唐到宋,五台山佛寺的数量呈下降趋势,总数有所减少。但从总体来看,这一时期五台山佛寺已经形成了由灵迹、小寺院和大寺院组成的网状结构,层级分明,数量众多,整体规模较为庞大,寺庙呈现出兴盛的局面。尽管唐武宗时一度出现衰落的迹象,但从唐宋整个长时段来看,并未影响到佛寺的总体发展规模。

(二)唐宋时期五台山寺庙(院)的修筑概况

唐宋时期五台山不仅所存佛寺规模宏大,而且也新修了大量寺庙(院),今以《古清凉传》《广清凉传》和《清凉山志》等记载为依托,综合分析唐宋时期五台山寺庙(院)的修筑概况:

---

① 华和平,《清凉山志传·清凉山志》(下册),太原:山西人民出版社,2009年,第209页。
② 华和平,《清凉山志传·广清凉传》(上册),太原:山西人民出版社,2009年,第76页。
③ (宋)司马光,《资治通鉴》,北京:中华书局,1956年,第1254页。
④ 华和平,《清凉山志传·广清凉传》(上册),太原:山西人民出版社,2009年,第56页。

唐宋时期五台山寺庙（院）修筑概况表①

寺名	始建年代	现址	主要事迹	现存情况
尊胜寺	唐仪凤年间（676－679年）	五台县茹村乡北湾子村附近	相传唐代印度僧人佛陀波利在此拜见文殊菩萨，随之建寺。北宋天圣四年重修曰真容禅院，明万历十九年称尊胜寺。	现存寺庙建筑，规模较大，以中轴线排列，一连七进殿宇，其他建筑左右对称，占地面积为三万二千多平方米，计有殿楼房洞二百一十余间。有北宋天圣四年和民国年间石幢两尊。
大文殊寺	北魏太和年间属大孚灵鹫寺，唐景云（710－712年）中独立为寺。	五台山台怀镇灵鹫峰上	始建于北魏孝文帝时，称"大文殊院"。唐太宗贞观五年（631年），僧人法云重建称"真容院"。宋景德年间，真宗敕建设文殊像，赐额"奉真阁"。明永乐年间，真容院"敕改创建大文殊寺"。明朝以后至今，一直沿称"大文殊寺"（又称"菩萨顶"）。菩萨顶极盛时期是在清朝。顺治十三年（1656年），将其改为喇嘛庙。	全寺占地四十五亩，顺山就势而筑殿宇，布局严谨。寺前有石阶一百零八级。山门内有天王殿、钟鼓楼、大雄宝殿等建筑。各殿均用三彩琉璃瓦覆盖。又寺内有康熙御碑，方座螭首，矗立在前院；乾隆御碑在东禅院碑亭内，以方形巨石雕成，高六米，每面宽一米，上刻汉、满、蒙、藏四种文字。西院有大铜锅，山门前有木牌楼。
法华寺	开元四年（716年）	五台县豆村镇	南北朝时梁武帝国师志公祖师的证道道场，现在仍然留有志公禅师闭关修行的"志公洞"。唐神英法师在此修行并创建此寺。会昌灭法被毁，宋元佑四年重修。	大华严经塔于2011年重修。存有碣书"梁朝志公菩萨十二时歌"，匾额数"大华严经塔藏"。

---

① 该表部分内容参阅崔正森，《五台山佛教史》（下册），太原：山西人民出版社，2000年。

续表

寺名	始建年代	现址	主要事迹	现存情况
曲回寺	开元二十一年（733年）	大同市灵丘县西南三楼乡曲回寺村	又称哭回寺，为五台山佛寺下院。由慧感禅师奉诏创建。为两进院落，建有函山门、钟鼓楼、中殿、大殿、配殿并有跨院，从742年（天宝元年）开始至752年（天宝十一年）间，雕刻了大批花岗石佛像，修筑三百六十座佛塔，按照顺序埋于曲回寺方圆几十里的地下，1939年殿宇毁于兵火，仅存殿基、踏道、柱础。	现有元代至元二十二年《曲回寺碑》和四十六座唐塔。
般若寺	大历二年（767年）	五台山楼观谷	无著和尚看到化现的般若寺，后即行建寺。明代重修。	遗址现存
金阁寺	大历五年（770年）	五台山南台西北岭畔	不空弟子含光、纯陀主持创建。工程历五年而竣。寺中金阁高达百余尺，有上、中、下三层，雕梁面栋，高耸入云。殿顶"铸铜涂金为瓦"，"照耀山谷"。是中国最早的密教中心。五代后已非原貌。	有木牌楼、天王殿、观音殿、楼殿和大雄宝殿。观音殿内有铜铸四十二臂观音像。石雕柱基为唐代遗物。
玉华寺	大历五年（770年）	五台山中台顶东南麓	不空和尚派弟子含光、行满、纯陀在五台山建金阁寺，又建玉华寺，并奏请朝廷，金阁寺、玉华寺等五寺（另外三寺：清凉寺、华严寺、法华寺）被封为国家道场，玉华寺经唐、宋、元屡废屡兴，至明景泰间只留基址，殿堂俱废，	玉华寺现存明清两代遗址：主要有：罗汉坪、闭关房、牌坊、天王殿、大雄宝殿、藏经楼、东西配殿、文殊院、玉华池（隋代古井）、藏僧塔林（二十余座）、汉僧塔林（三十余座）龙王庙、罗汉脚印、青石碑十余块、国师塔院、明铸罗汉像等诸多宗教文物。明铸五百罗汉像现仅存二百六十余尊，寄存在五台山显通寺内。

续表

寺名	始建年代	现址	主要事迹	现存情况
竹林寺	大历六年（771年）	五台山中台南麓竹林村附近	唐代高僧法照在此见到竹林，云为佛法显灵迹，因创寺，并取名为竹林寺。宋、明均重修。现国家已投资将竹林寺修葺一新。	殿堂六间、宋天圣二年八角陀罗尼经幢一座、圆仁大师灵迹碑一通。
金顶寺	唐代宗时	五台山		久废
佛光寺	大中年间（847—860年）	代县佛光庄	为五台山佛光寺的下院。明正德五年重建，大雄宝殿中的彩塑、壁画毁于"文革"中。	宫祖殿、大雄宝殿、朵殿、配殿、清代石经幢一尊，清代碑二通。
法云寺	唐	五台山华严岭	三昧姑开化处。代藩中官王朝捐资重修。	遗址尚存
铁勤寺	唐	五台县豆村镇闫家寨村后铁勤山中	唐慧洪大师建	现存正殿3间，东西墙壁各画9尊罗汉图。现存石碑一通。
南禅寺	确切建筑年代已无法考证，据有关史料记载，重建于唐德宗建中三年（782年）	五台县城西南阳白乡李家庄附近	宋、明、清时期经过多次修葺，1961年定为全国重点文物保护单位。1973年又进行了复原性整修，恢复了唐式殿宇建筑的面貌。	有山门、大佛殿（17尊唐代彩塑）、龙王殿、观音殿、菩萨殿、禅院、北魏石塔、两块角石、三头石狮。是保存完好的东亚最古的木结构建筑。
安圣寺	唐	五台山中台		今废
圣寿寺	唐	五台山中台		今废

寺名	始建年代	现址	主要事迹	现存情况
文殊寺	唐	五台山台怀镇清水河东岸	又名广安寺，清代重修。1992 年，山西省旅游局和五台山风景名胜区政府投资，盖了一座古式门楼，并在寺之东北西三面新建了五十一间三檩单棚木构长廊，内置了一百二十通石碑，正面刻了现当代书法名家作品，内容是古今诗人咏五台山的诗词对联，故改变名为"文博园"。	原殿内正面供宗喀巴像和十面观音像，背面供文殊菩萨、观音菩萨和金刚手菩萨。两壁有画，一为唐僧取经和五百罗汉；一为佛本生故事，剥蚀脱落严重。现存大殿
罗㬋寺	北魏太和年间为大孚灵鹫寺所属，唐代独立为寺。	五台山台怀镇显通寺和十方堂之间	原为大华严寺善住阁院，后改名落佛寺。明成化、弘治、万历、清乾隆年间重修，为五台山著名黄庙。	殿堂房屋 118 间，有天王殿、文殊殿、大佛殿、现佛殿、一对石狮和藏式砖塔。
陡寺	唐	五台县陡寺村	宋、清乾隆年间重修	现存奶奶殿、水陆殿、明、清石碑三通。
灵峰寺	唐	五台山阳白谷	始建于唐代，明成化年间予以重修。1998 年，普化寺住持妙生募资重建。	现在寺宇坐西向东，依山面水，站在汉白玉砌筑的平台上，可以看见弓步山上天然的一尊仰天大佛，故名"观佛台"。在观佛台上，自北而南依次建有东台聪明文殊殿；中台孺童文殊殿；南台智慧文殊玉像；北台无垢文殊殿。五座殿宇全是二层三间，中间开门，仿唐结构，是五台山新增的文殊菩萨道场。还有元建的八角五层密檐式砖塔。
南默山寺	唐	五台县东峪口	法爱曾居此	现有正殿、戏台等建筑。
建安寺	唐	五台县建安村		遗址尚存
金界寺	唐	五台山华严谷	明、清重修	遗址尚存
善住寺	唐	五台山		久废
云峰寺	唐	五台山		久废

寺名	始建年代	现址	主要事迹	现存情况
福生寺	唐	五台山	无染和尚入化寺进而建寺	久废
大华严纲维寺	唐	五台山	圆仁巡礼五台山时曾提到此寺	久废
天池寺	唐	五台县大林村	唐贞观末年重修，后历代均有修葺，民国初年重建。	正殿三间、唐天佑四年经幢一尊、金天会九年铁钟一口、道光四年重修碑四通。
竹林寺	唐	台怀镇西南6千米处的竹林寺村西侧	唐代高僧法照在此见到竹林，云为佛法显灵迹，因创寺，并取名为竹林寺。历代予以重修。	寺院中最有名的是一座八角形的舍利塔，该塔为楼阁式，始建于明弘治年间，嘉靖时重修。寺院原有山门、天王殿、钟鼓楼、配殿、正殿、禅院等建筑，惜毁于"文化大革命"。现国家已投资将竹林寺修葺一新，大雄宝殿5间，内塑佛像。
兰若寺	唐	忻州市繁峙县	始建于唐，元明清历代重修，是保存至今的一座比较完整的古寺。1985年被定为县级重点文物保护单位。	寺内现存正殿、僧舍共8间，殿前有水井一眼，是五台山的名胜，名叫"卓锡泉"。
吴魔寺	唐	繁峙县二伽蓝村	唐代有尼居此	久废
葱圆寺	唐	繁峙县二伽蓝村	唐代有尼居此	久废
净明寺	唐	繁峙县南净明山	宋、金、元时都有重修	遗址尚存
吉祥寺	唐	繁峙县岩头乡富家庄村吉祥沟	原名古佛庵，唐思昙和尚创建，离尘和尚继修。历代多修葺。清雍正时，更名法祥寺，俗称清凉桥丛林。1953年，能海法师于此弘律传戒，又谓吉祥律院。	现存大雄宝殿、文殊殿、方丈院、禅院、经房、僧舍等。覆钵式白塔及清代石碑2通。

寺名	始建年代	现址	主要事迹	现存情况
华林寺	唐	繁峙县古华严村	明楚峰和尚重建	遗址尚存
乾元善提寺	乾元年间（758－760年）		朝鲜密宗僧人慧超曾居此	久废
圣母庙	唐	原平五峰山	曾为五台山寿宁寺下院，历代修葺。	圣母殿、僧舍、塑像、牌楼、照壁等。
福圣院	唐	五台县		久废
七佛教诫院	唐	五台山南台	唐灵仙三藏曾居此	久废
停点普通院	唐	五台县耿镇	日僧圆仁曾于此院茶歇	久废
求雨院	唐	五台山北台顶	日僧圆仁曾到达此院	久废
上米普通院	唐	五台山东台	日僧圆仁曾到达此院	遗址尚存
杂华庵	唐	五台山塔儿沟	清改名宝华寺	原址复修
青峰庵	唐	五台山东台		古碑
仙人庵	唐	五台山北台	明代玄觉禅师至此	遗址尚存
西文殊寺	后唐同光三年（925年）	繁峙县大李牛村	康熙年间修葺	正殿、东西配殿、戏台、关帝庙、奶奶庙、韦驮殿、明清石碑各一通。
大贤寺	太平兴国五年（980年）	五台县大贤村		久废
望台寺	太平兴国五年（980年）	代县城东南		遗址尚存
太平兴国寺	太平兴国七年（982年）	五台山楼观谷	后称五郎庙	久废

寺名	始建年代	现址	主要事迹	现存情况
洪福寺	北宋	定襄县	五台山寿宁寺下院	山门、正殿、东西配殿、塑像等。
正觉禅院	北宋	五台山中台	又名天王院、正觉寺	遗址尚存
东塔院	嘉佑五年（1060年）前	五台山东台	宋为尼院	久废
乾明寺	嘉佑五年（1060年）前	五台山东台		久废
福圣寺	嘉佑五年（1060年）前	五台山南台		久废
病牛泉寺	嘉佑五年（1060年）前	繁峙县岩头乡		久废
李牛寺	嘉佑五年（1060年）前	繁峙县大李牛村	明代称东文殊寺	正殿、东西配殿、壁画、清代石碑等。
仰盘寺	嘉佑五年（1060年）前	繁峙县岩头乡		久废
黑山寺	嘉佑五年（1060年）前	繁峙县岩头乡		久废
宝山寺	嘉佑五年（1060年）前	繁峙县伯强乡		久废
岩山寺	金正隆三年（1158年）	繁峙县城南峪口五台山北麓天延村	原名灵岩寺，历代均有修葺	南殿三间，东西配殿各三间，其他殿四间，禅房三间，垂花门一座，钟楼一座兼做山门。以南殿即文殊殿的壁画最具特色。
七佛寺	元丰三年（1080年）	五台山台怀镇东庄村东面	明成化年间修葺，清雍正十二年（1734年），由菩萨顶大喇嘛重建，改为黄庙	有佛殿院、寮房和禅堂院、六角七层密檐式塔，是当今五台山最高的汉白玉塔。
龙泉寺	北宋	五台山小车沟	原为杨家将的家庙，明重修，清末、民国扩建，成为南山寺的下院。	现存影壁，台级，牌坊和三座院落。门前有汉白玉石牌楼和108级石阶。西北方有令公塔

寺名	始建年代	现址	主要事迹	现存情况
普寿寺	北宋	五台山台怀镇东庄村	宋元佑年间，属于大华严寺的一部分。清代重修，相传藏地大喇嘛在此讲经半年。"文革"期间被毁。1991年重修修建。现为尼院，并由如瑞、妙音两位法师创办中国五台山尼众佛学院。	寺内分为东西两院，东院较大。西院有四个小院，有天王殿、讲堂院、普光明殿院和五观堂院。尼众佛学院设备完善。
正觉寺	北宋	繁峙县城	北宋初称天王院，宜和年间朝廷赐名"正觉禅院"。元重修。寺址原在滹沱河南岸杏园村北，明万历年间随县城迁建于今县城中央。	正殿、天王殿、东西配殿、明清石碑四通、石狮两尊。金代壁画。国务院2001年公布为全国重点文物保护单位。2008年重修。
兴国寺	北宋	繁峙县下汇村	太平兴国寺下院	戏台、石狮
宝积寺	北宋	繁峙县	明重修	久废
悬空寺	北宋	繁峙县茶坊村北	宋为兴国寺下院，清废。	遗址尚存
大林庵	北宋	五台山凤林谷		久废
万岁寺	金大定三年（1163年）	五台山		久废
平章寺	金	五台山华严谷		遗址尚存

从表中可以看出，唐宋时期五台山修筑了大量的寺庙（院），而且分布范围广泛，遍布山林，这些寺院错落有致，构成为五台山独一无二的佛教景观。

（三）唐宋时期五台山佛寺的风格特征

唐宋五台山佛寺的发展一方面体现在规模庞大、分布广泛上，另一方面则表现在恢宏奢华与简易平实的风格特征上。

唐时五台山寺庙呈现出宏伟奢华的风格。如耗时五年建成的金阁寺，"铜铸为瓦，涂金于上，照耀山谷，计钱巨亿万。"① 大历法华寺，开元年间开始建造，"遂募良匠营构，不酬工直，所须随缘。远自易州，千里求采玉石，制造尊像，砻琢精绝，功妙入神，壁画多是吴道子之真迹。"② 寺院所耗费用达百万，极尽奢华之气。唐文宗时，日本僧人圆仁到五台山，看到的法华寺建立在险峻的山崖上，四方崖面都是花楼宝殿，堂舍林立，经像宝物，妙不可言。再如清凉寺，唐玄宗时，寺院壮丽高博，"星楼月殿，凭林跨谷，香窟花堂，枕峰卧岭。尊颜有睟，像设无声，观之者，发惠而兴敬；居之者，应如而合道。天花覆地，积雪交辉，梵响乘虚，远山相答。珍木灵草，仰施而纷荣；神钟异香，降祥而闻听。"③ 其恢宏壮丽不言而喻。

宋代五台山佛寺的风格与其规模相吻合，总体趋势是既有恢宏之势，又开始趋于简易平实。太平兴国寺可谓是华丽宏大的代表性寺院，日人成寻在太平兴国寺"先礼文殊阁丈六像；次礼浑金经藏；次登上殿礼一万菩萨；次礼万圣阁，下地五方佛，各有四；次上阶十地宝，次礼三千金佛阁，皆以七宝作堂舍重阁，广大伽兰。"④ 可见其精妙壮丽，规模宏大。其它寺庙则由于时代的变化，呈现出简易平实的特征，如金阁寺，经唐武宗灭佛，寺庙被毁。宋哲宗元佑三年（1088 年），张商英到五台山时，见到的只是"金桥及金色相轮"以及"霞光三道"。⑤ 大历法华寺，在北宋中后期时《广清凉传》中说"年代虽远，灵塔犹在。"两种风格特征的存在，与宋代五台山佛教的整体发展走势相吻合，其在适中发展的同时，随着佛教中心的南移以及佛教世俗化程度的加深，寺庙风格既在一定程度上继承了唐时博大恢宏的气势，又体现出了五台山佛寺整体式微的趋向。

---

① （后晋）刘昫，《旧唐书》，北京：中华书局，1975 年，第 3418 页。

② 华和平，《清凉山志传》，太原：山西人民出版社，2009 年，第 82 页。

③ 〔日〕圆仁著、白化文等校，《入唐求法巡礼行记校注》，石家庄：花山文艺出版社，2007 年，第 9 – 10 页。

④ 〔日〕成寻，《参天台五台山记》，上海：上海古籍出版社，2009 年，第 163 页。

⑤ （宋）张商英撰、陈扬炯等校注，《续清凉传》，太原：山西人民出版社，1989 年，第 116 页。

二、唐宋时期五台山佛寺繁盛的原因

唐宋社会在政治、经济、文化等方面的发展，几乎达到了中国古代社会的顶峰，这无疑就为佛教的发展提供了良好的社会环境，促进了当时佛寺的繁盛。

（一）封建帝王的扶植

唐宋五台山佛寺的兴衰，与封建帝王的扶持是密不可分的。在唐朝诸多皇帝中，除唐武宗外，大都支持扶植佛教的发展。李氏从太原起兵，建立唐王朝，他们对太原府辖境内的五台山有着特殊的情感。贞观九年（635 年），唐太宗下诏"五台山者，文殊阴宅，万圣幽栖，境系太原，实我祖宗植德之所。尤当建寺度僧，切宜抵畏"。① 显示出五台山在唐代初年就处于非常独特的地位。武则天出于自己政治利益的需要，对佛教也推崇有加。长安二年（702 年），武则天自称"神游五顶"，敕命重建五台山清凉寺。唐代宗时著名高僧不空派弟子含光来五台山建金阁寺，不空动员代宗及大臣赞助，于是，代宗给全国十节度使下诏，让他们支持这个募捐活动。五台山经唐代诸帝的推崇，寺院建筑规模宏大，数量众多。

赵宋立朝后，宋太祖对佛教实行适度扶持的政策。太平兴国五年（980 年），太宗下诏重修五台真容、华严、寿宁、兴国、竹林、金阁、法华、秘密、灵境、大贤十寺。同年四月，又派遣使者蔡廷玉等往五台山建寺，并敕河东、河北两路作为五台山修建寺院的费用补给。太平兴国七年（982 年），寺建成，赐额"太平兴国寺"。景德四年（1007 年），宋真宗又"特赐内库钱一万贯再加修葺"。宋仁宗时也"屡遣中使，斋供诣山"。② 由于北宋王朝的扶持，当时五台山寺庙又出现了生机盎然的景象。

（二）社会各阶层的支持

唐宋时期，随着经济水平的提高，民众相对富庶。社会各阶层对五台山佛寺进行大量赏赐、捐赠，这就为寺庙的兴建与修葺提供了充沛的资金。

---

① 华和平，《清凉山志传》，太原：山西人民出版社，2009 年，第 206 页。
② 华和平，《清凉山志传》，太原：山西人民出版社，2009 年，第 209 页。

首先，官僚阶层的捐施。唐宋的官僚中，信奉佛教者数量众多，他们常常出于各种各样的目的，把财产捐赠给寺庙供奉佛祖，以表达自己的佛教情怀。如"开元二十三年（735 年），代州都督王嗣，尝巡礼清凉山五台诸寺院……嗣于是顿发愿心，欲饭千僧，以祈胜福。"① "贞元四年（788 年），并州节度使马遂、代州都督王朝光各遣使赍供施至山。"② "嘉定三年（1210 年），丞相史弥远承父志，舍财庄严殿宇廊庑，备具香灯供养。""淳佑八年（1248 年）戊申，制师颜颐仲祷雨有应，施钱二万，米五十石，置长生库，接济待庄。"③ 由于官僚阶层经济力量较强，他们的捐施无疑给寺院带来了大量的钱财。

其次，世俗民众的捐施。唐宋时期，随着佛教世俗化程度的加深，普通民众捐赠财产给五台山的现象也比较普遍。如"恒州土俗五十余人，六斋之日，常赍花香珍味来就，奉献文殊师利菩萨，年年无替。又舍珍财，选地建寺，文石刻铭，至今犹在。"④ 再如"安州人张氏，崇信三宝，纯厚人也。元丰甲子（1084 年）来游此山，以钱百万奉曼殊室利。"⑤ 这样的记载不可胜数。普通民众虽然个体捐施的数量有限，但因为人数众多，他们的捐施也成为寺院发展不可忽视的经济来源。

再次，寺院僧尼的捐赠。隋唐以前，寺院财产与僧尼财产未发生显著分离，僧尼基本没有私人财产。随着商品经济的发展及佛教世俗化深度的加深，僧尼开始蓄积私有财产，出现了大量僧尼捐赠私有财产予寺院的记载。如"淳化中，有扬州僧，忘其法名。……尝赍五百副钵，大小相盛，副各五事，入山普施"。⑥ 还有僧人直接修建寺院的，如"大历十二年（777 年）九月十三日，……法照大师乃度华严寺南一十五里，当中台中麓下，依所逢大圣化寺式，特建寺。"⑦ 更有将自己的私人所得全部捐施寺院而受到皇室加

---

① 华和平，《清凉山志传》，太原：山西人民出版社，2009 年，第 97 页。
② 华和平，《清凉山志传》，太原：山西人民出版社，2009 年，第 106 页。
③ 华和平，《清凉山志传》，太原：山西人民出版社，2009 年，第 175 页。
④ 华和平，《清凉山志传》，太原：山西人民出版社，2009 年，第 13 页。
⑤ 华和平，《清凉山志传》，太原：山西人民出版社，2009 年，第 130 页。
⑥ 华和平，《清凉山志传》，太原：山西人民出版社，2009 年，第 122 页。
⑦ 华和平，《清凉山志传》，太原：山西人民出版社，2009 年，第 89 页。

封官爵者，如"僧统大师者，俗姓刘氏，讳继颙，燕畿人也，……遭乱避地清凉山。……游历东京，时晋少主在位，见之信重，赐大相国寺讲《大华严经》，及解讲，获施财巨万……寻请还山，遂建真容院四面廊庑，及华严寺楼阁凡三千间，不啻设供七百余会……逢三八普施温汤，设四众无遮粥会……寻诏授五台山十寺都监。"① 寺院僧尼的捐施成为唐宋时期寺院发展新的经济来源。

（三）五台山文殊信仰中心地位的确立

在大乘佛教中，文殊菩萨为众菩萨之首，法力无边，后随着大乘佛教传入中国。唐代，随着佛教发展的兴盛，文殊菩萨经众多高僧的宣讲，迅速在五台山扎根、成长，并以此为根据地辐射全国。首先是高僧慧祥根据佛陀跋陀罗《大方广佛华严经》中的说法，第一次把河东的五台山说成是文殊菩萨说法的地方。他说："余每览此土名山，虽嵩、岱作镇，蓬、瀛仙窟，皆编俗典事止。域中未有出于金口，传之宝藏，宅万圣而敷化，自五印而飞声。方将此迹，美曜灵山，利周贤劫，岂常篇之所纪同年而语哉！今山上有清凉寺，下有五台县清凉府，此实当可为龟鉴矣。"② 为了进一步明确五台山就是文殊菩萨的道场，华严宗四祖澄观在《大方广佛华严经疏》中讲得更加具体，"清凉山，即代州雁门郡五台山也，于中现有清凉寺。以岁积坚冰，夏仍飞雪，曾无炎暑，故曰清凉。"此处明确指出，代州雁门郡的五台山就是文殊菩萨说法的清凉山。澄观大师的这一观点得到僧俗一致认可，五台山自此成为公认的文殊菩萨的道场，后来唐代的密宗大师——不空又将五台山文殊信仰进一步推广到全国。随着文殊道场在五台山的确立，五台山随之成为文殊信仰的中心。北宋时期，文殊菩萨信仰已广泛地被大众所接受，深深地影响着人们的思想，五台山文殊信仰中心地位的确立直接促进了佛寺繁盛局面的形成。

---

① 华和平，《清凉山志传》，太原：山西人民出版社，2009 年，第 110 页。
② （唐）慧祥撰、陈扬炯等校注，《古清凉传》，太原：山西人民出版社，1989 年，第 11 页。

三、唐宋时期五台山佛寺对僧众朝拜活动的影响

唐宋时期，经济繁荣，国家富庶，社会相对稳定，人民的文娱活动也丰富多彩，朝拜佛寺成为普遍的社会现象。五台山佛寺作为佛教文化的物质载体和重要标志，因独特的建筑魅力和以其为依托的宗教活动对当时的朝拜活动产生了重要影响。

首先，壮丽的佛寺吸引了数量众多的朝拜者。唐宋五台山佛寺数量众多、层级分明，规模宏大，形成有序布局的佛寺群系。佛寺恢宏大气的风格加上佛教本身的建筑艺术，使得唐宋五台山佛寺独特的魅力大放异彩。奢华、壮丽的佛寺建筑群完全迎合朝拜者求新求异的旅游趣味。唐开元年间（713—741 年），"每年礼谒诸台，道俗强过一万。"① 唐文宗时，圆仁到解脱普通院时，见到"巡礼五台山送供人僧、尼、女人共一百余人，同在院宿。"② 这在当时可以说是一支庞大的游历队伍。直到北宋后期，到五台山的游历者还非常多，"常人游礼，解脱忘躯；禅客登临，群魔顿息"③ 五台山成为僧俗共同向往的神圣之地。

其次，以佛寺为依托进行的宗教活动吸引了大批的朝拜者。唐宋五台山佛寺法事活动频繁，当时五台山佛寺经常举行讲经说法、弘扬佛法等活动，除了有许多高僧布道讲经、译经、著经外，还对广大信徒采取一般通俗宣传的方式，这些活动吸引了大量的游客。唐宋五台山有影响的高僧大德如明隐、解脱、法兴、愿诚等都常驻五台山弘扬佛法，使得不少佛教徒出于虔诚，不远千里前来烧香拜佛、求法朝圣，形成庞大的朝觐人流，再加上因特殊环境营造的一种心旷神怡、超凡脱俗的心境，从而对不少普通民众也派生出强烈的朝拜吸引功能，并随着朝觐之风加入到游历行列中。同时，五台山佛寺经常举行各种纪念活动，从而使得不少佛教纪念日逐渐成为民间的信仰

---

① 赵林恩，《五台山诗歌总集》，北京：宗教文化出版社，2002 年，第 6 页。
② 〔日〕圆仁著、白化文等校，《入唐求法巡礼行记校注》，石家庄：花山文艺出版社，2007 年，第 266 页。
③ （宋）张商英撰、陈扬炯等校注，《续清凉传》，太原：山西人民出版社，1989 年，第 120 页。

节日，如二月十九的观音诞辰、六月十四的文殊诞辰等。这些活动无形之中也扩大了佛寺的影响，促进了五台山佛寺游历活动的发展。

四、唐宋时期五台山寺庙的典型代表分析

1. 大孚寺

有关大孚寺的具体情况，在《古清凉传》中有较为详细的记载：

> 从此东南行寻岭，渐下三十余里，至大孚图寺。寺本元魏文帝所立。帝曾游止，具奉圣仪，爰发圣心，创兹寺宇。"孚"者，信也。言帝既遇非常之境，将弘大信。且今见有东西二堂，像设存焉，其余，廊庑基域，仿佛犹存。《括地志》以"孚"为"铺"，《高僧传》以"孚"为"布"，斯皆传录之谬也。然此山诸处，圣迹良多，至于感激心灵，未有如此也。故前后经斯地者，虽庸识鄙心，无不恳恻沾襟，咸思改勖。其二堂之下，不容凡止。①

此段史料将大孚寺的位置、建置时间、建置者及建置动机都记述得较为清晰。先从位置上进行分析，"从此东南行寻岭，渐下三十余里"，这里的"此处"为中台上，也即从中台向东南方向沿着山岭一直走三十多里，就到达了大孚寺。据现代学者对古今位置的考察，大孚寺正好在今显通寺（包括塔院寺）的位置上，②也即唐宋时期的大孚寺即为今天的显通寺。

其次，从建置时间、建置者及建置动机来看，文中显示为北魏孝文帝（471—499年）时所建，孝文帝曾巡游至此，亲眼所见文殊显应，为进一步弘扬文殊圣迹，决心在此建寺。有关该寺的建置时间，历来有两种说法。其一即为上述慧祥的记载；其二多位学者认为是东汉明帝时，代表性人物有道宣、法藏、澄观、延一以及镇澄等人。道宣的观点在《道宣律师感通录》所载："此山灵异，文殊所居，周穆于中造寺供养，及阿育王亦依置塔。汉明

---

① （唐）慧祥，《古清凉传》卷上，《古今胜迹三》，《大正藏》第51册，第1094页。
② 塔院寺在明神宗万历七年（1579年）以前一直隶属于显通寺，为显通寺的塔院。参廉考文，《显通寺创建考辨：试析〈古清凉传〉中的有关记载》，《五台山研究》，1994年第3期。

之初，摩腾天眼亦见有塔，请帝立寺。山形像似灵鹫名大孚，孚信也。帝信佛理，立寺劝人。"[1]《集神州三宝感应通录》有类似的表述："中台东南下三十里，有大孚灵鹫寺，古传汉明所造"。[2] 法藏认为："中台东南下三十余里，有大孚寺，汉明所立。"[3] 澄观认为："鹫岭得名于兹土，神僧显彰于灵境，宣公上禀于诸天，汉明肇启于崇基。"[4] 延一也认为："此山灵异，文殊所居，汉明之初，摩腾天眼，亦见有塔，劝常造寺，名大孚灵鹫，言孚者信也，帝信佛理，立寺劝人，名大孚也。"[5] 镇澄认为："汉明启兆于崇基。"[6] 也即古代大多数学者认可的是东汉时期汉明帝所立。但是现代很多学者经过考证、分析，基本还是认可慧祥的北魏说。[7] 不管是东汉时建还是北魏时建，此寺一定得到了当时及后期统治者的大力支持，如武则天时改称大华严寺、明太祖时又进行重修，并改名称为大显通寺、经过清代的扩建而成现今规模。[8] 现在的"显通寺是五台山建立的第一座佛教寺院，是五台山佛教文化的发源地和发展中心，其发展历史不仅见证了中国佛教发展的历程，而且是五台山佛教文化的缩影，同时也是研究中国北方佛教文化的活标本。寺内除文物建筑本体外，还保存有丰富的佛教艺术珍品，蕴藏着极为丰富的佛教文化内涵，具有较高的历史、科学和艺术价值。"

---

① 《道宣律师应通录》，《大正藏》第 52 册，第 437 页。

② 《集神州三宝感应通录》，卷下，《大正藏》第 52 册，第 425 页。

③ 《华严经传记》，卷一，《大正藏》第 51 册，第 157 页。

④ 《大方广佛华严经随疏演义钞》，卷 76，《大正藏》第 36 册，第 601 页。《大方广佛华严经疏》，卷四七，《大正藏》第 35 册，第 860 页。

⑤ 《广清凉传》，卷上，《菩萨何时至此山中三》《大正藏》第 51 册，第 1103 页。

⑥ （明）镇澄，《清凉山志》，卷一，《第一总标化宇》，第 21 页；卷 3，《第四诸寺名迹》，第 51 页，太原：山西教育出版社，1991 年。

⑦ 陈扬炯，《文殊菩萨》，收入《文殊菩萨圣德汇编》下册，台北：菩萨观世音出版社，，1998 年，第 62–68 页。冯巧英，《五台山文殊道场的形成与发展》，《太原大学学报》，2002 年第 1 期。赵开芳，《清凉三考》，《五台山研究》1993 年第 3 期。思雪峰，《五台山佛教的渊源》，《五台山研究》1985 年第 1 期。王俊中，《五台山的圣山化与文殊菩萨道场的确立》，收入氏著，《东亚汉藏佛教史研究》，东大图书公司出版，2003 年，第 49 页。

⑧ 蓝吉富主编，《中华佛教百科全书》第 3 册，中华佛教文献基金会，1994 年，第 993 页。侯天和，《五台山旅游揽胜》太原：山西人民出版社，2000 年，第 135 页。

再次，有关该寺的名称问题。上述史料记载中提到"《括地志》以'孚'为'铺'，《高僧传》以'孚'为'布'，斯皆传录之谬也。"也即慧详认为《括地志》和《高僧传》中对该寺名称的记载属于"传录之谬也"。说明慧详认可的名称是"大孚寺"。但在《古清凉传》中，慧详还说："大孚图寺，寺本元魏文帝所立。帝曾游止，具奉圣仪，爰发圣心，创兹寺宇。"从文中的具体表述可知，也是在记述该寺，但名称却是"大孚图寺"。从出现的频次来看，"大孚图寺"只出现了一次，"大孚寺"却出现了十多次。①因此，有学者认为，"一种情况是孚图寺中的'图'字，属传抄印刷过程中增添字，为误。因为'大孚寺'名出现近十处，'大孚图寺'名出现仅一处。'大孚寺'不可能为漏字所致。这样，慧详释寺名时，只释孚而未释图，就说的过去了"。②如果说这一说法符合实际情况的话，那么该寺的名称当为"大孚寺"。但在其他文献中，却又有另外的名称，如"大布寺"③"大孚灵鹫寺"。④"大布寺"之名很可能如同慧详所言，是转抄传录过程产生的失误，姑且认为不符实际，予以排除。但"大孚灵鹫寺"则不同，道宣所撰的《集神州三宝感应通录》和《道宣律师感通录》中皆称"大孚灵鹫寺"，并释"孚"是"信"义，名"大孚"，又因寺前山形似灵鹫，故称"大孚灵鹫"。据此，可见道宣认为该寺既可称为"大孚寺"又可称为"大孚灵鹫寺"，而且名为"大孚灵鹫寺"，更能够说明其地形地貌与印度佛教之渊源关系，更能够强调其权威性与不容置疑性。因此，该寺的名称尽管不同史籍有

---

① 在《古清凉传》卷上《古今胜迹三》即谓"大孚寺东北二百步有五台祠""大孚寺北四里，有王子烧身寺"，以及"昔高齐王时，大孚寺僧祥云"。同书卷下《游礼感通四》亦载，有释昭隐居住于"大孚寺九年""犹策杖，引至大孚"，以及有沙门明曜曾与解脱禅师"俱至大孚寺"，乃至有会赜等十余人共往中台之上，"又往大孚寺东堂，修文殊故像"等。以上慧详皆称"大孚寺"。《古清凉传》，卷上，《古今胜迹三》，《大正藏》第51册，第1094页、1095页。

② 廉考文，《显通寺创建考辨：试析〈古清凉传〉中的有关记载》，《五台山研究》，1994年第3期。

③ 《续高僧传》卷20，《唐蔚州五台山释昙韵传七》，《大正藏》第50册，第592－593页。

④ 《续高僧传》卷25，《代州五台山释明隐传三十五》，《大正藏》第50册，第665页。

不同记载，但"大孚寺"和"大孚灵鹫寺"两名不仅皆可使用，而且也比较贴近历史实际。

2. 王子烧身寺

有关王子烧身寺的基本情况，《古清凉传》有如下记载：

> 大孚寺北四里，有王子烧身寺。其处，先有育王古塔，至北齐初年，第三王子，于此求文殊师利，竟不得见，乃于塔前，烧身供养，因此置寺焉。其王子有竖阉刘谦之，自慨刑余，又感王子烧身之事，遂奏讫入山修道，敕许之。乃于此处（王子烧身寺），转诵《华严经》，三七行道，祈见文殊师利，遂获冥应，还复根形。因便悟解，乃着《华严论》六百卷，论综终始。还以奏闻，高祖敬信，由此更增。常日讲《华严》一篇，于时最盛。①

上述记载将王子烧身寺的建置、发展等情况描述的较为详细。该寺的建造时间是北齐，这一记载与其他史籍基本相同，可知这一时间不存在争议。建置者为北齐王室，建置动因则是北齐初年王室三王子因求见文殊不得，烧身供养以表虔诚，之后王室于此建寺。一方面因是王室所建，该寺建成后定得到了政治上的较大支持。另一方面，该寺之所以能发展壮大，还和文中所记载的感应故事有较大关系。王子的随侍宦官刘谦之，因感慨自己是受腐刑之人，又感于王子烧身之事，入山修道获得了很好的报应。随着这一故事的广泛传播，该寺庙的盛行程度大增，一定程度上也带动了五台山文殊信仰与《华严经》的流行。

到唐时，王子烧身寺已经较为显赫了，到五台山的学者、僧侣都会拜访该寺，如圆仁游五台山时，曾"从花严寺（即大孚寺）向西上坂，行七里许，到王子寺吃茶"。② 敦煌文献中的《五台山赞并序》《五台山曲子》等赞文中也有关于"王子寺"的记载。③ 敦煌莫高窟第六十一窟"五台山图"绘

---

① 《古清凉传》，卷上，《古今胜迹三》，《大正藏》第 51 册，第 1094 页。
② 〔日〕圆仁著、白化文等校，《入唐求法巡礼行记校注》，石家庄：花山文艺出版社，2007 年，第 286 页。
③ 杜斗城，《敦煌五台山文献校录研究》，太原：山西人民出版社，1991 年，第 77、89 页。

有一座"大王子之寺",可见是山上代表性的古刹之一。唐末会昌年间该寺难逃劫难,到昭宗又重修,北宋真宗景德年间(1004-1007年)敕建改名为"寿宁寺"。①

3. 清凉寺

据《古清凉传》卷上《古今胜迹三》载:

> 中台南三十余里,石堂之东南,相去数里,别有小峰,上有清凉寺,魏孝文所立,其佛堂尊像,于今在焉。②

按文中所载,清凉寺位于中台南约三十里的地方,该地有一座小山,清凉寺即在此山上。距此推算,清凉寺大体位于即今忻台公路上瓦广村东北的清凉谷畔。③ 有关该寺建置时间和建置者,为北魏时孝文帝时所建,估计当时建造时有佛堂与菩萨尊像等基本建筑,而且这些建筑到唐时依然保存完整。唐代,随着五台山佛教的兴盛,"清凉寺"也迅速发展,成为其时的代表性寺庙之一,故在敦煌文献中的《五台山赞一本》《五台山赞文》《五台山曲子》等都记载有"清凉寺",④ 敦煌莫高窟第六十一窟"五台山图"也绘有一座"大清凉之寺",可见其独特的地位。

清凉寺之所以在唐代能够成为中台的标志性寺庙,重要缘由在于得到了皇室的支持。详细情况《广清凉传》中有载:

> 长安二年五月十五日,建安王仕并州长史,奏重修葺。敕大德感法师亲谒五台山,以七月二十日,登台之顶。僧俗一千余人,同见五色云中,现佛手相,白狐白鹿,驯狎于前。梵响随风,流亮山谷。异香芬馥,远近袭人。又见大僧,身紫金色,面前而立。复见菩萨,身带璎珞,西峰出现。法师乃图画闻奏。帝大悦,遂封法师昌平县开国公,食邑一千户,请充清禅〔凉〕寺主,掌京国僧尼事。……于五台山,造塔

---

① (明) 镇澄,《清凉山志》卷3,《第四诸寺名迹》,太原:山西教育出版社,1991年,第55页。

② 《古清凉传》,卷上,《古今胜迹三》,《大正藏》第51册,第1095页。

③ 崔正森,《清凉寺佛教简史》,《五台山研究》,2001年第2期。

④ 杜斗城,《敦煌五台山文献校录研究》,太原:山西人民出版社,1991年,第34、37、89页。

建碑，设斋供养。是知真境菩萨所居，帝王日万机之务，犹造玉身，来礼大圣，矧余凡庶，岂不从风！①

武则天出于政治需要大力弘扬佛教，而僧人将在五台山的所见所闻以"图画"的形式进呈以后，进一步增强了其兴盛五台山佛教的决心，敕封德感法师为清凉寺主，掌管国家僧尼之事。清凉寺不仅被修葺一新，而且直接进入皇家的支持范围，获得了迅速的发展，是五台山规模较大的寺院之一。

4. 佛光寺

《古清凉传》卷上《古今胜迹三》载：

> 南台，灵境寂寞，故人罕经焉。台西有佛光山，下有佛光寺，孝文所立。有佛堂三间，僧室十余间，尊仪肃穆，林泉清茂。②

按照上文所载，佛光寺的地理位置为五台山南台西面的佛光山麓，即今五台县豆村镇。③ 该寺为魏孝文帝时所建立，到唐代时依然保存有三间佛堂、十余间僧室，并且其中的菩萨塑像尊仪肃穆。由于南台人迹罕见，自然环境保持的也非常好，树木茂盛、泉水清澈，佛光寺周围的景观非常漂亮，从一个侧面也反映出唐代佛光寺的兴盛状况。这一兴盛的状况也可从其他记载当中得到体现，如圆仁《行记》专门记载"从法花寺西北十五里有佛光寺"；④敦煌文献中亦载有"佛光寺"。⑤ 敦煌莫高窟第六十一窟"五台山图"绘有一座"大佛光寺"，说明佛光寺是其时被公认的应该得到记载、绘制或前去朝拜的寺庙。

有关佛光寺的建置历来记载不一，慧祥《古清凉传》所记为北魏孝文帝时所建立。《清凉山志》也有相似的记载"（魏文）帝见佛光之瑞，因为

---

① 《广清凉传》，卷上，《释五台诸寺方所七》，《大正藏》第51册，第1107页。
② 《古清凉传》，卷上，《古今胜迹三》，《大正藏》第51册，第1095页。
③ 肖雨，《五台山佛教历代寺庙概览》，《五台山研究》，1993年第3期。
④ 〔日〕圆仁著、白化文等校，《入唐求法巡礼行记校注》，卷3，《开成五年七月四日条》，石家庄：花山文艺出版社，2007年，第312页。
⑤ 杜斗城，《敦煌五台山文献校录研究》，太原：山西人民出版社，1991年，第37、89页。

名"。① 但《广清凉传》的记载却与此截然不同：

> 佛光寺，燕宕昌王所立，四面林峦，中心平坦。宕昌王巡游礼谒，
> 至此山门，遇佛神光，山林遍照，因置额名佛光寺。②

也即佛光寺为燕宕昌王所建，因燕宕昌王到五台山巡游，见到佛光照耀山林，有感而建置佛光寺。有关宕昌王国的情况，《魏书》载："宕昌羌者，其先盖三苗之胤，周时与庸、蜀、微、卢等八国从武王灭商，……其地东接中华，西通西域，南北数千里，姓别自为部落，酋帅皆有地分，不相统摄，宕昌即其一也。"宕昌王国在北魏时两朝关系较好，从424年宕昌通使北魏，内附后"世修职供"，虽因吐谷浑所断绝，但在孝文帝时"朝供相继"，差不多每年都要来一次。《魏书·帝纪》上都有记载，直到孝文帝儿子宣武帝时，还有宕昌来朝贡与封王的记载：宣宗正始"二年春正月丙子，以宕昌国世子梁弥博为其国王。"孝文帝"太和十六年丙午，宕昌王梁弥承来朝"。《魏书·列传八十九》载：宕昌王"后朝于京师，殊无风礼。朝罢，高祖顾谓左右曰：'夷狄之有君，不如诸夏之亡也，宕昌王虽为边方之主，乃不如中国一吏。'于是改授领护西戎校尉、灵州刺史，王如故，赐以车骑、戎马、锦彩等，遣还国。"因不懂规矩，被孝文帝打发回去了。由此可见，宕昌王国与北魏的关系非常类似于臣属国与宗主国之关系。《广清凉传》的这记载有两种可能，一种可能是确为燕宕昌王巡游五台山时所建，二为因宕昌国为北魏臣属国，记时的时候就记到北魏名下。

佛光寺建成之后，于初唐有解脱禅师的重加修建，"昔有大隋开运，正教重兴，凡是伽蓝，并任复修。时五台县昭果寺解脱禅师，于此（佛光寺）有终焉之志，遂再加修理"。③ 直到会昌武宗废佛之后，又有僧愿诚于唐宣宗大中年间，再发心将已荒顿的佛光寺重加整修。④

---

① （明）镇澄，《清凉山志》，卷三，《第四诸寺名迹》，太原：山西教育出版社，1991年，第61页。
② 《广清凉传》卷上，《释五台诸寺方所七》，《大正藏》第51册，第1107页。
③ 《古清凉传》，卷上，《古今胜迹三》，《大正藏》第51册，第1095页。
④ 《宋高僧传》，卷二十七，《唐五台山佛光寺愿诚传》，《大正藏》第50册，第883页。

5. 娑婆寺

据现代学者肖雨研究，娑婆寺位南台西南 15 千米处，建置时间为北齐，建置者为释玄畅。① 寺庙建成后，就成为高僧修行居住的重要场所。《古清凉传》记载北周有一位沙门和他的弟子（即前娑婆寺住持明禅师）居住在此；② 唐僧普明亦曾到娑婆寺寻访明禅师。③ 高宗调露元年（679 年）四月，来自各方高僧大德前来娑婆寺结夏安居，修行佛法。史载"洛阳白马寺沙门惠藏，本汾邑人，幽栖高洁僧也。孝敬皇帝，重修白马寺，栖集名德，仁植福田，藏深契定，门最为称首。以调露元年四月，与汾州弘演禅师、同州爱敬寺沙门惠恂、汴州沙门灵智、并州沙门名远，及异方同志沙门灵裕等，于娑婆寺，坐夏九十日中，精加忏洗。"④ 可见娑婆寺在唐应颇负盛名，多有高僧弘法住持。

6. 公主寺

《古清凉传》卷上《古今胜迹三》载：

> 又木瓜谷西十五里，有公主寺，基域见在，未详其致焉。⑤

上述资料可见，公主寺位于北台木瓜谷西十五里，唐初该寺的基础建置还有，但有关它的详细建置情况，则不甚清楚。好在这一问题在《广清凉传》中有较细致地说明，史载：

> 北台之西，繁峙县东南，有一寺，名公主寺，后魏文帝第四女信诚公主所置。年代浸远，尼众都绝。房廊院宇，佛殿讲堂，九女浮图，瓦瓘犹在。唐世，有尼童女名丑丑，得一玉石，方圆一尺，文成五色，表里光莹。自持至都，献则天帝，帝赐绢百束。且须后命，志拟置额度尼。丑丑染病而归，既卒。方召，不遂其愿。⑥

---

① 肖雨，《五台山佛教历代寺庙概览》，《五台山研究》，1993 年第 3 期。
② 《古清凉传》，卷下，《游礼感通四》，《大正藏》第 51 册，第 1097 页。
③ 《古清凉传》，卷下，《游礼感通四》，《大正藏》第 51 册，第 1098 页。
④ 《古清凉传》，卷下，《游礼感通四》，《大正藏》第 51 册，第 1100 页。
⑤ 《古清凉传》，卷上，《古今胜迹三》，《大正藏》第 51 册，第 1096 页。
⑥ 《广清凉传》，卷上，《释五台诸寺方所七》，《大正藏》第 51 册，第 1107 页。

以上可知，公主寺的位置在北台西部，繁峙县东南，现代研究者认为即今繁峙县山寺村，① 具体的建置时间是北魏文帝在位时期。因建置者为魏文成帝第四女信诚公主，故该寺名为公主寺。发展到唐武周时期，该寺具体尼众人数不详，但有一尼童丑丑，因献玉石给则天皇帝而扬名。到北宋仁宗时期，则呈现"尼众都绝"的景况，只犹存部分殿宇、院落屋舍、佛殿讲堂，以及九女浮图、瓦甓，说明公主寺在唐宋时期已经辉煌不再。

7. 木瓜寺

关于木瓜寺的基本情况，《广清凉传》有简要记述：

> 北台之麓，有木瓜寺。往昔登台，路由兹地。年代旷远，不知建立之始。寺有长发女，名佛惠，年七十四五，貌似愚痴。百岁者童，自少见者，容状初无改变。修葺伽蓝，常为导首。繁峙曾有三百余人，逐佛惠上北台，适逢雨雹，遽引下台侧，投一藁下，藁半空如室，佛惠前进，诸人随入，同坐藁空，悉能容受。众不测其神，时谓肉身菩萨。②

可见，木瓜寺位于北台，而且是当时去往北台的必经之路，具体建置时间也不甚明了。现在有学者或认为是始建于北齐年间。③ 上述资料只记述该寺中有一位形容较为怪异的比丘尼，因虔诚向佛，时有灵异之事出现，也因此被时人所景仰。木瓜寺在唐时在僧众中影响较大，如《古清凉传》卷下《游礼感通四》载，隋唐僧人昭隐，曾"止木瓜寺二十年"，④ 唐沙门昙韵亦曾住"木瓜寺二十余年"。

第二节　唐宋时期五台山的室、塔、堂、窟等胜迹

除寺庙之外，唐宋时期五台山还有大量精舍、佛塔、洞窟以及绘画、雕

---

① 李宏如、糜果才，《公主寺》，《五台山研究》，1990 年第 1 期。
② 《广清凉传》，卷上，《释五台诸寺方所七》，《大正藏》第 51 册，第 1107 页。
③ 肖雨，《五台山佛教历代寺庙概览》，《五台山研究》1993 年第 3 期。
④ 《古清凉传》，卷下，《游礼感通四》，《大正藏》第 51 册，第 1098 页。

塑等胜迹，也是物质文化景观的重要组成部分。

一、唐宋时期五台山的室、塔、堂、窟等胜迹的分布情况

唐宋五台山室、塔、堂、窟、花草等胜迹分布表

台顶	室	塔	堂（楼）	（洞）窟	艺术作品
东台		叠石塔、则天铁塔、砖塔	顶有三间堂	那罗延窟	佛光寺壁画、竹林寺七十二圣贤画像、大华严寺画像等。
南台		则天铁塔	顶有三间堂	七佛洞	
西台		王子烧身塔、则天铁塔	龙池中心有四间堂、不二楼	龙窟、石窖洞	
北台		铁浮图、石塔、则天铁塔	顶南头有龙堂	罗汉洞	
中台	顶有两枚连基叠石室、旧石精舍石室三间	育王古塔、铁浮图、则天铁塔、二浮屠、小石塔数十	铁塔北有四间堂	金刚窟、孝文石窟、千年冰窟、	

二、唐宋时期五台山胜迹典型代表分析

1. 旧石精舍

所谓"精舍"当属"室"的别称。中台一所旧石建造的精舍可视为较有代表性的胜迹之一，《古清凉传》载曰：

中台上，有旧石精舍一所，魏棣州刺史崔震所造。又有小石塔数十枚，并多颓毁。今有连基叠石室二枚，方三丈余，高一丈五尺。东屋石文殊师利立像一，高如人等，西屋有石弥勒坐像一，稍减东者。其二屋内，花幡供养之具，甋荐受用之资，莫不鲜焉。即慈恩寺沙门大乘基所致也。基，即三藏法师玄奘之上足，以咸亨四年，与白黑五百余人，往而修焉。或闻殊香之气，钟磬之音。……南有故碑二，见今已倒。抑文字磨灭，维余微映，余洗而视之，竟不识一字。一前刺史崔震所造，一忻州长史张备所立。相传云："备曾游山感圣，遂立此碑，以述微绪，

将七百余人引之，登台竖焉"。①

从上文可知，此精舍为北魏时棣州刺史崔震所造，石头叠成的石室共两间，占地约9平方米，高约4.5米，可知其规模不是很大。但其中的宗教意蕴却非常浓厚，东屋有石文殊立像一座，高如人等；西屋有石弥勒坐像一座，高度则稍减于东屋的文殊像。同时，东西二屋有花幡等供养器具，以及氍荐等常用的物资，而且这些物资都是常新的，皆为慈恩寺窥基所添致，窥基曾于高宗咸亨四年（673 年）与僧俗五百多人来此修建，修建过程时有殊香味道和钟磬的声音。不管是从信众人数还是从修建规格以及修建过程中出现的灵异味道、声音来看，都是相当可观的，可见此石室在唐代确为僧俗两界所重视，是唐宋时期五台山物质文化景观的代表性胜迹之一。

关于该石室的建置情况，《广清凉传》也有记载：

> "随（隋）开皇十一年，文帝敕忻州刺史崔震，持供于五台顶，设斋立碑。及睹后魏博陵公太守，奉使登台，遥瞻丛石，并是菩萨身挂璎珞"。②

上文记载，此精舍建于隋开皇年间，建造者为忻州刺史崔震，崔震奉敕修建，并在此设斋立碑。建造者姓名和职官皆与《古清凉传》所载相同，所不同者时间和地点。隋开皇元年（581 年）置新兴郡，唐武德元年（618 年）改新兴郡为忻州，五台山即为其所辖。从地域距离远近来看，忻州刺史建造的可能性较大，但也不排除是魏棣州刺史所建，到隋时重新奉敕修建的可能。姓名的相同，有可能是《广清凉传》笔误所致。

2. 石室三间

除了精舍之外，中台的三间石室也值得关注：

> 中台南三十余里，在山之麓有通衢，乃登台者，常游此路也。傍有石室三间，内有释迦、文殊、普贤等像，又有房宇、厨帐、器物存焉。

---

① 《古清凉传》，卷上，《古今胜迹三》，《大正藏》第 51 册，第 1094 页。
② 《广清凉传》，卷上，《五台四埵右圣行迹五》，《大正藏》第 51 册，第 1105 页。

近咸亨三年，俨禅师于此修立，拟登台道俗往来休憩。①

从上述资料可以很清晰地看到，所谓的"三间石室"，位于中台南三十多里的大道旁，室内供奉有释迦、文殊、普贤等尊像，又有住房、用帐幕搭成的厨房、器具和货物等各种生活品。是俨禅师于唐高宗咸亨三年（672 年）于此修建，此室的主要功能是为往来五台山的朝拜者提供基本的食宿。因此，此三间石室的存在，反映出五台山文殊信仰兴盛、唐代朝台者众多的盛况。因影响较大，在其后的发展过程中，逐渐由石室转化为寺庙：

> 石窟寺，在佛光东北二十余里，俨禅师所造。正当山口，登清凉寺，路经于此，游礼憩息之所。②

不管是地理位置还是修建者以及建筑的主要功能均完全与上述石室相吻合，故"三间石室"即是后来的"石窟寺"，这说明石室修筑好之后，确实解决了众多朝拜五台山者的食宿困难，之后，随着信众的增多和影响的逐渐增大，慢慢演化为寺院，这也从一个侧面反映出五台山佛教的发展盛况以及五台山游历者人数众多的情景。

3. 浮屠

浮屠，又作浮头、浮图、佛图等，旧译家以为佛陀之转音，新译家以为塔之转音，世人多通用后义。中国佛教徒多将浮屠视为佛塔。古印度佛教徒筑塔是为了埋藏佛之舍利，后来演变为佛教象征性的重要标志，造浮屠被视为建功德的事。唐宋时期的五台山佛塔众多，其中的铁塔具有代表性。《古清凉传》卷上《古今胜迹三》载：

> 其年，忻州道俗，复造铁浮屠一，高丈余，送至五台，首置于石室之间。③

唐高宗咸亨四年（673 年），有忻州僧俗造铁浮屠一座，高一丈多，送至五台山后安置在石屋之间。另外，武则天于长安二年（702 年），"敕万善寺

---

① 《古清凉传》，卷上，《古今胜迹三》，《大正藏》第 51 册，第 1095 页。
② 《广清凉传》，卷上，《释五台诸寺方所七》，《大正藏》第 51 册，第 1108 页。
③ 《古清凉传》，卷上，《古今胜迹三》，《大正藏》第 51 册，第 1094 页。

尼妙胜，于中台造塔"。① 圆仁《行记》亦载中台有则天铁塔：

> 到（中）台顶。顶上近南有三铁塔，并无层级、相轮等也。其体一
> 似覆钟，周圆四抱许。中间一塔四角，高一丈许。在两边者团圆，并高
> 八尺许。武婆天子镇五台所建也。②

由上可知，从高宗时起一直到武则天在位期间，五台山中台至少有三座
铁塔，而且都比较壮观，足以反映当时五台山佛教的发展状况。

除了铁塔外，石塔则是数量较多的，据道宣所记，中台顶"有大池名太
华泉，又有小泉迭相延属，夹泉有二浮屠，中有文殊师利像"。③ 慧祥亦曾
"造玉石舍利函三枚，大者，高一尺七寸"安放在"中台塔内"。④ 慧祥另言
在中台上另"有小石塔数十枚，并多颓毁"⑤ 道宣亦谓中台"上有石塔数
千，薄石垒之"传闻是"魏高祖孝文帝宏所立"。⑥

此外，比较有代表性的塔还有育王古塔和东台石塔。关于育王古塔，
《古清凉传》有如下记载：

> 大孚寺北四里，有王子烧身寺。其处，先有育王古塔，至北齐初
> 年，第三王子，于此求文殊师利，竟不得见，乃于塔前，烧身供养，因
> 此置寺焉。⑦

仅仅记述了育王古塔的位置及建置传说，其他情况不甚清晰。《道宣律
师应通录》中载：

> 昔周穆之时已有佛法，此山灵异，文殊所居，周穆于中造寺供养，

---

① 《广清凉传》，卷上，《五台境界寺名圣迹六》，《大正藏》第 51 册，第 1106 页。
② 〔日〕圆仁著、白化文等校，《入唐求法巡礼行记校注》，卷 3，《开成五年五月廿日
　条》，石家庄：花山文艺出版社，2007 年，第 286 页。
③ 《集神州三宝感通录》卷中，《大正藏》第 52 册，第 422 页。《广清凉传》卷上，
　《清凉山得名所因四》，《大正藏》第 51 册，第 1105 页。
④ 《古清凉传》卷下，《游礼感通四》，《大正藏》第 51 册，第 1099 页。
⑤ 《古清凉传》卷上，《古今胜迹三》，《大正藏》第 51 册，第 1094 页。
⑥ 《集神州三宝感通录》卷中，《大正藏》第 52 册，第 422 页。《广清凉传》，卷上，
　《清凉山得名所因四》，《大正藏》第 51 册，第 1105 页。
⑦ 《古清凉传》卷上，《古今胜迹三》，《大正藏》第 51 册，第 1094 页。

及阿育王亦依置塔。汉明之初，摩腾天眼亦见有塔，请帝立寺。①

从上述道宣所记可知，"育王古塔"传为阿育王派人所建造，而且东汉明帝时，摩腾透过天眼还见到了此塔。这一说法的流传甚广，如圆仁《行记》亦载，于中台"（善住）阁前有塔，二层八角，庄校珠丽。底下安置阿育王塔，埋藏地下，不许人见。是阿育王所造八万四千塔之一数也"。并且有"各从诸方来巡礼者"。② 在敦煌文献中的《五台山圣境赞》其中有一首《阿育王瑞塔》赞文③，在敦煌莫高窟第六十一窟"五台山图"亦绘有一座"阿育王瑞现塔"，这些记载虽然流传甚广，但与前述五台山佛教及佛寺的发展沿革情况不尽完全吻合，基本可以判定属于佛教信众带有强烈宗教情感的一种宣扬，育王古塔的建造时间大体与五台山佛教的最初兴盛期基本是一致的。

《古清凉传》卷上《古今胜迹三》记载了东台石塔的基本情况："东台亦有叠石塔，高六七丈，中有文殊师利像。"④ 说明这一石塔的高度还是较高的，大约20米左右，石塔内部供奉有文殊师利像。但在这仅有的史料记载中，对于石塔的建置情况和信众的供奉没有记载。个中原因大概如古老相传所云"多有隐者"有一定的关系。⑤ 另外，信众对其的供奉较少，一方面可能与石塔的灵异效应宣传不够有关，另外也与东台与南台人迹罕至关系密切，史载"（东）台之东连恒岳，中间幽旷，人迹罕至"。慧祥也认为"圣者多居其内"。⑥

佛塔并不仅仅是一种无生命的物质实体，而是被赋予了浓烈的宗教情感，这种情感通过对很多巡礼者在佛塔所遇灵异而得以宣泄和宣扬，如唐高宗乾封二年（667 年），西域梵僧释迦蜜多罗等人登上台顶，逢"见白兔、

---

① 《道宣律师应通录》，《大正藏》第 52 册，第 437 页。
② 〔日〕圆仁著、白化文等校，《入唐求法巡礼行记校注》卷 3，《开成五年五月十七日条》，石家庄：花山文艺出版社，2007 年，第 283 页。
③ 《五台山圣境赞》，《阿育王瑞塔》P. 4617、P. 4641，收入《敦煌宝藏》第 134 册，第 21、132 页。
④ 《古清凉传》卷上，《古今胜迹三》，《大正藏》第 51 册，第 1095 页。
⑤ 《古清凉传》卷上，《古今胜迹三》，《大正藏》第 51 册，第 1095 页。
⑥ 《古清凉传》卷上，《古今胜迹三》，《大正藏》第 51 册，第 1095 页。

狐，绕塔而灭"。① 慧祥于唐高宗总章二年（669 年），与定州隆圣寺僧智正、郊仁居士及台山僧尼道俗六十人登上中台顶，于佛塔上安放舍利时发生了很是灵异的事情，据慧祥描述：

> 至台南面，仅将下乘，而玄云四合，雨下数滴，并皆惶惧，恐不得安，乃捧舍利并函即上，到讫礼拜，备尽诚敬，焚香采花供养舍利，每将安置石函，忽绕四边，可百余尺，云雾廓清，团圆如镜，安函既毕，还合如初。②

类似记载非常多，佛塔本身就具有浓烈的佛教意蕴，围绕着佛塔所发生的灵异事件本身更是渲染出明快的佛教色彩，这对于文殊信仰的扩大化起到了很强烈的宣传效应。

4. 金刚窟

金刚窟可以说是五台山非常具有代表性的物质文化胜景之一，有关其具体状况，在《古清凉传》卷上《古今胜迹三》有较为详尽的记述：

> 王子烧身寺，东北未详其远近里数，是中台、北台南、东台西，三山之中央也。径路深阻，人莫能至，传闻金刚窟。金刚窟者，三世诸佛供养之具，多藏于此。按《祇洹图》云："祇洹内，有天乐一部，七宝所成。"笺曰："又按《灵迹记》云：'此乐，是楞伽山罗刹鬼王所造，将献迦叶佛，以为供养。迦叶佛灭后，文殊师利，将往清凉山金刚窟中。释迦佛出时，却将至祇洹。一十二年，文殊师利，还将入清凉山金刚窟内'"。又有银箜篌，有银天人，坐七宝花上，弹此箜篌。又有迦叶佛时金纸银书大毗奈耶藏、银纸金书修多罗藏。佛灭后，文殊并将往清凉山金刚窟中。

从上述资料可知，其一，金刚窟所处的地理位置是中台、北台南、东台西的交汇处，即三台的中央，大体位置在今五台山楼观谷左岸畔的花坊村；③

---

① 《古清凉传》卷下，《游礼感通四》，《大正藏》第 51 册，第 1099 页。
② 《古清凉传》卷下，《游礼感通四》，《大正藏》第 51 册，第 1099 页。
③ 廉考文，《五台山佛教寺庙释名》，《五台山研究》，1987 年第 3 期。

其二，通往金刚窟的道路非常险阻，能够到达此处的人很少，甚至没有；其三，金刚窟有三世诸佛供养之具，是文殊从印度带回清凉山，藏于此窟内的；其四，佛灭后，文殊菩萨就入五台山金刚窟，所谓文殊乃"任持古佛之法，常居清凉之地"。①

正是由于金刚窟为三世诸佛供养之具的存放之地和文殊菩萨的常驻之所，加之人迹罕至，因此，就极容易将此窟演化为神灵之地，甚至中国民间信仰当中的一些神灵也附会到该窟中，如《古清凉传》卷上《古今胜迹三》载：

> 昔高齐王时，大孚寺僧祥云……见数十余人，皆长丈许，中有一人威棱最盛，直来迎接顶礼，……曰："弟子是此山神，住金刚窟"。于是将云北行，至数里见宫殿园林，并饰以朱碧（丹青）。云乃居之诵经，其声流亮，响满宫室。诵经讫，……即取药一丸，大如枣许，色白如练，奉之。云受已便服，遂获登仙。②

该记载将佛教圣地、民间山神与道教的成仙羽化融合为一体，反映出唐宋时期五台山作为全国的佛教文化中心之一，所具有的中国化、世俗化的迹象。但同时更主要的是反映出金刚窟所具有的神异化的功能。

此窟在唐代极为有名，敦煌文献和敦煌莫高窟五台山图亦常出现对此窟圣境的赞扬③，例如，《金刚窟圣境》中云：

> 文殊火宅异常灵，境界幽深不可名。金〔刚〕窟每时闻梵响，楼台随处显光明。南梁法照游仙寺，西域高僧入化城。无限圣贤都在此，逍遥云外好修行。④

上述记载前半部分弘扬金刚窟因为文殊菩萨的驻地而显现出与众不同的

---

① 《古清凉传》卷上，《立名标化一》，《大正藏》第51册，第1093页。
② 《古清凉传》卷上，《古今胜迹三》，《大正藏》第51册，第1095页。
③ 参《五台山赞》S. 5573；《五台山赞一本》S. 4429、S. 4608、P. 4647；《五台山赞》S. 0370、S. 2483；《五台山赞并序》P. 2483，分别收入杜斗城，《敦煌五台山文献校录研究》，太原：山西人民出版社，1991年，第5、23、32、35、70、72、77页。
④ 《五台山圣境赞》，《金刚窟圣境》P. 4641，收入杜斗城，《敦煌五台山文献校录研究》，第45页。

特征，或"每时闻梵响"或"楼台显光明"，这样的记述对于宣扬金刚窟的神异无疑产生了巨大的作用。

后半部分则分别记述了两位高僧巡游金刚窟的圣迹，其中法照为唐时高僧，净土宗第四代祖，法照后来在五台山建立竹林寺，在太原、长安等地的传布教义。法照巡游五台山入驻金刚窟，可见金刚窟在当时佛界所处的地位是很高的。另一位高僧是西域人，应指佛陀波利，这可从《广清凉传》卷中《佛陀波利入金刚窟十二》①和《宋高僧传》卷二《唐五台山佛陀波利传》②的记载得到印证。其中《广清凉传》的记载如下：

> 佛陀波利者，北印度罽宾国人也，亡身徇道，遍观灵迹，闻文殊师利在五台清凉山，远涉流沙，躬来礼谒，以唐高宗大帝仪凤元年，至台山。……复还西域，求佛顶尊胜陀罗尼经，至永淳二年回，……再至五台山，相传入金刚窟。

佛陀波利入五台山金刚窟产生的影响非常深远，《佛顶尊胜陀罗尼经》即是因其从印度来至中国五台山得文殊灵验嘱咐而广为盛传的③；此经在唐宋之间已有九种译本④，从唐代出现众多译本可知，此经在当时受到的重视与流行。经学者考察结果认为，从唐开元时期以后，经幢的造立颇为流行，且大多数是尊胜陀罗尼经幢，因此在会昌的废佛令里，也有对"经幢"的破毁命令。包括清代黄本骥在《隋唐石刻拾遗》也记载，唐代经幢遍满各地，关中多刻尊胜陀罗尼经幢，且都刻有佛陀波利译本。从唐代此经幢皆刻佛陀波利译本，以及在后来的中国各地都残存，得知影响之广泛与深远⑤。同时

---

① 《大正藏》第51册，第1111页。

② 《大正藏》第50册，第717-718页。

③ 《广清凉传》卷中，《佛陀波利入金刚窟第二》，《大正藏》第51册，第1111页。《宋高僧传》，卷二，《唐五台山佛陀波利传》，《大正藏》第50册，第717-718页。志静，《佛顶尊胜陀罗尼经序》，《大正藏》第19册，第349页。智升撰，《续古今译经图纪》，《大正藏》第55册，第369页。《清凉山记》，日本东寺观智院所藏杲宝僧都所持古写本为底本，此文转载于镰田茂雄，《〈清凉山记〉考：五台山における尊胜陀罗尼信仰》，第794页。

④ 《佛顶尊胜陀罗尼》，《大正藏》第19册，第385页。

⑤ 参冢本善隆，《唐中期の净土教》，京都：法藏馆，1975年第53-56页；周一良，《周一良集：佛教史与敦煌学》，沈阳：辽宁教育出版社，1998，第28-131页。

在此过程中，金刚窟的神异之名得到极大地宣扬。

5. 佛光寺壁画①

目前，唐代的寺院壁画以五台山佛光寺壁画最具代表性。在其东大殿的拱眼壁上，有一组佛的说法图，中间莲座上为阿弥陀佛，双手合十，静谧慈祥。菩萨胁侍花髻缀头，青绿色披帛与长裙。左右两组以文殊与普贤两菩萨为中心，各由胁侍菩萨、天王、飞天簇拥，作赴会行进状，场面壮阔，人物众多，反映了其时佛法的兴盛局面；在东大殿拱眼壁"说法图"的南端则有一组画像，绘有身穿袍服的文官供养佛的情景，反映出了其时的政教关系和五台山佛教的世俗化程度。佛光寺明间佛座背后的壁画中，有一天女，右手掌心托一花朵，左手托一香盂，盂中还燃着香，双鬟高梳，簪花，宽袖长裙，衣带飘逸；佛光寺明间佛座背面的壁画，左端是毗沙门天王像，头戴金盔，身披甲胄，手持利剑，怒目圆睁，眉峰高耸，目唇眦裂。其下为二鬼怪，赤身露体，面带狰狞。中间为镇妖图，一神官头戴幞头巾子，身穿翻领豹皮袍袄，圆睁双目，须眉直竖，手擒猴妖，使其驯服。其右为一手持长杵的神官，上身袒露，腰系豹皮短裙，头披长发，青而獠牙，赤脚向左作追赶状。右上角绘一三爪神龙，张牙舞爪，一小妖赤身裸体，惶怖万分，跌倒在地。都是其时壁画艺术的集中体现。

综合上述，五台诸台的寺塔胜迹，呈现的类型包括有寺、塔、窟、石室精舍、壁画、雕塑等所构成的物质文化景观。这些物质文化景观或成为登山者朝拜五台山的必经之地方，或成为宣教传法的道场，或为朝拜者提供往来休憩的场所，或以艺术手法传扬佛教等。因此，上述胜迹不仅仅作为景观资源而存在，其呈现方式的多样化，为其功能的多元性奠定了重要的基础。唯其如此，五台山的物质文化景观才兼具观赏性、实用性及宗教性特质。

---

① 参阅杨纯渊，《五台山佛光寺的唐代壁画》，《五台山研究》，1987 年第 2 期。

第三节 唐宋时期五台山的"灵迹"

五台山特殊的地质结构造就了其独特的地貌景观，但是在古代，由于人们认识能力有限，不能对这些现象给予科学解释，加上五台山是文殊菩萨的演教之地，所以他们就充分发挥自己的想象力，把这些独特的自然生成物披上神秘的宗教外衣，认为是文殊菩萨显化时留下的"灵迹"，以此来宣传五台山，但这在客观上却给五台山留下了独具宗教文化特色的物质文化景观资源。

一、唐宋时期五台山"灵迹"的分布

唐宋五台山灵迹分布表

台顶	灵迹名称
东台	松子戍、亦龙口、六凤岩、明月池、五王城、枣林、乳头香、研伽罗山、万圣足迹、温汤。
南台	七佛谷、龙宫胜堆、万亩平、东王相、西王相、神龟、东车尖、西车尖、石臞。
西台	泥斋和尚、孝文射垛、落王崖、香山、师子趴、于阗国王踪、二圣对谭石、八功德水、石门、鸟门、萨埵崖、王子烧身塔、割肉坐石、秘麼岩、王母仙桃。
北台	七佛池、罗汉台、九女泉、公主台、孝文教鹰台、孝文打毬场、仙人庵、禅庵藥、亚走柏、生死藥、空心藥、生地狱、邓隐峰塔、憨山、玉泉、金井。
中台	太华池、白水池、孝文人马迹。

二、唐宋时期五台山"灵迹"典型代表分析

1. 中台太华泉"圣人盥漱处"

因独特的地质构造和地壳演化过程，五台山境内水泉多。但在其中，一些水泉因被赋予强烈的宗教色彩而成为所谓的"灵迹"，太华泉即为其中的

典型者，有关其基本情况，《古清凉传》的记载如下：

> （中台）稍近西北，有太华泉，周回三十八步，水深一尺四寸。前后感者，或深或浅不同。其水清澈凝映，未尝减竭，皆以为圣人盥漱之处，故往还者，多以香花财贿投之供养。①

以上资料可知，太华泉位于中台顶上稍近西北处，从其周长和深浅度来看，该泉体积和容积都较小，本为平常之泉。但其神异之处在于：其一，水质清澈，看似不流动，可从不枯竭；其二，从前面看和后面看的感觉，或深或浅都不尽相同，给人以变幻莫测之感。正因为此二者，信众将其与文殊信仰相融合"皆以为圣人盥漱之处"，如此，则受到信众的景仰与参拜，"多以香花财贿投之供养"，也即赋予了其极大的宗教意象，变身为菩萨服务之所。随着文殊信仰的扩大化，该泉愈加具有神秘的色彩：

> 时有一尼，独往太华池供养，乃见池里有大藻，大龙绕之，侣彼方龙花藻之像也，俄而云雨晴霁。②

《辞源》云"龙是古代传说中的一种善变化能兴云雨利万物的神异动物，为鳞虫之长"。《辞海》又云"龙是古代传说中一种有鳞有须能兴云作雨的神异动物"。将"龙"这种传说中的动物附会到太华池中，既表明了信众对于所谓文殊盥漱处的狂热崇拜之情，也说明了佛教在唐代的中国化程度已经比较高了。

不仅如此，甚至还有僧人如灵智，在太华池南面还见到了祥瑞：

> 见光如日大，可三丈，百千种色，重沓相间，霏征表著，难可具名。而举众形服威仪，屈伸俯仰，光中悉见，如临明镜。智等夺目丧神，心魂失措，顶礼恳诚，少选而灭。③

这样的记载在《广清凉传》中亦有："人暂视之，瘆然神骇。云雾祥映，

---

①　《古清凉传》卷上，《封域里数二》，《大正藏》第51册，第1093页。
②　《古清凉传》卷下，《游礼感通四》，《大正藏》第51册，第1099页。
③　《古清凉传》卷下，《游礼感通四》，《大正藏》第51册，第1100页。

难以具言。然池之大小浅深，神变不定。故礼谒者，解璎褫佩，投中而去。"① 可知太华泉殊异的景观，是被巡礼者视为文殊的灵迹而存在，并给予了极高的礼遇。

该泉的影响较大，故在流传过程中名称也略有变化，有研究者认为，中唐以后改名"玉华泉"，在敦煌文献中有关五台山的曲子、赞文中，多被称"玉华"。至五代末、宋初又复名为"太华"。圆仁《行记》还称其名为"龙池"②。

除太华池外，唐宋五台山中还有另外一些地方被赋予菩萨盥漱之所，如《广清凉传》指出，在中台北、北台南二台中间有"诸佛浴池"，是为"菩萨盥掌、游戏之地"。③《清凉山志》亦载"万圣澡浴池"，在中、北二台之间，"游人临之，于天光云影之间，或见天仙、沙门、莲花、锡杖之状，人或以为菩萨盥掌之所。"④ 这些地方同样被信众赋予了极强的宗教情感。

2. 西台秘麿岩

对西台秘麿岩记载较为详细的资料来自《古清凉传》：

> （西台）台之西，有秘麿岩者，昔高齐之代，有比丘尼法秘，惠心天悟，真志独拔，脱落嚚俗，自远居之。积五十年，初无转足。其禅惠之感，世靡得闻。年余八十，于此而卒。后人重之，因以名岩焉。余曾与二三道俗，故往寻之，观其所居，乃地府之奇观也。岩之东西，壁立数千丈，石文五色，艳似朝霞，有松树数行，植根岩腹。于是两边渐降，合于西面，中间一路，才可容身。自余天然，状如城郭，而佛堂房

---

① 《广清凉传》卷上，《五台境界寺名圣迹六》，《大正藏》第51册，第1105页。同书卷上，《清凉山得名所因四》亦云"顶有大泉，名曰太华，澄清似镜"。

② 徐文明，《中台顶大泉名称的演变与二十八祖说的始起》，《五台山研究》，1995年第1期。此外，敦煌文献中的曲子、赞文，有关五台山的史料多称"玉华"，例如，《五台山赞》S.5573、P.4647、北8325；《五台山赞一本》S.4039、S.4429、P.3563、P.4608；《五台山圣境赞·中台》P.4641；《五台山曲子六首》S.0467。

③ 《广清凉传》卷上，《五台境界寺名圣迹六》，《大正藏》第51册，第1106页。

④ （明）镇澄，《清凉山志》卷2，《第三五峰灵迹》，太原：山西教育出版社，1991年，第48页。

宇，犹有数间。禅诵之迹，足使观者兴怀耳！①

从上述史料可知，秘魔岩位于西台的西边，建置时间约为北齐。从地理形势来看，该地上边为岩，其下为万丈深渊，岩石呈五色，其中的红色如朝霞般艳丽。岩石的两端有巨大的松树环抱，参天蔽日，中间小路仅可容身，如此的自然景观本身就给人以及其强烈的美感和震撼之情。不仅如此，在自然之上，信众又赋予其更鲜明的宗教情感，相传此中有比丘尼法秘长居五十年，从未离开，她专心向佛，潜心佛事，卒后，后人为表对她的敬重之情，故用她的法名为该地取名。对法秘的敬重，实则是源于对文殊的敬重，因此，该地成为较有影响的灵迹之一。唐代辟闾崇义居士于此草创秘密寺，唐僧木义再重建，以后历代均有修葺。②

---

① 《古清凉传》卷上，《古今胜迹三》，《大正藏》第 51 册，第 1095 页。
② 李宏如、赵廷銮，《秘魔岩》，《五台山研究》，1988 年第 4 期。

第四章

唐宋时期五台山文殊信仰与民间信仰

唐宋时期的五台山，除去物质文化景观外，最具特色的非物质文化景观当为文殊信仰。文殊道场在这一时期形成、发展，吸引了大批信众前来朝拜。此外，五台山也兼具民间神灵信仰特色，其中以龙神信仰最具代表性。

第一节　唐代五台山文殊道场的形成

文殊菩萨的道场，目前公认的地方为山西五台山。所谓"道场"，是梵文 Bodhimanda 的意译，音译为菩提曼拏罗，意为释迦牟尼成道之处，后借指供佛祭祀或修行学道的处所。但是，某地要成为佛、菩萨的道场，需要经历相当长的发展历程，并且需有历史渊源、地理优势、帝王、佛教各宗派以及信众的合力扶植。唐代五台山文殊道场的形成即是各方合力的结果。

一、唐之前文殊信仰的流布是五台山文殊道场形成的历史渊源

五台山作为文殊道场，在唐代形成，但这一形成过程不是一蹴而就的，其中唐之前五台山文殊信仰的发展流变为道场的形成奠定了坚实的基础，也可视为文殊道场形成的历史渊源。

（一）唐以前五台山文殊信仰的更替演进

1. 佛教至五台山的传说

两汉之际传至中土的佛教，何时到达五台山？《清凉山志》卷五载"周

穆王时已有声教及此。清凉山者，曼殊所居，穆王于中造庙祀之。"① 上述资料认为，文殊菩萨到达五台山的时间是在西周时期。同书同卷又载："后汉明帝永平十年，摩腾、法兰二尊者西至。以慧眼观清凉山乃文殊化宇，中有阿育王所置佛舍利塔，奏帝建寺。"② 此条记载可以明确，文殊菩萨在东汉时期，不仅完全止住五台山，而且有了寺庙、佛塔等相关建筑。上述两则说法，从其根本上讲，是源于"周穆遇化人"和"显宗感梦"说的。而这两种说法都已被学者考证为传说。③ 因此，基本可以判定东汉之前，佛教至五台山虽然有种种记载，但基本不足为信。而且，自建武二十二年（46 年）汉光武帝使匈奴呼韩邪单于入居美稷县（今山西省灵石县东北）以来，山西大部逐渐为匈奴所占据。三国时期，匈奴五部分别居于今山西汾阳、祁县、忻州、文水等地，这一局面一直持续到西晋中期。④ 而此时的匈奴并未信仰佛教。再者，《古清凉传》卷上载："晋永嘉三年，雁门郡梭人县（今繁峙县）百余家避乱入此山，见山人为之步驱而不返，遂宁居岩野。"⑤ 可见，直到西晋末年，时人到五台山都没有见到寺庙、僧人，也即大致可以判定，此时佛教还没有传入五台山。关于西周和东汉时期佛教到五台山的记载当为传说，不足为信史。

2. 北魏五台山文殊道场的兴起

文殊信仰传至五台山的确切记载当为北魏时期，最有力的证据便是这一时期佛寺的大量修建。据《古清凉传》载，中台有"大孚图寺，寺本元魏文帝所立。帝曾游止，具奉圣仪，爰发圣心，创兹寺宇"。⑥ 以及"别有小峰，上有清凉寺，魏孝文所立，其佛堂尊像，于今在焉"。⑦ 乃至"南台，灵境

---

① 华和平，《清凉山志传》（下册），太原：山西人民出版社，2009 年，第 203 页。
② 华和平，《清凉山志传》（下册），太原：山西人民出版社，2009 年，第 205 页。
③ 参汤用彤，《汉魏两晋南北朝佛教史》（上册），上海：上海人民出版社，2016 年，第 2 - 5 页，10 - 14 页，16 - 29 页。冢本善隆着，《魏书释老志の研究》訳注篇，东京：大东出版社，1974 年，第 69 - 78 页。任继愈主编，《中国佛教史》，（第 1 卷），北京：中国社会科学出版社，1997 年，第 49 - 53 页，58 - 64 页，94 - 97 页。
④ （唐）房玄龄，《晋书》卷九七《匈奴传》，北京：中华书局，1974 年，第 2472 页。
⑤ 华和平，《清凉山志传》（上册），太原：山西人民出版社，2009 年，第 5 页。
⑥ 《古清凉传》卷上，《古今胜迹三》，《大正藏》第 51 册，第 1094 页。
⑦ 《古清凉传》卷上，《古今胜迹三》，《大正藏》第 51 册，第 1095 页

寂寞，故人罕经焉。台西有佛光山，下有佛光寺，孝文所立"。① 木瓜谷西十五里处有"公主寺"，虽然慧祥未知其沿革。② 但据《广清凉传》记载是北魏文帝第四女信诚公主所置。③ 以上可知，北魏孝文帝（471－499年）时期，五台山的寺院有大孚寺、清凉寺、佛光寺和公主寺等，这几座寺庙也是五台山最早建置的寺庙。这些寺庙的修建，反映了北魏时期五台山佛教的盛行，也可视为文殊信仰盛行的兴起。

除了庙宇的修建，还有其他相关佛教资源的大量存在，如《古清凉传》载，在中台有旧石精舍一所，是元魏棣州刺史崔震所造，以及小石塔数十座、故碑一通，并记此山有北魏孝文帝所种花二三顷。④ 又在北魏孝明帝熙平元年（516年），有沙门灵辩顶戴《华严经》上五台山，勇猛行道，至诚感悟。⑤

随着佛教在五台山的大规模传播，北魏时期已经有文殊类灵验故事的传播，沙门释昙鸾因闻此山灵，而于南台结草庵修行，期间因目睹文殊显应而出家。⑥ 圆仁在《入唐求法巡礼行记》中曾记载"文殊乞一坐地"的故事，有"五台五百里，敷一座具地"的传说⑦以及"魏文人马迹"⑧ 等。这些传说和故事虽包含着浓烈的佛教情感，但也反映出北魏时期五台山文殊信仰的发展程度，为唐代文殊道场的形成奠定了重要的物质基础、信众基础与信仰基础。

3. 北齐五台山文殊信仰的盛况与周武灭佛

北齐时期五台山文殊信仰也呈现出兴盛的状况。《古清凉传》中多次记

---

① 《古清凉传》卷上，《古今胜迹三》，《大正藏》第51册，第1096页。
② 《古清凉传》卷上，《古今胜迹三》，《大正藏》第51册，第1096页。
③ 《广清凉传》卷上，《释五台诸寺方所七》，《大正藏》第51册，第1107页。
④ 《古清凉传》卷上，《古今胜迹三》，《大正藏》第51册，第1094、1095页。
⑤ 《古清凉传》卷上，《古今胜迹三》，《大正藏》第51册，第1094页。
⑥ 《古清凉传》卷上，《古今胜迹三》，《大正藏》第51册，第1096页。
⑦ 〔日〕圆仁著、白化文校注，《入唐求法巡礼行记校注》卷3，《开成五年七月二日条》，石家庄：花山文艺出版社，2007年，第302页。
⑧ 《集神州三宝感通录》卷下，《大正藏》第52册，第424－425页。《道宣律师感通录》，《大正藏》第52册，第437页。《广清凉传》卷上，《菩萨何时至此山中三》，《大正藏》第51册，第1103页。

载北齐以来，在五台山活动的僧人与朝拜者。其中，最显著的莫过于北齐王子烧身供佛后建寺纪念以及王子随身太监虔诚诵念《华严经》获文殊感应恢复男根的故事。此类记载因与王室关系密切，故可判定北齐时五台山佛教的发展是受到皇室的大力支持的。事实也确实如此，北齐皇帝经常讲解一篇《华严经》，可见其信仰程度，也反映出其时五台山文殊信仰的兴盛状况。①

除皇室之外，还有其他一些僧众较具代表性，如北齐时有位尼僧"法秘"，聪慧颖悟，脱尘出俗，来五台山西台居住五十年，从未离开。她的禅悟道行少为世人所知，八十多岁时往生；后人敬重她，所以以她的法号命名"秘魔岩"，其居住地也便称作此名。② 此外，《古清凉传》还记录有大孚寺僧祥云、③ 定州僧明勖、④ 隐士王劇⑤等人，居住或朝拜五台山时的感应事迹。据《古清凉传》所载，当时五台山境内寺院有二百多座，北齐皇帝又割八个州的赋税作为五台山僧众的衣食支出。⑥ 如此种种记载，足以反映出北齐时五台山已是众多佛教徒向往的文殊圣地。

不过，北齐五台山寺僧云集的盛况，却在周武灭齐的过程中，遭受严重的波及，《古清凉传》形容说"遭周武灭法，释典凌迟。芳徽盛轨，湮沦殆尽"。⑦

4. 隋代五台山文殊信仰的重兴

隋朝建立后，五台山文殊信仰又迎来了发展的兴盛期。公元 581 年隋文帝即位，下召"周朝废寺，咸与修营。境内之人任听出家，仍令户口出钱，建立经像"⑧。《古清凉传》亦云"昔有大隋开运，正教重兴，凡是伽蓝，并

---

① 《古清凉传》卷上，《古今胜迹三》，《大正藏》第 51 册，第 1094 页。
② 《古清凉传》卷上，《古今胜迹三》，《大正藏》第 51 册，第 1095 页。
③ 《古清凉传》卷上，《古今胜迹三》，《大正藏》第 51 册，第 1095 页。
④ 《古清凉传》卷下，《游礼感通四》，《大正藏》第 51 册，第 1096 页。
⑤ 《古清凉传》卷下，《支流杂述五》，《大正藏》第 51 册，第 1100 页。
⑥ 《古清凉传》卷上，《古今胜迹三》，《大正藏》第 51 册，第 1093 - 1094 页。
⑦ 《古清凉传》卷上，《古今胜迹三》，《大正藏》第 51 册，第 1093 - 1094 页。
⑧ （宋）志盘撰，《佛祖统记》卷 39，《法运通塞志第十七之六》，《大正藏》第 49 册，第 359 页；卷 54《历代会要志第十九之四》，第 471 页。

任复修"。①"正教重兴"给了五台山佛教重新发展的契机，② 尤其隋炀帝于
大业二年（606年）改虑虒县为五台县，地名的变革反映出五台山受到了一
定程度的重视。③ 此外，文帝又诏"于诸州名山之下，各置僧寺一所，并赐
庄田"，④ 一般认为五台山应当也在其内。⑤《清凉山志》所载"大隋（文
帝）开皇元年（581年）下诏，五顶各置寺一所，设文殊像各度僧三人，令
事焚修"。⑥ 针对这一记载，学者们分别从不同的角度进行过阐释。⑦ 不管阐
释的结论如何，基本可以认定，隋文帝时五台山文殊信仰又开始兴盛，建寺
立像度僧便是最好的说明。

（二）唐以前五台山文殊信仰在精英群体和民众中的传播状况

1. 唐以前文殊信仰在精英群体中的传播

根据《出三藏记集》的记载，在梁以前传入中国的佛教经典中，以文殊
冠名的经典共十八种。现存最早的是支娄迦谶于东汉光和至中平三年间
（178—186年）译的《文殊师利普超三昧经》和《文殊师利问菩萨署经》，
阐发文殊的般若思想。西晋时期敦煌竺法护和聂道真等又译出《佛说文殊悔
过经》《佛说文殊师利净律经》等五部。这些文殊类经典与同期传入的大乘
般若经典一起确定了中国文殊信仰的初步形成。

① 《古清凉传》卷上，《古今胜迹三》，《大正藏》第51册，第1095页。
② 张映莹，《中国历代皇帝对五台山佛寺的扶植》，《文物世界》，2009年第2期。
③ 参见陈扬炯，《唐代五台山佛教史》，《五台山研究》，1987年第1期。陈扬炯，《文殊菩萨》，收入《文殊菩萨圣德汇编》下册，第70页。林韵柔，《五台山与文殊道场：中古佛教圣山信仰的形成与发展》，第66页。此外，陈扬炯谓隋炀帝是于大业三年（607）改虑虒县为五台县。按《元和郡县志》所载，应是大业二年（606）改虑虒县为五台县。参见《元和郡县志》第5册，卷14，《五台县》，第433－434页。
④ 明觉岸编，《释氏稽古略》，卷二，《高祖文帝》，《大正藏》第49册，第809页。
⑤ 张映莹，《中国历代皇帝对五台山佛寺的扶植》，《文物世界》，2009年第2期。
⑥ （明）镇澄撰，《清凉山志》，太原：山西教育出版社，1991年，第67页。
⑦ 张映莹，《中国历代皇帝对五台山佛寺的扶植》。崔正森，《隋代五台山佛教史》，《五台山研究》，1986年第4期。赵培成，《五台山佛教圣地的形成与发展》《忻州师范学院学报》，2003年第4期。崔正森，《五台山佛教史》（上册），太原：山西人民出版社，2000年，第175页。陈扬炯，《文殊菩萨》，收入《文殊菩萨圣德汇编》（下册），第70页。赵培成，《五台山文殊信仰浅析》，《五台山研究》，2006年第2期。肖雨，《五台山佛教简史》，《五台山研究》，1992年第4期。

文殊的名字在中国最初见于《般若经》中，东汉末支谶译的《道行般若经》卷一载："佛让弟子须菩提为弥勒菩萨、文殊师利菩萨等说般若波罗蜜"。在此后一些大乘经典中，如支谶译的《内藏百宝经》《阿阇世王经》《文殊师利问菩萨署经》和吴支谦译的《慧印三昧经》、西晋竺法护译的《正法华经》《魔逆经》《须真天子经》、后秦鸠摩罗什译的《首楞严三昧经》、《维摩诘经》等大乘佛经中，文殊皆位于大乘菩萨的上首。在对后世天台宗、禅宗影响较大的梁曼陀罗仙译的《文殊师利所说般若经》中，记述文殊菩萨与佛、舍利关于般若波罗蜜的问答，其中关于"无住""无相""一行三昧"的说法最有名。在鸠摩罗什译的《大智度论》卷七中说弥勒、文殊菩萨是"出家菩萨"，而观世音菩萨是"从他方佛土来"。

在中国早期的译经中，文殊一般以菩萨身份出现，也有的佛经说他未来将会成佛。如西晋竺法护译的《文殊师利佛土庄严经》卷下说，文殊从往昔很久以来发下誓愿，严净佛土，未来当成佛，名"普现如来"，佛土名"离尘垢心"世界，闻其名者皆可达到解脱。《首楞严经》卷下说过去有佛名"龙种上尊王如来"，于南方平等世界成"无上正等觉"，化度几十亿阿罗汉和菩萨，此即文殊。《菩萨理洛经》卷四中《寂调音所问经》也说文殊过去是佛，但佛名与佛国名称不同。影响较大的是后秦时代鸠摩罗什在长安翻译的《法华经》卷一的说法，称往昔有佛名"日月灯明"，出家前有八子，出家后向"妙光"菩萨说《法华经》。八子以后又从妙光菩萨学法，次第成佛；最后一佛就是燃灯佛，而燃灯佛是释迦牟尼之师；妙光不是别人，就是文殊菩萨。据此称文殊为"九代祖师"。

据以上描述可知，唐以前的中国在大乘佛教中，文殊被描绘成众菩萨之首，具有与般若智慧同等的至高地位，有广大神通，信仰与礼敬文殊可灭罪得福，早日达到解脱。这在很大程度上与魏晋时期的谈玄之风合拍，因而一经传入，即得到当时名士和清客的普遍崇拜，文殊信仰很快就在士大夫阶层与义学僧人甚至王室当中流行开来。最早的传说是北齐王子燃身供养文殊以求忏罪[1]。

---

[1]　（唐）慧祥，《古清凉传》，《大正藏》第51册，第1094页。

对文殊菩萨的信仰不仅体现在早期王室成员的极端行为上，更体现在精英群体通过画像、造像的来表达他们的文殊情结。《佛祖历代通载》卷七中说，太尉陶侃镇守广州期间（259－334 年），有"渔夫见海中有神光，网之得金像文殊，志云阿育王造"后来送至寒山寺。这是中国有资料记载的最早的文殊像。此外，在部分文人士大夫的画像、壁画中也有文殊形象出现，如梁萧绎绘的"文殊像"、敦煌石窟中西秦时期出现维摩示疾图与文殊变画等。北魏晚期，云岗、龙门、麦积山等石窟中都有了形式不同的维摩变，尤其是麦积山的已经发展成场面大、人物众多的通壁结构，维摩与文殊为画面主体人物。东魏高欢在执政的十六年间，在太原之西的天龙山上修建避暑宫时，同时开凿了两个石窟，即东峰的第二窟和第三窟，在第三窟的右壁上可见维摩与文殊的对谈场面。一直到隋代文殊维摩对答的壁画依旧很多，文殊形象日益丰富。① 例如，在莫高窟第 420 窟的西壁南侧，经变中的文殊姿态从容，举手论道，维摩诘面庞清瘦，双眉紧锁，似乎有意凸显出文殊，反映出文人雅士对文殊菩萨的信仰之情。

此外，在早期的文学作品中，也有很多关于文殊菩萨的描述。如西晋支道林的《文殊像赞》："眇眇童真，弱龄启蒙。含英吐秀，登玄履峰。神以道王，体以冲通。浪化游方，乃轨高踪。流光遗映，爰暨兹隆。思对渊匠，靖一惟恭。灵襟绝代，庶落尘封。"② 这篇赞文赞叹童真文殊启发众生菩提智，在精神层次提高到"神以道王，体以冲通"的高度。还有如支遁《文殊师利赞》："童真领玄致，灵化实悠长。昔为龙种觉，今则梦游方。惚恍乘神浪，高步维摩乡。擢此希夷质，映彼虚闲堂。触类兴清遒，目击洞兼忘。梵释钦嘉会，闲邪纳流芳。"③ 文中描绘了文殊的来历，赞扬了文殊的大智慧。从文中所夹杂的玄学术语可知，此文的阅读人群应为上层文人精英群体。

文殊菩萨在精英阶层流传的过程中，逐渐形成了约定俗成的共识——五台山即是文殊道场清凉山，法藏的《华严经传记》卷一中就记载，华严学者

---

① 李其琼，《隋代的莫高窟艺术》，《中国石窟·敦煌莫高窟》第 2 册，敦煌文物研究所编，北京：文物出版社，1999 年，第 166－167 页。
② （唐）释道宣，《广弘明集》，《大正藏》第 52 册，第 199 页。
③ （唐）释道宣，《广弘明集》，《大正藏》第 52 册，第 197 页。

灵辩（477—522年）在北魏熙平元年（516年）顶戴《华严经》"入清凉山清凉寺，求文殊菩萨哀护摄受"。① 这为唐代五台山文殊道场的形成奠定了很强的信仰基础。

隋代，文殊信仰在上层精英群体的流传更广，如养育隋文帝成人的智仙比丘尼即是山西人，她对文帝的启蒙教育使他一生都崇佛敬僧。文帝专为智仙建塔作传，还在全国一百余座舍利塔内供其画像。由于五台山是山西境内的灵山，同时晋府曾是文帝祖先太原太守惠瑕所在之地，并州又为文帝次子杨广晋王府地所在，于是开皇元年（581年），文帝就下诏"五顶各置寺一所，设文殊像，各度僧三人，令事梵修"。② 五台山东台供奉聪明文殊像，南台供奉智慧文殊像，西台供狮子文殊像，北台供无垢文殊像，中台供孺童文殊像。这一格局就是从文帝开始形成的定制，现今仍是五台山独有的文化景观。

2. 唐以前文殊信仰在民众中的流传

文殊菩萨在传入中国之初，除在上层精英群体中盛行外，其圣化灵异的事迹亦在下层民众当中普及，以极其通俗的形式向人们宣传佛、菩萨的威力无穷和佛国世界的美好，并教给人们请求佛、菩萨救助摆脱苦难，获得福祥的祈祷方法。

有关文殊灵异的故事在中国起源甚早，相传汉明帝以前五台山就有五髻仙人（附会五髻文殊）出现。③ 到东汉时，又有印度僧人竺摩腾、竺法兰因佛法无边，前来五台山礼拜并观其为文殊菩萨的居住地。④ 这两则记载的可信程度到底多大值得商榷，在唐宋两朝的《清凉山传》中并未见提及，如是真实事迹，依五台山在唐宋两朝的重要地位，当不可能不记，故极可能是后人为夸大文殊信仰的伪造。尽管这两则故事还带有浓重的佛教经典的痕迹，但某种程度上也反映出文殊菩萨在中国早期的流传情况。

到南北朝时期，文殊菩萨在民众的信仰世界开始以具体的方式和作用予

---

① 《华严经传记》卷1，《大正藏》第51册，第157页。
② （宋）延一，《广清凉传》，《大正藏》第51册，第1105页。
③ （明）镇澄，《清凉山志》，太原：山西教育出版社，1991年，第245页。
④ （明）镇澄，《清凉山志》，太原：山西教育出版社，1991年，第191页。

以呈现，能够帮其排忧解难，满足其生活当中的种种诉求。如传说北周释智猛年少时愚痴，其父画文殊像，智猛精诚供养，获得了超人的才智。① 北魏时，文殊化身贫女带二子及一犬乞斋，寺僧认为她为腹中胎儿也乞一份太过贪婪而拒绝，后来她显现文殊原型，告示僧众要修学平等心。② 又传说五台山盲女因诚信祈祷文殊，最后得以双目复明③。还有一则故事说隋代一名盗贼跌落山崖，起忏悔心而一心礼念文殊名号，感应文殊化现而获得救助等④。北齐时祥云诵《涅槃经》得山神（后人附会为文殊）授灵药而登仙，⑤ 而明勖遇异僧（文殊化身）示暴疾而亡，悔恨自己不够慈悲，留下朋友自己求圣等。⑥

从上述传说故事可得知，早期文殊菩萨在民众的信仰世界或者与中国民间信仰的神灵混为一谈，或者带有菩萨信仰的普遍特征，即佑护民众，指引迷津等。

文殊信仰以灵异故事的形式在民众中的广泛传播，其影响力是巨大的。这是文殊信仰的中国化、世俗化过程中必不可少的重要一环，也是文殊信仰在中土生根、发芽、茁壮发展的重要基础。

二、唐代五台山正式成为文殊菩萨的止住地是文殊道场形成的前提条件

唐代五台山文殊道场的形成，一个首要的因素，是其必须成为文殊菩萨的止住地。而五台山能够成为文殊菩萨的止住地，经历了一个从不确定到反复到唐代最后确定的发展历程，这一发展历程也可视为唐代五台山文殊道场形成历程的一个侧面。

（一）从《华严经》的记载到《古清凉传》的确认

西晋聂道真译《佛说文殊师利般涅槃经》载：文殊师利在佛世时，生于

---

① （宋）非浊，《三宝感应略录》卷三，《大正藏》第51册，第849页。
② （宋）延一，《广清凉传》，《大正藏》第51册，第1109页。
③ （唐）慧祥，《古清凉传》，《大正藏》第51册，第1096页。
④ （明）镇澄，《清凉山志》，太原；山西教育出版社，1991年，第192页。
⑤ （唐）慧祥，《古清凉传》，《大正藏》第51册，第1096页。
⑥ （唐）慧祥，《古清凉传》，《大正藏》第51册，第1096页。

多罗聚落梵德婆罗门家，后随佛出家学道，住首楞严三昧，后到"雪山"为五百仙人讲经。

> 久住首楞严，佛涅槃后四百五十岁，当至雪山，为五百仙人，宣畅敷演十二部经，教化成熟五百仙人，令得不退转。①

文中所引"雪山"到底在何方？经文没有明确指出。若据法琳援引《地理志·西域传》中"雪山者即葱岭也"② 以及道宣《续高僧传·释玄奘》载"昔人云：葱岭停雪，即雪山也。今亲目验，则知其非，雪山乃居葱岭已南"。③ 即雪山被认为在葱岭，即今新疆西南，古代为帕米尔高原和昆仑山、喀喇昆仑山西部诸山的总称。④ 若依这样的记载，文殊菩萨说法地当为今新疆一带，与五台山相去甚远。

直到东晋《华严经》被译出后，这一状况始有转变。《大方广佛华严经》《菩萨住处品第二十七》载：

> 东北方有菩萨住处，名清凉山。过去诸菩萨常于中住，彼现有菩萨，名文殊师利，有一万菩萨眷属，常为说法。⑤

"清凉山"为文殊菩萨住处与说法之地，这在《华严经》当中有了明确的记载。

至于"清凉山"所在的位置，《华严经传记》不仅如上文表明在"东北

---

① （西晋）聂道真译，《佛说文殊师利般涅槃经》，《大正藏》第 14 册，第 481 页。

② 《广弘明集》《破邪论》载："案《文殊师利般涅槃经》云：佛灭度后四百五十年，文殊至雪山中，为五百仙人宣说十二部经讫，还归本土入于涅槃，恒星之瑞即其时矣。案《地理志·西域传》云：雪山者即葱岭也，其下三十六国，先来奉汉，以葱岭多雪，故号雪山焉。文殊往化仙人，即其处也。详而检之，刘向所论可为证矣"。[唐] 法琳，《破邪论》，收入道宣，《广弘明集》，卷 11，《大正藏》第 52 册，第 166 页。

③ 道宣：《续高僧传》卷四，《京大慈恩寺释玄奘传一》，《大正藏》第 50 册，第 454 页。

④ 史为乐主编，《中国历史地名大辞典》（下册），北京：中国社会科学出版社，2005 年，第 2509 页。

⑤ 《大方广佛华严经》卷二九，《菩萨住处品第二十七》，《大正藏》第 9 册，第 590 页。同载于 [唐] 实叉难陀译，《大方广佛华严经》卷四五，《诸菩萨住处品第三十二》，《大正藏》第 10 册，第 241 页。

方"，而且关于方圆里数也有详细的记载：

> 山去京一千六百里，代州之界。①

可以明确看出，"清凉山"的方位为东北方。"东北"方位的确定，既符合在印度的东北方，也符合唐代都城长安的东北方，此二者到底选哪一方不必详究，但有一点可以肯定，此山非西北方之"雪山"。

因明确记载了菩萨说法地为"东北方的清凉山"，且有了具体的方圆里数和疆界归属。并且，这里所谓的"清凉山"与"雪山"在含义所指上有相近之处，皆指温度较低之处，因此，在后期传播过程中，便以"清凉山"附会为"雪山"，二者合二为一了。

《华严经》在僧众当中有着强大的影响力，僧众每每涉及对五台山的信仰、朝拜时，总会与《华严经》产生密切的关系，如《古清凉传》载，传言北齐初年，有阉官刘谦之，因感慨自己是受腐刑苟且偷生的人，又感于王子烧身之事，遂奏请入山，敕准在王子烧身寺精进行道。"转诵《华严经》，三七行道，祈见文殊师利，遂获冥应，还复根形。因便悟解，乃着《华严论》六百卷，论综终始"。② 又"昔元魏（孝明帝）熙平元年（516年），有悬瓮山沙门灵辩，顶戴此经，勇猛行道，足破血流，勤诚感悟，乃同晓兹典，着（华严）论一伯卷"。③ 再有唐代西京有清信士房德元、王玄爽，"因读《华严经》，见《菩萨住处品》，逐心专胜地，以（高宗）上元三年（676年）五月十三日，共往登之"。④ 普通民众如"恒州土俗，五十余人，六斋之日，常赍香花珍味，来就奉献文殊师利，及万菩萨，年年无替。又舍珍财，选地建寺，文石刻铭，至今犹在。"⑤

上述记载中，有转诵《华严经》便可登五台山祈见文殊菩萨的，有因感悟而著作《华严论》的，有读诵《华严经》而登上五台山的，乃至有年年上山为供养《华严经》中所记载的文殊及诸万菩萨圣众等。一方面说明《华严

---

① （唐）法藏集，《华严经传记》卷1，《大正藏》第51册，第157页。
② （唐）慧祥，《古清凉传》卷上，《古今胜迹三》，《大正藏》第51册，第1094页。
③ 《古清凉传》卷上，《古今胜迹三》，《大正藏》第51册，第1094页。
④ 《古清凉传》卷下，《游理感通四》，《大正藏》第51册，第1094页。
⑤ 《古清凉传》卷上，《古今胜迹三》，《大正藏》第51册，第1096页。

经》中所记载的菩萨住处"清凉山"即为"五台山",而非地处西北方的"雪山",在僧众的信仰世界对上述记载是深信不疑的;另一方面也说明僧众认为通过诵读、探究《华严经》即可受到文殊菩萨的点化、感悟,即《华严经》与"五台山"之间存在着某种内在的关联,只要虔诚地侍奉《华严经》即可感知到来自文殊菩萨的力量。

《华严经》之所以受到僧众的广泛认可,还有一个重要缘由是,据传《华严经》是佛初成佛道二七日所说,保存了佛成道后,七日不说法的传统。① 天台宗智顗还将《华严经》判在"五时说"的第一时说。谓"日出先照高山,后照大地",因佛说法是先从高处说起,即先对大智之人说,因此,《华严经》居于第一时。② 也即《华严经》是"出于金口,传之宝藏"的,这一说法对于笃信佛教的唐代僧人来说有巨大的影响力。

以此为基础,《华严经》中有关五台山的相关记载也就有了更强的权威性和不容置疑性,在《华严经·菩萨住处品》中说,由心王菩萨述说有关菩萨的住处,继第二十六《寿命品》以时间叙述佛德之后,"约空间说明菩萨之化用",即以空间说明菩萨的活动,举出菩萨的说法场所及菩萨的名称、眷属的数目。③ 其中,谈到东北方有菩萨住处,"名清凉山,过去诸菩萨常于中住,彼现有菩萨,名文殊师利,有一万菩萨眷属,常为说法"。④ 强调五台清凉山是根据佛陀亲口所说。

这样的记述对慧祥修撰《古清凉传》产生了很大的影响,他在文中再次予以确定:

《古清凉传》卷上《立名标化一》记载:

> 余每览此土名山,虽嵩、岱作镇,蓬、瀛仙窟,皆编俗典,事止域中,未有出于金口,传之宝藏。⑤

---

① 印顺,《初期大乘佛教之起源与开展》,北京:中华书局,2011 年,第 1023 页。
② 吕澂,《中国佛学思想概论》,台北:天华出版社,1993 年,第 188 页。
③ 镰田茂雄著、释慈怡译,《华严经讲话》台北:佛光文化事业有限公司,2002 年,第 233 页。
④ 《大方广佛华严经》卷二九《菩萨住处品第二十七》,《大正藏》第 9 册,第 590 页。
⑤ 《古清凉传》卷上,《立名标化一》,《大正藏》第 51 册,第 1093 页。

慧祥强调自己游览中国名山，虽然有"嵩岱作镇，蓬、瀛仙窟"，但这些皆为俗典所编，也即从侧面说明，它们是不能够与出于佛金口所说的五台山相比拟的。言下之意，"嵩岱、蓬瀛"的地位在唐代是很高的，否则，慧祥也不会将其与五台山作类比。

"嵩岱"即指嵩山和岱山，分别指中国五岳之东岳和中岳。首先"嵩山"，位今河南登封北，① 嵩山"作镇中畿（王畿）"② 是京都管辖的地区，又居五岳之"中"的地理位置，奠定了它在文化和政治上的特殊地位。特别是唐高宗于永淳元年（682 年）在嵩山造奉天宫，时往居住，朝廷为之迁徙。高宗并在封禅泰山之后有遍封五岳的想法，并下诏准备封禅嵩岱，虽最终未果，仍体现出嵩山政治地位。至武则天执政的时代，嵩山正式取代泰山封禅之地与五岳之尊的地位。③

"岱山"，岱、泰古通用，即泰山东岳，位今山东泰安北④，代表万物之始，五岳之长⑤，为历来帝王封禅之所，成为帝王取得权力的象征⑥；加上神仙之论与泰山治鬼、掌管人的生死之说⑦，使它在政治与信仰上具有非常尊崇的地位。其中，隋文帝、唐高宗、唐玄宗等，皆封禅于泰山。⑧ 并且，自高宗显庆六年（661 年）到代宗大历八年（773 年）之间，唐代帝室（包

---

① 史为乐主编，《中国历史地名大辞典》（下册），北京：中国社会科学出版社，2005 年，第 2696 页。

② （唐）徐坚，《宋本初学记》，台北：艺文印书馆，1976 年，第 2 册，卷 5《宋公祭嵩山文》，第 20 页。

③ 肖妮妮，《嵩山为唐人隐逸第一山论析》，《兰州学刊》，2008 年第 1 期。

④ 史为乐主编，《中国历史地名大辞典》（下册），北京：中国社会科学出版社，2005 年，第 2030 页。

⑤ （东汉）应劭，《风俗通义》，台北：艺文印书馆，1966 年，第 2 册，卷下，《山泽第十·五岳》，第 51 页，收入《百部丛书集成》第 11 涵装。

⑥ 石国伟、周征松，《东岳信仰的传承及其地方社会的影响：以山西地区为例》，《宗教学研究》，2009 年第 1 期。

⑦ （清）顾炎武，《日知录》卷 30，《泰山治鬼》，收入徐德明、吴平主编，《清代学术笔记丛刊》台北：学苑出版，2005 年，第 2 册，第 476 页。

⑧ 阙维民等，《世界遗产视野中的中国五岳》，《人文地理》，2009 年第 4 期。魏建，《天坛泰山：泰山与中国政治文化》，《泰山学院学报》，2009 年第 1 期。

括武则天）派遣道士以道教礼仪祭祀泰山，说明泰山与皇室之密切关系。①

"蓬、瀛仙窟"，蓬，指蓬莱；瀛，指瀛洲。古代传说在东方的海中仙山，是仙人所居的神山。早在战国时期，齐燕方士们就有神山的说法，进而发展为"三神山"说。《史记·封禅书第六》云"自威（齐威王，在位于前356—前320年)②、宣（齐宣王，在位于前319—前301年)③、燕昭（燕昭王，在位于前311—前279年)④，使人入海求蓬莱、方丈、瀛洲"。⑤ 三神山传说在渤海中，有诸仙人及不死之药，是古来方士及自齐威王、齐宣王、燕昭王，秦始皇、汉武帝等历代帝王向往寻找的不死仙山；据载，唐高宗还特将大明宫改成蓬莱宫,⑥ 意味着对道教求仙不死的向往。

三神山曾是方士们向东海寻求的仙境，但都不能到达那里，故而逐渐在中国本土的地域确定名山灵地，作为直接求仙的途径，此即是五岳。在公元前一世纪，五岳被认定为神仙往来的名山灵地，作为有神仙居住的代表性灵地，占据中国人山岳信仰的中心地位，这不仅是道教，包括儒学也将其作为神圣的山而加以崇祀。⑦

由此可见，五岳的"嵩、岱"和三神山的"蓬、瀛"，在唐时不仅受到皇室的崇奉，而且在儒、道等信仰世界也有着较高的地位。正因如此。慧祥特别将其作为与五台山相比较的对象。当然，在慧祥看来，即使是贵如嵩岱、蓬瀛这样的名山，也只是出自一般世俗的典籍，不能与五台山的神圣性相比。这就从侧面印证唯有五台山才是出于经证，是佛金口亲所说的，因而也是最具有权威性的。也就是说，汉土所说的仙山，并非等于就是文殊所

---

① 白如祥，《从岱岳观碑看泰山道教与唐代政治》，《经济与社会发展》，2008 年第 4 期。

② 仓修良主编，《史记辞典》，济南：山东教育出版社，1994 年，第 657 页。

③ 仓修良主编，《史记辞典》，济南：山东教育出版社，1994 年，第 657 页。

④ 仓修良主编，《史记辞典》，济南：山东教育出版社，1994 年，第 728 页。

⑤ 《新校史记三家注》第 3 册，卷二八，《封禅书第六》，香港：世界书局，2007 年，第 1369 页。

⑥ 史丹利·外因斯坦著、释依法译，《唐代佛教：王法与佛法》，台北：佛光文化事业，1999 年，第 56 页。

⑦ 石井昌子，《道教の神神》，收入福井康顺等监修，《道教：道教とは何か》东京：平河出版社，1990 年第 1 卷，第 162 页。

住，要确定文殊住处，必须根据佛金口所说的《华严经》。其他名山大川，虽然也具有尊贵性，都不具有这样的特性。

当然，五台山最终能够成为文殊住处的"清凉山"，还需要许多内外诸多因素的聚合方能成就。不过，五台山成为文殊菩萨的止住地，从最初方位模糊的"雪山"到《华严经》的记载，是一个巨大的转折点。以此为契机，五台山为"雪山"的概念基本确定下来。《华严经》的相关记载在方向和疆界的确立上，在僧众的信仰基础上，在五台山形成文殊止住地的过程中，成为根本的依据。到唐代，慧祥在《古清凉传》中反复强调、论证此点，一方面说明唐人对这一看法已经基本是认可的了，另一方面也再次确认了此种观点。

（二）唐代中土佛界信众对文殊信仰的大力宣扬

《华严经》的记载与信众对其的崇拜固然是五台山成为"清凉山"的重要渊源，但是中土佛界信众对文殊菩萨的大力宣扬也是其止住于五台山的关键因素。

据《文殊师利般涅槃经》记载，文殊在佛陀时代，出生于此国的多罗聚落梵德婆罗门家，并随佛陀出家修道，文殊住于"首楞严三昧力"。此首楞严三昧，经中说具有"如是无量，悉能示佛一切神力，无量众生皆得饶益"的力量。据《首楞严三昧经》记载：

> 菩萨示现入于涅槃不毕竟灭，而于三千大千世界，能现如是自在神力。

从上述经文可知，文殊在佛陀时代出生，并随佛陀出家修道，修道的结果是可居于"首楞严三昧力"。这里所说的"三昧力"是菩萨的最高境地，达到首楞严三昧力成就，就是菩萨修行的完成，境界等同于佛。文殊据此三昧的力量，可以延长寿命、示现成佛、济度众生、示现涅槃。虽示现涅槃，实际上并没有入涅槃，能于大千世界展现自在神力，普度众生。是早已成佛的菩萨，曾经亲近百千诸佛，久住于娑婆世界，展现自在神力，救度众生。释迦佛出世，又协助释迦佛教化众生。

又据《文殊师利般涅槃经》载：

文殊师利法王子，已曾亲近百千诸佛，在此娑婆世界施作佛事，于十方面变现自在。

《道宣律师感通录》亦云文殊"是久住娑婆世界的菩萨"。说明文殊已曾亲近百千诸佛，在此娑婆世界施作佛事，可见，文殊菩萨在佛界地位是非常尊崇的，这样的记载为其深根于信众的精神世界并极力宣扬奠定了坚实的基础。

唐代，随着佛教在中土的盛行，佛经中有关文殊菩萨的记载得到了佛教信众的大力宣扬，慧祥便是其中的典型者。

《古清凉传》卷上《封域里数二》明确记载"山，在长安东北一千六百余里。"① 很显然，这样的记载虽有附会《华严经》的嫌疑，但是也从另一个侧面印证了清凉山的具体位置。确切的里程数是距离长安一千六百里的代州界，此证将"五台山"即是清凉山又拉近了一步。此外，慧祥在《古清凉传》卷上《立名标化一》中又说：

今山上有清凉寺，下有五台县清凉府，此实当可为龟鉴矣。②

慧祥举出山上有"清凉寺"，山下五台县境内亦设有"清凉府"。此中的记载涉及到既有"寺"又有"府"。而且都名为"清凉"。这与慧祥的实地勘察有密切关系。慧祥往中台南下时，亲见"清凉寺，魏孝文所立，其佛堂尊像，于今在焉"。③ 可知，在五台山之中台南面有清凉寺，并传为北魏孝文帝时所立。

而所谓"五台县清凉府"，据《隋书》卷三〇《雁门郡》条云：

五台：旧曰虑虒，久废。后魏置，曰驴夷。大业初改焉。有五台山。④

《元和郡县志》亦载，五台县在汉代原属太原郡虑虒县，因虑虒水而得

---

① 《古清凉传》卷上，《封域里数二》，《大正藏》第 51 册，第 1095 页。
② 《古清凉传》卷上，《立名标化一》，《大正藏》第 51 册，第 1093 页。
③ 《古清凉传》卷上，《古今胜迹三》，《大正藏》第 51 册，第 1095 页。
④ （唐）魏征等撰，《隋书》，北京：中华书局，1997 年，卷三十，第 230 页。

名，隋炀帝大业二年（606 年）才改为五台县，乃因山为名。① 其次是"清凉府"，道宣谓五台山"其山极寒，南号清凉山，亦立清凉府。"② 《广清凉传》亦载"大圣多在清凉山，山下有仙花山，有五台县清凉府，往往人到，不得不信"。③ 可知，唐代于代州五台县（今山西省五台县）④ 设置"清凉府"。且自道宣、慧祥、延一以来，皆以五台山山上有"清凉寺"山下五台县设有"清凉府"，作为五台山即是《华严经》"清凉山"的主要史证。虽然这样的理由作为五台山即是《华严经》"清凉山"的证明，仍有许多疑虑，不过，因得到中土人士如此的宣扬，五台山是"清凉山"已基本为人所共识。

《古清凉传》卷上《古今胜迹三》又载：

> 释迦佛出时，（文殊）却将至祇洹。一十二年，文殊师利还将入清凉山金刚窟内。⑤

当然，慧祥的这一宣讲不是无缘由的，佛经所载"佛涅槃后四百五十岁，当至雪山，为五百仙人，宣畅敷演十二部经，教化成熟五百仙人"。⑥ 此时的雪山已为"清凉山"，而且慧祥将其地址进一步具体化为清凉山上的"金刚窟"内。对于文殊菩萨来中土的过程，慧祥也进行了详细地、甚至神圣化地描述：

《古清凉传》卷上《立名标化一》载：

> 宅万圣而敷化，自五印而飞声，方将此迹，美曜灵山，利周贤劫，岂常篇之所纪，同年而语哉！⑦

---

① （唐）李吉甫，《元和郡县志》第 5 册，卷 14《五台县》，北京：中华书局，1983年，第 433–434 页。或参（清）穆彰阿，《嘉庆重修一统志》第 9 册，卷一五一，《代州直隶州》，北京：中华书局，1986 年，第 7046，7051–7053 页。
② 《集神州三宝感通录》卷下，《大正藏》第 52 册，第 424 页。
③ 《广清凉传》卷上，《菩萨应化总别机缘二》，《大正藏》第 51 册，第 1103 页。
④ 史为乐主编，《中国历史地名大辞典》（上册），北京：中国社会科学出版社，2005年，第 341 页。
⑤ 《古清凉传》卷上，《古今胜迹三》，《大正藏》第 51 册，第 1095 页。
⑥ 《佛说文殊师利般涅槃经》，《大正藏》第 14 册，第 481 页。
⑦ 《古清凉传》卷上，《立名标化一》，《大正藏》第 51 册，第 1093 页。

引文虽短，却将文殊菩萨由印度而中国五台山的过程淋漓尽致展现出来。"宅万圣而敷化"一句是承前文的《华严经》经证，记载从过去以来，就有菩萨在此山止住。现在又有文殊菩萨和他的眷属，共菩萨众一万人，于此山中常常演说佛法。可知，五台清凉山是万菩萨众隐藏行迹，以及文殊作为教化的处所，所以说"宅万圣而敷化"。"自五印而飞声"，其中"五印"是指印度，在中古时代，印度分为东、西、南、北、中五区，称为五天竺、五印度、五天、五竺或五印①，这里表明文殊是自印度而到中国，其目的是教化，即前述佛经所载"于佛入灭后四百五十岁，再前往雪山教化五百仙人"。接着言"方将此迹，美曜灵山，利周贤劫"，即在彰显文殊菩萨来到清凉山后的状况。所谓"方将此迹，美曜灵山"，灵鹫山象征佛陀在印度的教化，佛灭度后，文殊应出现在中国五台山，将五台山美曜印度之灵鹫山，象征着文殊代表东夏大乘的行化者，五台山亦成为东夏大乘行化的重要、根本的舞台。至于"利周贤劫"，其中"劫"是梵文 kalpa 的音写，"劫波"的略语。②"贤劫"，梵文 bhadra – kalpa，在印度指为极长时间之用语。③贤劫是过去庄严劫、现在贤劫、未来星宿劫三阶段中的"现在贤劫"。此三劫之中，大乘经说皆有千佛等贤圣出世救度众生，④现在是住劫，于二十增减中有千佛出世，既多贤圣，故称贤劫。⑤其中，释迦佛"继六佛而成道，处今贤

---

① 蓝吉富主编，《中华佛教百科全书》第 4 册，台北：中华佛教百科文献基金会，1994 年，第 1876 页。

② 荻原云来编纂，《梵和大辞典》（上册），台北：新文丰出版股份有限公司，2003 年，第 327 页。

③ 荻原云来编纂，《梵和大辞典》（上册），台北：新文丰出版股份有限公司，2003 年，第 946 页。

④ 此外，散见于阿含经则说过去有四佛或七佛出现，而《法显传》、《西域记》等，关于四佛经行遗迹之记载颇多，但未见七佛之事迹。大乘经典进一步指出现在之贤劫有千佛，过去之庄严劫、未来之星宿劫亦各有千佛出世。此中，"七佛"即过去庄严劫末的毗婆尸、尸弃、毗舍浮等三佛，与现在贤劫初的拘留孙、拘那含牟尼、迦叶、释迦牟尼等四佛，还会有以弥勒佛为首的九百九十六尊佛在未来出现，其中最后一位是楼至佛。参自蓝吉富主编，《中华百科全书》第 2 册，第 54 – 55 页；第 4 册，第 1536 – 1537 页。

⑤ 蓝吉富主编，《中华百科全书》第 2 册，第 172 页；第 5 册，第 2444 – 2445 页。

劫。"① 那么，文殊何以能够利益众生遍及贤劫？其原因在于佛经所指文殊菩萨在佛界所处的崇高的地位。

经过如慧祥般信众的宣扬，文殊菩萨不仅从印度来到中土，来到了位于东北方之清凉山，而且其驻地被具体化为清凉山之金刚窟，看似典籍记载中寥寥数字，在地理上却跨越数万公里之遥，将文殊菩萨的止住之所从西南方之印度转到东北方之五台山。如此的跨越不仅对佛教本身，而且对佛教信众都产生了巨大的影响。

来到清凉山后，慧祥进一步将文殊菩萨神话。

《古清凉传》卷上《立名标化一》记载如下：

> 文殊师利者，……今以方便力，现为菩萨，所以对扬圣众，摄济群蒙，鞭其役者，驱之彼岸。……但以迷徒长寝，莫能自悟。遂使俯降慈悲，见兹忍土，任持古佛之法，常居清凉之地，表迹临机，俟我含识。②

即在慧祥的描述中，文殊是过去早已成佛的大菩萨，因方便度化愚蒙众生，才慈悲降化到中土，又常居清凉山，是为了等待缺乏志向下愚的众生，文殊能随其根机或需求，而显现不同的样貌与说法之姿。

《古清凉传》卷上《立名标化一》又载：

> 但博望张骞，寻河源于天苑；沙门法显，求正觉于竺乾。况乃咫尺神州，揄扬视听。其来往也，不移于晦望；其陟降也，匪劳于信宿。岂可不暂策昏心，聊挥懈足，历此微款，为觉路之津乎！③

慧祥进一步说，信众不必像张骞、法显那样远途跋涉至西域、印度，只在当地就近即可聆听文殊菩萨的教诲。一方面对广大下层民众来说，地域上的方便带来的不仅仅是不必跋山涉水，更主要的是在语言、风俗习惯等方面的亲和力，这对于文殊菩萨信仰在中土的迅速扩张产生了巨大的助推作用。

---

① （北齐）魏收撰，《魏书·释老志》，北京：中华书局，1996 年，卷 114，第 825 页。
② 《古清凉传》卷上，《立名标化一》，《大正藏》第 51 册，第 1093 页。
③ 《古清凉传》卷上，《立名标化一》，《大正藏》第 51 册，第 1093 页。

《清凉山志》亦谓，现五台者"欲令归心有在"。① 故而"使无志下愚，专心有在"，其中所表述的亦是此理。

（三）唐代五台山具有独特的感召力

文殊菩萨的止驻地被确立为五台山，还有一个很重要的缘由，是在唐代，五台山自身所具有的独特佛教感召力。

《古清凉传》卷上《立名标化一》载：

> 或问："大圣化物，理应平等，正宜周旋亿刹，何乃滞此一方乎"？答曰："诚如来旨！诚如来旨！但具三缘，须居此地。一、是往古诸佛，辗转住持；二、使无志下愚，专心有在；三、为此处根熟，堪受见闻"。余谓："抑扬之道，如斯而已矣"。②

文中非常明确地指出，文殊大圣之所以滞于五台山，是由于此地满足三个方面的条件：一是"往古诸佛，辗转住持"。即五台山过去已是诸菩萨的止住地，也是古佛之法辗转住持的圣地。前文中提及"东北方有菩萨住处，名清凉山。过去有菩萨常于中住，彼现有菩萨名文殊师利，有一万菩萨，常为说法"。③ 即五台山过去就有菩萨圣众常在这里居住，唐代则有文殊带领一万菩萨圣众，于此说法度众。当然，上述记载也是中土信众不遗余力宣扬的结果。

另外，五台山还是古佛之法辗转住持的圣地。据《古清凉传》卷上《古今胜迹》载：

> 三世诸佛供养之具，多藏于此。按《祇洹图》云："祇洹内，有天乐一部，七宝所成"。笺曰："又按《灵迹记》云：'此乐，是楞伽山罗刹鬼王所造，将献迦叶佛，以为供养。迦叶佛灭后，文殊师利，将往清凉山金刚窟中。释迦佛出时，却将至祇洹。一十二年，文殊师利还将入清凉山金刚窟内'。又有银篌篌，有银天人，坐七宝花上，弹此篌篌。

---

① （明）镇澄，《清凉山志》，《第二征释化主》，太原：山西教育出版社，1991年，第34页。
② 《古清凉传》卷上，《立名标化一》，《大正藏》第51册，第1093页。
③ 《古清凉传》卷上，《立名标化一》，《大正藏》第51册，第1092页。

又有迦叶佛时金纸银书大毗奈耶藏、银纸金书修多罗藏。佛灭后，文殊并将往清凉山金刚窟中"。①

清凉山金刚窟有三世诸佛供养之具，是文殊从印度带到清凉山并藏于此窟内的。包括有迦叶佛时的天乐、银色箜篌，以及金纸银书的律藏和银纸金书等法宝具。上述记载在《中天竺舍卫国祇洹寺图经》中亦有相关记载。②圆仁（794—864 年）行至清凉山金刚窟时，亦见于窟记：

> 窟内多有西天圣迹。维卫佛时，香山摩利大仙造三千种七宝乐器。其佛灭后，文殊师利将来收此窟中。拘留秦佛时，兜率天王造钟，盛一百廿石，闻声者或得四果，或得初地等。佛灭，文殊师利将此钟来，置此窟中。迦叶佛时，造银箜篌，有八万四千曲调，八万四千曲调各治一烦恼，佛灭度后，文殊师利将此箜篌来，收入窟中。星宿劫第二佛全身宝塔一千三百级，文殊师利将此塔来，收入此窟。振旦国（指中国）银纸金书及百亿四天下文字，文殊菩萨收入此窟，云云。③

首先，引文中"维卫佛"，即"毗婆尸佛"，是过去庄严劫"过去七佛"的第一佛。其次，"摩利大仙"，指摩利，梵语 Marici 之简单音译，全音译为"摩利支"，意为"阳焰"④。大仙，或作"天仙"⑤。摩利支是南亚次大陆古老神话中的能自我隐形而为众生除灭障难、施予利益的女神，后转为佛教守护神"二十诸天"之一，被称为摩利支天菩萨或大摩里支菩萨⑥。再者，"拘留秦佛"或译作"拘留孙佛"，是现在贤劫、过去七佛中的第四佛。最后，"星宿劫第二佛"，星宿劫指三大劫中的未来大劫，谓此劫中有千佛出世，多如星宿。星宿劫第二佛，即是"华严佛"或"龙威佛"⑦。

---

① 《古清凉传》卷上，《古今胜迹三》，《大正藏》第 51 册，第 1095 页。
② （唐）道宣，《中天竺舍卫国祇洹寺图经》，《大正藏》第 45 册，第 884 - 889 页。
③ 〔日〕圆仁著、白化文等校注，《入唐求法巡礼行记校注》卷三，《开成五年五月廿三日条》，石家庄：花山文艺出版社，2007 年，第 293 页。
④ 荻原云来编纂，《梵和大辞典》（下册），东京：株式会社讲谈社，1986 年，第 1007 页。
⑤ 《广清凉传》卷上，《释五台诸寺方所七》，《大正藏》第 51 册，第 1107 页。
⑥ 《入唐求法巡礼行记校注》卷三，《开成五年五月廿二日条》注释条，第 295 页。
⑦ 《入唐求法巡礼行记校注》卷三，《开成五年五月廿二日条》注释条，第 295 页。

上文说明清凉山金刚窟内，有过去诸佛的遗迹与法宝。有关遗迹和法宝的具体内容姑且不去更多关注，此处需要注意的是，在文殊之前，相继有维卫佛、摩利大仙、拘留孙佛、迦叶佛、华严佛等诸佛来此住持，并留下了相关法宝。《广清凉传·序》亦云"宝乐银书，深秘金刚之窟"。①《佛祖统记》谓"东北三台间有金刚窟，三世佛法藏。"②

经由上述得知，五台山过去已有菩萨常于中止住，同时也是古佛之法辗转住持的圣地。五台山从古至唐时便对诸佛、菩萨有着异常的吸引力和感召力，这为其后将五台山选定为文殊菩萨的驻地涂抹上了浓烈的佛教色彩，也进一步巩固了文殊信仰在信众心目中的地位。

文殊大圣之所以滞于五台山，第二个条件是"使无志下愚，专心有在。"此条深意在于进一步神话文殊菩萨所具有的独特魅力，前文已列，此不赘述。

文殊大圣之所以滞于五台山，第三个条件是"此处根熟，堪受见闻。""根熟"为佛教用语，谓根性圆熟。反映唐时身处中土的五台山，受佛法感化的时间较长，能够秉受地位尊崇的文殊菩萨的降临。

按《古清凉传》卷上《古今胜迹三》载：

> 自周穆遇化人之后，汉武得金神以前，去绪昭彰，久形于简牍矣。……洎显宗感梦，波澜斯盛，决寰瀛而启路，架日月以争晖。③

由于中土受佛教的浸润程度较高，使得处于其中的五台山也潜移默化，秉受佛法程度也较高。尤其汉明帝梦到佛陀金身，佛教的流传开始兴盛，遍布于整个汉地。这样的记载在史籍中亦有，如《四十二章经》载：

> 昔汉孝明皇帝，夜梦见神人，身体有金色，项有日光，飞在殿前。意中欣然，甚悦之。明日问群臣，此为何神也？有通人傅毅曰："臣闻天竺有得道者，号曰佛，轻举能飞，殆将其神也。"于是上悟，即遣使者张骞、羽林中郎将秦景、博士弟子王遵等十二人，至大月支国，写取

---

① 《广清凉传》卷上文首，《序》，《大正藏》第51册，第1101页。
② 《佛祖统记》卷四三，《大正藏》第49册，第397页。
③ 《古清凉传》卷上，《古今胜迹三》，《大正藏》第51册，第1093页

佛经四十二章，在十四石函中，登起立塔寺。于是道法流布，处处修立佛寺，远人伏化，愿为臣妾者不可胜数。

《后汉书·西域传》也说：

世传明帝梦见金人长大，顶有光明，以问群臣。或曰："西方有神名佛，其形长丈六尺而黄金色。"帝于是遣使天竺问佛道法，遂于中国图画形象焉。楚王英始信其术，中国因此颇有奉其道者；后桓帝好神，数祀浮图、老子，百姓稍有奉者，后遂转盛。

可见，首先是佛教从汉明帝时即已来到中土，到唐大约已有600多年的时间，这是文殊从印度而中土的前提条件。其次，在中土广大的地域当中，五台山独具魅力，《清凉山志》谓"现五台者，为应震旦之机"。① 现在的五台山，是为了适应文殊菩萨的到来。可见唐代五台山完全吻合中土佛教盛行的各种条件。在此情况下，众多僧俗因仰慕文殊圣地而前来巡礼、讲学论道、游历、朝拜等，这说明唐时的五台山已经有了完全成熟的佛教信仰基础。

再者，按《道宣律师感通录》载"余问：自昔相传，文殊在清凉山，领五百仙人说法。经中明文，是久住娑婆世界菩萨，娑婆则大千总号，如何偏在此方？答云：文殊诸佛之元师也，随缘利现，应变不同。大士之功，非人境界，不劳评薄"。② 《广清凉传》云"夫大圣应化，有总有别，随机缘故"。③ 又说，"即今遍在清凉五台山是也，以此处机缘胜故，又是本所居金色世界报土在此也"。④ 归结起来，上述所谓"随缘利现""随机缘故"以及"此处机缘胜故"，其意为五台山成为文殊住处，因缘殊胜是很重要的一个因素，之所以能成为"因缘殊胜"之地，恐怕不仅仅是此地在地理方位上或者是在气候方面所具有的优势，更主要的缘由在于此地接收文殊教化的人文内

---

① （明）镇澄，《清凉山志》，《第二征释化主》，太原：山西教育出版社，1991年，第34页。

② 《道宣律师感通录》，《大正藏》第52册，第437页。

③ 《广清凉传》卷上，《菩萨应化总别机缘二》，《大正藏》第51册，第1103页。

④ 《广清凉传》卷上，《菩萨应化总别机缘二》，《大正藏》第51册，第1103页。

涵丰富、厚重。

　　在上述因素共同作用下，在僧俗的信仰世界形成了一个普遍的共识，即五台山是文殊菩萨的止住地。这样的记载不仅在地理方位上确立了五台山文殊道场的地位，更主要的是从佛教发展历史及信众信仰基础等方面，将五台山文殊道场的地位表述得更加具有权威性和不容置疑性。

三、统治者的政治支持是五台山文殊道场形成的必要条件

　　唐代，五台山能够成为文殊菩萨的道场，其中一个必要的条件是来自于皇室政权对其的支持。

　　据《古清凉传》载，北齐时期，因大力发展佛教，"此中伽蓝，数过二百，又割八州之税，以供山众衣药之资焉。"① 北周灭北齐后，形成了不利于五台山的政治局势，五台山佛寺遭受到了严重的摧毁，② 所谓"罕有仆存者"。③ 这一状况一直持续到隋朝，隋文帝即位后下召"周朝废寺，咸与修营。境内之人任听出家，仍令户口出钱，建立经像"。④《古清凉传》亦云"昔有大隋开运，正教重兴，凡是伽蓝，并任复修"，⑤ 五台山佛教重新得到统治者的支持。据载"开皇伊始，广树仁祠，有僧行处，皆为立寺"。⑥ 此外，文帝又诏"于诸州名山之下，各置僧寺一所，并赐庄田"，⑦ 一般认为五台山应当也在其内。⑧《清凉山志》有关于五台山的明确记载："大隋（文帝）开皇元年（581 年）下诏，五顶各置寺一所，设文殊像各度僧三人，令

---

① （唐）慧祥，《古清凉传》卷上，《古今胜迹三》，《大正藏》第 51 册，第 1094 页。
② 〔日〕镰田茂雄著、关世谦译，《中国佛教通史》第 3 册，高雄：佛光出版社，1986年，第 471 页。
③ 《古清凉传》卷上，《古今胜迹三》，《大正藏》第 51 册，第 1094 页。
④ （宋）志盘撰，《佛祖统记》，卷 39，《法运通塞志第十七之六》，《大正藏》第 49册，第 359 页。
⑤ 《古清凉传》卷上，《古今胜迹三》，《大正藏》第 51 册，第 1095 页。
⑥ （唐）道宣，《续高僧传》，卷 15《总论》，北京：中华书局，2014 年，第 549 页。
⑦ （明）觉岸编，《释氏稽古略》，卷 2，《高祖文帝》，《大正藏》第 49 册，第 809 页。
⑧ 张映莹，《中国历代皇帝对五台山佛寺的扶植》，《文物世界》，2009 年第 2 期。

事焚修。"① 说明隋文帝不仅在国家层面上大力提倡佛教，而且具体到五台山也是鼎力支持，这就提供了五台山文殊信仰发展的政治环境与条件。

唐代是五台山成为文殊道场的关键时期，与统治者的支持密不可分。唐高祖起兵于太原而有天下，故传闻唐太宗视五台山是"文殊閟宅"，为"祖宗植德之所，尤当建寺度僧"，并于贞观九年（635年）于五台山"建寺十所，度僧百数"。② 高宗也于显庆元年（656年）十月，在"五台等圣道场地僧寺，不得敛税"等。③ 从上述记载可以看出，初唐几位帝王对五台山的发展是持积极态度的，在寺庙建制、经济等方面给予一定的优待。对这一问题，日本学者井上以智为有不同的看法，他认为初唐时期并未见到五台山佛教有任何积极发展的证据，太宗对五台山的优待仍是有疑问的。包括高宗期间，《古清凉传》所载的寺院也仅有七寺，且非唐代所创建。至于寺塔的修缮，可说唐帝国建国四十多年以来，只见于高宗龙朔二年（662年）有一次修缮的记事，其他寺院仍多维持现状，表现五台山佛教在此阶段"不振"的情形。④ 我国台湾学者也因此认为自隋统一至唐高宗前期，五台山尚未受到君主的重视。⑤ 笔者认为，初唐三位帝王不仅给予了五台山大力发展的政策支持，而且在经济层面也有明确的扶持意向，从历代不同帝王对佛教的所作所为总体进行比较，对五台山文殊道场的形成起到了一定的积极作用，因此，来自唐高祖、太宗及高宗前期的力量不容忽视。

高宗中期以后，因武则天的极力提倡，五台山佛教发展迅速，为文殊道场的形成奠定了重要基础。唐高宗龙朔年中（661—663年），敕令西京会昌

---

① （明）镇澄撰，《清凉山志》，太原：山西教育出版社，1991年，卷4，《第五帝王崇建》，第67页。

② （明）镇澄撰，《清凉山志》卷四，《第五帝王崇建》，太原：山西教育出版社，1991年，第68页。

③ （明）镇澄撰，《清凉山志》卷四，《第五帝王崇建》，太原：山西教育出版社，1991年，第68页。

④ 井上以智为，《唐代に于ける五台山の佛教（上）》，《历史と地理》，1928年第5号，第528页。

⑤ 林韵柔，《五台山与文殊道场：中古佛教圣山信仰的形成与发展》，台北：台湾大学历史学研究所博士学位论文，2009年。

寺沙门会赜，与内侍掌扇张行弘等人，前往清凉山察访圣迹①，是唐代第一次由皇帝亲自派遣巡礼五台山。② 并且，又敕令会赜修理五台山寺塔及大孚寺"文殊故像"，由皇帝供应财帛及吏力二十余人。③ 会赜等人接受朝廷命令，亲眼目睹佳兆祥瑞，详细报奏，得到圣旨赞扬，于是"清凉圣迹，益听京畿，文殊宝化，昭扬道路"。慧祥谓此乃"国君之力"，并赞扬"千载之后，知圣后之所志焉"。会赜又以画师张公荣所绘五台山图作为小帐幕，并述传记一卷"广行三辅"。④ 在帝王支持下对五台山的朝拜不仅仅表现为行动本身，更主要的是活动完成后，朝拜者以文字和图画的形式对五台山文殊圣迹广为宣传，同时上行下效，文殊信仰开始普及社会各阶层。例如，其后就有长安大慈恩寺窥基率领五百多人前往巡礼，以及来自各地高僧、信众、长官等亦皆上山祈请文殊菩萨。

高宗不仅支持本国僧众登台朝拜，对来自异域的朝拜五台山的僧人同样大力支持，如西域梵僧释迦蜜多罗，于高宗麟德年中（664—665年）来到汉土，说要到清凉山礼拜文殊菩萨。不仅得到了高宗的准许，而且还供给他所需的物资与人力，共派遣道俗共五十余人陪同。⑤ 对西域僧人的支持，实质是对五台山的支持，客观上对文殊信仰的广泛传播以及五台山文殊道场的形成起了推波助澜的作用。

此外，高宗当政期间，实际政务很大程度上受到武后的直接影响甚或参与，高宗"自显庆以后，多苦风疾，百官表奏，皆委天后详决。自此内辅国政数十年，威势与帝无异，当时称为'二圣'"。⑥ 而武则天不管是出于争夺皇位的需要还是出于巩固帝位正当性与神圣性的需要，一直对佛教持支持态

---

① 《古清凉传》卷下，《游礼感通四》，《大正藏》第51册，第1098页。

② 李海波，《唐代文殊信仰兴盛的政治背景》，《西北大学学报》（哲学社会科学版），2004年第1期。杨曾文，《唐宋文殊菩萨信仰和五台山》，《五台山信仰》，1990年第1期。

③ （唐）道宣撰，《集神州三宝感通录》卷中，《大正藏》第52册，第422页。《古清凉传》，卷下，《游礼感通四》，《大正藏》第51册，第1098页。

④ 《古清凉传》卷下，《游礼感通四》，《大正藏》第51册，第1098页。

⑤ 《古清凉传》卷下，《游礼感通四》，《大正藏》第51册，第1098页。

⑥ （后晋）刘昫，《旧唐书》卷6《则天皇后》，北京：中华书局，1975年，第33页。

度，具体到五台山同样如此。如圆仁《行记》载，中台台顶有三铁塔，"中间一塔四角，一丈高许。在两边者团圆，并高八尺许。武婆天子镇五台所建也"。① 北台有"则天铁塔，多有石塔围绕"。② 东台有"则天铁塔二基，体共诸台者同也"。③ 可见，武则天在五台山修建了为数甚多的佛塔，这是对五台山佛教支持的重要物化标识。《广清凉传》《清凉山志》的记载则从政策支持层面，讲述了武则天对于五台山的支持：

> 长安二年五月十五日，建安王仕并州长史，奏重修葺。敕大德感法师，亲谒五台山，以七月二十日，登台之顶。僧俗一千余人，同见五色云中，现佛手相，白狐白鹿，驯狎于前。梵响随风，流亮山谷。异香芬馥，远近袭人。又见大僧，身紫金色，面前而立。复见菩萨，身带璎珞，西峰出现。法师乃图画闻奏。帝大悦，遂封法师昌平县开国公，食邑一千户，请充清禅〔凉〕寺主，掌京国僧尼事。仍敕左庶子侯知一、御史大夫魏元忠，命工琢玉御容，入五台山，礼拜菩萨。至长安三载，送向清凉山安置。于是倾国僧尼，奏乞送之。帝不许，以雁门地连獯犹，但留御容于太原崇福寺大殿，中间供养，于五台山，造塔建碑，设斋供养。是知真境菩萨所居，帝王日万机之务，犹造玉身，来礼大圣，矧余凡庶，岂不从风！④

通过上述资料可见，对于奉敕登台且目睹菩萨容颜的法师，武则天大加封赏，并令其"掌京国僧尼事"，而且通过不同的方式表达贵为帝王的自身对文殊的膜拜，上行下效，对于朝野上下起了很好的引领作用，再次助推了五台山文殊道场的形成。所谓"由斯灵瑞，台山复兴"⑤ 大概即是指此吧。

在此大背景之下，皇室对五台山文殊信仰也极力宣扬和肯定。唐代皇帝中第一个派人到五台山巡礼文殊者是唐高宗。据《佛祖统纪》卷三十九和

① 〔日〕圆仁著、白化文等校注，《入唐求法巡礼行记校注》卷3，《开成五年五月廿日条》，石家庄：花山文艺出版社，2007年，第286页。
② 《入唐求法巡礼行记校注》卷3，《开成五年五月廿一日条》，第290页。
③ 《入唐求法巡礼行记校注》卷3，《开成五年五月廿二日条》，第292页
④ 《广清凉传》卷上，《释五台诸寺方所七》，《大正藏》第51册，第1107页。
⑤ 《广清凉传》卷上，《五台境界寺名圣迹六》，《大正藏》第51册，第1106页。

《古清凉传》记载，龙朔二年（662年）高宗派西京会昌寺沙门会赜与内侍张行弘等往清凉山检行圣迹。会赜到了五台县带领吕玄览、画师张公荣等十余人进山，在大孚寺东堂修造了文殊像，回京后把所见闻到的神异景象奏闻皇帝。"于是，清凉圣迹益听京畿，文殊宝化昭扬道路"。① 会赜又画出五台山地图，述《略传》一卷，流传于京城一带。自此，文殊信仰普及到社会各个阶层，《古清凉传》作者慧祥认为此乃"国君之力也"。② 麟德元年（664年），高宗又派会赜等人到五台山送袈裟，并向诸台灵迹供养③，引发了僧俗竞相朝拜圣地、礼拜文殊的热潮。于是，在广大信众的心目中，文殊由高高在上的菩萨变成心诚即可见到的圣者。

武则天即位后特地派人迎请于阗国的高僧实叉难陀入京，译出新本《华严经》八十卷，并支持法藏宣传《华严经》教义，创立华严宗，还诏令菩提流志等翻译了多部密教经典，提倡文殊信仰，其中《佛说文殊师利法宝藏经》不仅直言"清凉山"就是五台山，还给文殊信仰增添了护国作用，使武则天更加推崇文殊菩萨。并且她本人也是祖籍山西并州，因此就有长安二年（702年）武则天派法师德感赴五台山礼谒文殊。德感"登台之顶，僧俗一千余人同见五色云中现佛手相，白狐白鹿驯押于前"④，"又见大僧身紫金色，面前而立，复见菩萨，身带璎珞，西峰出现"⑤，德感法师遂将巡礼所见绘成图画奏上。武则天认为是文殊显圣，十分高兴，封德感为昌平县开国公，食邑一千户，又命人雕造玉文殊像，第二年派人送往五台山清凉寺，后来安置到太原崇福寺，而改在五台山造塔建碑。⑥ 国家统治者如此行事，对全国必然会有很大的影响。"帝王日理万机之务，犹造玉身，来礼大圣。洲余凡庶，岂不从风，一游净域"⑦。很明显，武则天对文殊信仰起到大力助推的作用。

---

① （唐）慧祥，《古清凉传》卷下《游礼感通》，《大正藏》第51册，第1098页。
② （唐）慧祥，《古清凉传》卷下《游礼感通》，《大正藏》第51册，第1098页。
③ （唐）法藏，《华严经传记》卷四，《大正减》第51册，第169页。
④ （宋）延一，《广清凉传》卷上，《大正藏》第51册，第1107页。
⑤ （宋）延一，《广清凉传》卷上，《大正藏》第51册，第1107页。
⑥ （宋）延一，《广清凉传》卷上，《大正藏》第51册，第1107页。
⑦ （宋）延一，《广清凉传》卷上，《大正藏》第51册，第1107页。

　　代宗时期，将文殊信仰推行到全国，这一时期文殊类密典大量译出，而且大都带有护国色彩。以《佛说文殊师利法宝藏陀罗尼经》为例，其中提到，若君主奉行文殊法，会得到不可思议的功德：

　　　　文殊师利法藏中有真实法、最殊胜法、无有比法，能为众生作如意宝，能令国土十善勤化，若国王行十善者，国王所作悉皆圆满。此八字大威德陀罗尼者，乃往过去无量百千恒河沙诸佛所说，为拥护一切行十善国王，令得如意，寿命长远，福德果报无比遗胜，诸方兵甲悉皆休息，国土安宁，王之所有常得增长。①

　　在护国思想的影响下，永泰元年（765 年）吐蕃入侵，兵至京畿，代宗不是临朝指挥，而是潜身寺庙，念经祈祷。从中可见代宗对佛教之虔诚。

　　总而言之，唐代统治者的支持为五台山文殊道场的形成构建了宽松、良好的社会和政治环境，使其具有了神圣的权威性和不容置疑性，并随着文殊信仰的不断普及而深入人心，这是五台山文殊道场形成、发展的重要政治力量。

四、佛教各宗派的鼎力扶植是五台山文殊道场形成的内部力量

　　唐时佛教繁盛的鲜明标志之一，是宗派林立、义学发达。五台山文殊道场的形成离不开佛教内部各派的支持。事实上，由于各宗各派也希望通过五台山寻求更大的发展空间，而要实现这一步，其自身对文殊信仰的融涵也是关键之点，所以唐代在客观上形成了各宗派合力扶植五台山的态势，这是五台山文殊道场形成的重要内部力量。

　　1. 密宗

　　密宗源自大乘佛教，这一宗派在推动五台山文殊道场的形成上，作用举足轻重。相关的推动具体体现在密宗几位代表性僧人的活动上。

　　首先，始自佛陀波利。佛陀波利本为北印度罽宾国人，但他不远万里奔赴五台山朝拜文殊菩萨。《宋高僧传》对此有详细记载：

————————————

　　① （唐）菩提流志，《文殊师利法宝藏陀罗尼经》，《大正藏》第 20 册，第 793 页．

闻文殊师利在清凉山，远涉流沙，躬来礼谒。以天皇仪凤元年（676 年）丙子杖锡五台，虔诚礼拜，悲泣雨泪，冀睹圣容。倏焉见一老翁从山而出，作婆罗门语，谓波利曰："师何所求那？"波利答曰："闻文殊大士隐迹此山，从印度来欲心瞻礼。"翁曰："师从彼国将《佛顶尊胜陀罗尼经》来否？此土众生多造诸罪，出家之辈亦多所犯。佛顶神咒除罪秘方，若不赍经，徒来何益？纵见文殊，亦何能识？师可还西国取彼经来流传此土，即是遍奉众圣，广利群生，拯接幽冥，报诸佛恩也。师取经来至，弟子当示文殊居处。"波利闻已，不胜喜跃，裁抑悲泪，向山更礼。举头之顷，不见老人。波利惊愕，倍增虔恪，遂返本国取得经回。①

此段文字记述得非常清晰，佛陀波利在武则天时期来到五台山，此番来山的目的完全是为朝拜文殊菩萨，希望能够一睹圣容。最终他的这一愿望不仅实现，而且还得到了文殊对他的教诲，希望他能够将印度的《佛顶尊胜陀罗尼经》带到此地进行传播。这一记载有如下一些线索需理清：

首先，文殊菩萨在密宗神系中的地位应当很高。从佛陀波利千里迢迢朝拜文殊可得到明示。事实上，在佛经的相关记载中，文殊不仅是密宗供奉的主尊之一，也被奉为该宗的祖师。② 在密宗最为重要的大悲曼荼罗中，文殊的曼荼罗亦列其中，《两部大法相承师资付法记》云：

> 大曼荼罗安于八叶莲华台，五佛四菩萨安于台叶中。曼荼罗外，又三种曼荼罗：一，一切如来曼荼罗；二，释迦牟尼曼荼罗；三，文殊师利曼荼罗，总名为大悲胎藏曼荼罗。弟子受灌顶法，少曼荼罗极微细委曲余部所不代。③

文殊与密宗的关系如此的密切，可以说，信仰者对密宗自身的扩展，便意味着对文殊的推广，二者是一个整体。

其次，佛陀波利的见闻神话不仅为文殊在五台山提供了活的依据，使其

---

① （宋）赞宁撰、范祥雍点校，《宋高僧传》，北京：中华书局，1987 年，第 28 页。
② （唐）海云，《两部大法相承帅资付法记》卷上，《大正藏》第 51 册，第 786 页。
③ 《大正藏》第 51 册，第 786 页。

在僧俗间广为传颂，而且使文殊信仰借助《佛顶尊胜陀罗尼经》的盛行进一步扩展了传播的范围和深度。作为密宗的重要代表性人物，佛陀波利亲见文殊在五台山显圣，这对于密宗信众当产生无上的示范效应，也更增加了五台山为文殊道场的不容置疑性。

另外，武则天时期，佛顶尊胜陀罗尼经咒在中土已经较为盛行，如龙门石窟中有相关经文。① 后来到大历十一年（776年），代宗下诏天下僧尼一月内背诵精熟此咒，每日诵二十一遍，每年至正月初一进上所诵遍数。敦煌遗经中共有《佛顶尊胜陀罗尼》经、咒、序共118篇，尊胜经咒的流行必然带动文殊信仰主体对象的扩大，由士大夫和义学僧人扩展至平民大众。可以说，这是文殊信仰社会化过程中的一个很重要的里程碑。

密宗的重要代表性人物，开元三大士善无畏、金刚智和不空也强化了五台山文殊道场的形成。

善无畏是中印度摩伽陀国人，甘露王的后裔，十三岁继承焉荼国王位，后出家，向达摩掬多学习密法，是密宗胎藏界教法的祖师。玄宗开元四年（716年）到达长安，译有《大毗卢遮那成佛神变加持经》亦称《毗卢遮那成佛经》。因"大毗卢遮那"意为"大日"，故也称《大日经》。据佛教传说，此经是大日如来在金刚法界宫为金刚手秘密主等所说。在此经中，文殊不仅更加智慧，而且家族扩大了，出现了文殊五使者。《大日经疏》卷五中说：

> 文殊五使者，一名髻设尼，二名优波髻设尼，三名质多罗，四名地慧，五名请召，于妙吉祥左右次第列之，盖各持文殊一智也。髻设尼是发端严义；邹波是其亚者，文殊以五髻微表五智，故此使者，亦以美发为名；质多罗是杂色义。其五使者下，各作一奉教者，皆跪向使者，如承受音告之形，悉是文殊三昧。②

文殊五使者的出现，实际是在进一步升华文殊的神圣性，文殊的形象更加丰满，职能更加全面。

---

① 宿白，《敦煌莫高窟密教遗迹札记》（上），《文物》1989年第9期。
② （唐）一行，《大毗卢遮那成佛经疏》卷五，《大正藏》第39册，第635页。

与此经同时译出《大毗卢遮那经供养次第法疏》中称，此供养法也是文殊菩萨显灵赐授而获得的，其文曰：

> 此《供养法》忽现空中，金字炳燃。和上一遍略读，分明记着。仰空曰："谁所造也？"，云："我造也。"云："谁我也？"云："我是文殊师利也。"即唤书人遂便写取即与其王一本，自写一本，随行将行，流通四方也。①

这样的记载很鲜明地反映出善无畏对文殊菩萨的景仰与推崇之心。以密宗的名义强力助推文殊信仰的普及，此种力量是非常强大的。

金刚智是南印度人，十岁出家，精通显、密教典，专修密法，因应南天竺国王之请，到中国传法。据吕向《金刚智行记》记载，他来中国是因为观音菩萨化现指点他去礼谒文殊师利菩萨，《行记》曰：

> 其后南天三年亢旱，其王捺罗僧伽补多鞾摩遣使迎请和上，于自宫中建灌顶道场请雨。其时甘泽流澍，王臣欣庆，遂为和上造寺安置，经余三载。国南近海有观自在菩萨寺，门侧有尼枸陀树，先已枯槁。和上七日断食行道，树再滋茂。菩萨应现而作是言："汝之所学今已成就，可往师子国瞻礼佛牙，登楞伽山礼拜佛迹，回来可往中国礼谒文殊师利菩萨。彼国于汝有缘，宜往传教济度群生"。闻是语已不胜忻慰。②

金刚智在从南天竺启程向中国出发时，"向东礼文殊，西礼观世音菩萨"。③ 上述记载可见，相比善无畏，金刚智对于文殊菩萨的景仰之情略微有所降低，但由也是密宗的重要代表性人物亲临五台山礼拜文殊，故对五台山文殊道场的形成产生的力量也是正向的。

到不空及其弟子时，密宗对文殊的助推达到了鼎盛期，文殊由一地域性显明的菩萨信仰和寺院为主的信仰形态，扩展至全国范围并深入民间。可以

---

① 《大正藏》第 39 册，第 790 页。
② ［唐］吕向，《金刚智行记》，《贞元新定释教目录》，《大正藏》第 55 册，第 875 页。
③ ［唐］吕向，《金刚智行记》，《贞元新定释教目录》，《大正藏》第 55 册，第 875 页。

说，不仅使五台山文殊道场的地位更加巩固，而且由于文殊信仰在全国范围的推行，五台山一度成为全国的佛教文化中心。不空及其弟子的助推行为主要表现在以下几个方面：

第一，大量传译文殊类典籍。

不空前后共译经 111 部、140 卷。① 其中文殊类经典有 22 部，其中大乘显教经典四部：《文殊问经字母品》一卷，《大圣文殊师利菩萨功德庄严经》三卷，《文殊赞法身礼》一卷，《普贤菩萨行愿赞》（同于《文殊发愿经》）一卷；金刚顶经类三部：《金刚顶瑜伽文殊师利菩萨经》一卷，经内又题《金刚顶瑜伽文殊师利菩萨仪轨供养法》一品、《金刚顶超胜三界经说文殊五字真言胜相》一卷、《五字陀罗尼颂》一卷；由瑜伽法改编的经法系密典十一部：《大乘瑜伽性海曼殊室千臂千钵大教王经》十卷、《曼殊室利童子五字瑜伽法》一卷、《大乘方广曼殊室利菩萨华严本教阎曼德迦忿怒王真言大威德仪轨品》一卷；持明密典二部：《文殊师利菩萨根本大教王经金翅鸟王品》一卷、《佛说大方广曼殊室利经》一卷；陀罗尼密典三部：《文殊师利菩萨及诸仙所说吉凶时日善恶宿曜经》及仪轨二卷。文殊类经籍的大量翻译、传颂是文殊信仰扩展的重要理论基础。更主要的是，部分经文内容亦直接和五台山相关。如"复有百亿五顶山金色净土，其中亦见百亿曼殊室利，有百万亿菩萨众当自围绕。"② 五顶山即指五台山，直接在经文中指明文殊所在道场为五台山。

第二，为现实政权服务，加强文殊信仰在政界的地位。

除武宗外，唐代帝王对五台山基本都较为支持。但由于唐时佛教大发展，各宗各派都希望借助皇权扩展本宗，因此，五台山文殊道场的形成想要得到皇权的支持，首先必须强化自身在政界的地位，不空及其弟子就巧妙地将五台山、文殊、皇室与密宗联系在一起，通过一系列活动，最终取得了多赢的结果。

---

① 吕建福，《中国密教史》，北京：中国社会科学出版社，1995 年，第 265 页。
② （唐）不空，《大乘瑜伽金刚性海曼殊室利千臂千钵大教王经》卷 5，《大正藏》第 20 册，第 748 页。

不空在五台山的活动从建寺立坛开始，继以各种功德法会，这些活动都以文殊菩萨为崇信的核心。密宗在五台山先后营建了金阁寺、玉华寺两个钦定寺院和六处普通供养舍、一处停止院。其中不空奏请修建的金阁寺最具代表性。据不空《请舍衣钵助僧道环修金阁寺表》载，开元二十四年（736年）衢州僧道义曾在五台山见文殊圣迹寺，庄严清净，号金阁院，当时曾图画一本送入朝廷。后泽州僧道环入五台送供，发愿依图造金阁寺。不空遂"愿舍衣钵随助道环建立盛事"[1]，并请求代宗及百僚赞助。他上表鼓动道：

> 夫以文殊圣迹圣者为主，结构金阁非陛下而谁？栋梁者大厦是依，股肱者元首所托，共成一体，和协万邦。金阁斯崇，则何以表君臣之美，以光金阁之大也！[2]

于是，大历元年"蒙敕置金阁寺，宣十节度助缘"[3] "缙为宰相，给中书符牒，令山僧数十人分行郡县，聚徒讲说，以求货利"。[4] 在政权的支持下，修建寺庙的资金也通过僧人分行郡县得以解决。金阁寺从大历元年（766年）开始建造，由不空弟子含光检校，那烂陀寺纯陀及西域僧道仙、法达设计，历时五年完工。《旧唐书·王缙传》载："五台山有寺金阁，铸铜为瓦，涂金于上，照耀山谷，计钱巨亿万。"[5] 圆仁《入唐求法巡礼行记》中形容金阁寺："阁九间，高百余尺，壁檐椽柱，无处不画，内外庄严，尽世珍异。"[6] 足见当时的金阁寺金碧辉煌、雄宏伟岸的壮观景象，超然于五台诸寺之上。在建造金阁寺的同时，不空又上表建造玉华寺，大历三年（768年）十一月，代宗敕当寺上座行满准金阁例检校营造。大历四年（769年）

---

① （唐）圆照，《代宗朝赠司空大辨正广智三藏和上表制集》卷2，《大正藏》52册，第834页。

② （唐）圆照，《代宗朝赠司空大辨正广智三藏和上表制集》卷2，《大正藏》52册，第834页。

③ （宋）赞宁撰、范祥雍点校，《宋高僧传》，北京：中华书局，1987年，第9页。

④ （后晋）刘昫等，《旧唐书》卷118《王缙传》，北京：中华书局，975年，第3416页。

⑤ （后晋）刘昫等，《旧唐书》卷118《王缙传》，北京：中华书局，975年，第3416页。

⑥ 〔日〕圆仁著、白化文校注，《入唐求法巡礼行记校注》卷3，石家庄：华山文艺出版社，2007年，第126页。

不空又奏请光天寺东塔院充五台山往来停止。

上述寺院建成后，迅速成为传播文殊法门、宣传文殊信仰的一个重要基地。据圆仁《巡礼行记》卷三记载，三层九间金阁中，第一层即文殊大殿，"开金阁，礼大圣文殊，菩萨骑青毛狮子圣像，金色颜貌，端严不可比喻"。① 其余两层是典型的密宗道场。尽管不空建寺的最初目的很可能主要是扩展密宗影响，但其手段是借助宣扬文殊而进行的，因此，文殊信仰在此过程中得到了迅速扩展。另外，最主要的是，金阁寺一建成，不空就把它奏请为镇国道场，为现实政权服务，此举既讨好了皇权、又宣扬了密宗，也加强了文殊信仰在政界的地位，可谓一举多得。

不空在营建寺院的同时，又在五台山及太原等地举行一系列宗教活动，使文殊信仰盛极一时。大历五年（770年），不空因"大圣文殊师利菩萨今镇在台山，福滋兆庶"② 而亲往五台山巡礼。不空位居帝师，官拜肃国公，在五台山及太原设斋修功德，举办文殊法会，备受代宗敬遇，在全国的影响可想而知。七月五日不空先至太原设该地区空前的万人斋，代宗敕"取太原府诸钱物，准数抵供，勿使缺少。"③ 十三日又于太原至德寺置文殊师利菩萨院"抽三学大德二七人，递弘本教，以续法灯，仍请道宪法师于此寺长时讲说"④ 讲述内容势必与文殊经法相关。同日代宗写给不空亲笔诏书曰：

> 大广智三藏和上久修定慧，早契瑜伽，远访灵山，躬祈圣道，至灵必应，玄感遂通，青莲喻心，了证斯在，秋景余热，善加珍卫也。⑤

不空自太原至五台山，九月四日代宗又赐手诏慰问：

---

① 〔日〕圆仁著、白话文校注，《入唐求法巡礼行记校注》卷三，石家庄：华山文艺出版社，2007年，第126页。

② （唐）圆照，《代宗朝赠司空大辨正广智三藏和上表制集》卷二，《大正藏》第52册，第837页。

③ （唐）圆照，《代宗朝赠司空大辨正广智三藏和上表制集》卷二，《大正藏》第52册，第837页。

④ （唐）圆照，《代宗朝赠司空大辨正广智三藏和上表制集》卷二，《大正藏》第52册，第837页。

⑤ （唐）圆照，《代宗朝赠司空大辨正广智三藏和上表制集》卷二，《大正藏》第52册，第837页。

　　　　大广智三藏和上，深契道源，远寻灵迹。慈悲妙力，当示真宗。五
　　　　蕴既空，如如斯在。秋冷，和上比平安好。①

　　足见文殊圣迹在政界的地位是较高的。不空之后，其弟子仍在五台山围
绕文殊菩萨进行修行活动②，进一步巩固了五台山文殊道场的地位。

　　文殊圣迹之所以在政界地位较高，与其具有的护国思想有一定关联。在
不空作的《仁王经念诵仪轨》中，文殊菩萨依法轮现身为西方金刚利菩萨，
依大悲心化现六足金刚，是护国五大菩萨之一。代宗在位时，正当国难之
时，文殊菩萨具有的护国功能无疑助推了其地位的提升。

　　第三，将文殊信仰推广到全国各地寺院。

　　在不空之前，中国寺院中没有专设的文殊院，不空开创了这一先河。他
认为"文殊圣者，即诸佛祖师。大悲弘愿，不取正觉。大乘引导，利乐无
期。昔释迦如来先有悬记。一乘典语，兴在中华""拯生入于三界，镇毒龙
于五峰。慈悲道深，弘济功远。故令释众同此归依。"③ 于是奏请代宗，于大
历二年（767 年）在五台山清凉寺令弟子含光建造大圣文殊阁，其后在太原
至德寺建第二座。大历七年（772 年）不空奏请京城及天下寺院敕置文殊师
利菩萨院。代宗特"敕京城及天下僧尼寺内，各拣一胜处，置大圣文殊师利
菩萨院，仍各委本州府长官即旬当修葺，并塑文殊像装饰彩画，功毕，各画
图其状闻奏，不得更于寺外别造。"④ 不空随即承上谢表一首，顺应代宗心
理，称赞代宗："惟圣作法，其德动天，泽润生灵，悬之日月。"⑤ 认为代宗
"开法王之玄造，辟非常之福田，建文殊真容，使普天瞻仰，在于缁侣光兴

---

① （唐）圆照，《代宗朝赠司空大辨正广智三藏和上表制集》卷二，《大正藏》第 52
　　册，第 837 页。
② （唐）圆照，《代宗朝赠司空大辨正广智三藏和上表制集》卷三，《大正藏》第 52
　　册，第 840 页。
③ （唐）圆照，《代宗朝赠司空大辨正广智三藏和上表制集》卷三，《大正藏》第 52
　　册，第 842 页。
④ （唐）圆照，《代宗朝赠司空大辨正广智三藏和上表制集》卷三，《大正藏》第 52
　　册，第 841 页。
⑤ （唐）圆照，《代宗朝赠司空大辨正广智三藏和上表制集》卷三，《大正藏》第 52
　　册，第 841 页。

尤深"，① 进一步在皇上心中强化文殊的地位。大历八年（773年），不空奏请于大兴善寺营建文殊院。代宗亲为阁主，贵妃、韩王、华阳公主等纷纷出资捐助。上梁之日，代宗特赐千僧斋饭，并为上梁赐了许多钱物，据称，"中使相继于道路，饭食盈溢于街衢，御膳珍羞悉饱大会，天厨汤茗普洽士庶"。如此盛况，正如不空所美言："自佛法东来，向欲千载，古之王者岂不修福，弘益广大，实未有如今之皇上。"② 文殊阁建成后，代宗又亲赐八分金书"大圣文殊镇国之阁"额。自此唐代建寺必设文殊阁院，至宋代仍依例而设。

大历四年（769年）十二月，不空奏请"令天下食堂中于宾头卢上特置文殊师利形象为上座"，他认为，"询诸圣典具有明文"，"斯乃天竺国皆然，非僧等鄙见，仍请永为恒式。"③ 在这一改制当中，观音与普贤都成了文殊的侍者，"普贤、观音犹执拂而为侍，声闻缘觉护持而居后。"④ 自此中国寺院僧堂改置文殊形象，大大提高了文殊的地位。按法藏《梵网经疏》记载，"西国诸小乘寺以宾头卢为上座，诸大乘寺以文殊师利为上座。"不空并未以褒大贬小为由，而以"天竺国皆然"而奏请设置，其目的在于提高文殊在佛教庞大的佛、菩萨信仰系统中的地位。

自大历年间起，由于密宗的推崇，文殊信仰在天下寺院推广开来，成为民众的普遍信仰。这不仅是对文殊信仰的普及，更主要的是在普及的过程中，在信众的信仰世界深深地耕植了一种五台山是文殊道场的观念，这对于五台山成为文殊信仰的中心，成为其时的佛教中心，影响极为深远

2. 华严宗

华严宗以《华严经》为根本经典，《华严经》早期的流布促进了文殊信

---

① （唐）圆照，《代宗朝赠司空大辨正广智三藏和上表制集》卷三，《大正藏》第52册，第841页。

② （唐）圆照，《代宗朝赠司空大辨正广智三藏和上表制集》卷3，《大正藏》第52册，第843页。

③ （唐）圆照，《代宗朝赠司空大辨正广智三藏和上表制集》卷2，《大正藏》第52册，第837页。

④ （唐）圆照，《代宗朝赠司空大辨正广智三藏和上表制集》卷2，《大正藏》第52册，第837页。

仰的发展。到了唐代，华严学者继续为文殊信仰的普及与深入而努力。

文殊在《华严经》中居众菩萨之首，"持佛威神"① 负责提出问题，讲述教义，具有代佛宣言的身份，因而文殊菩萨在华严宗的地位举足轻重。因此，《华严经》在中国的广泛传播对文殊信仰的广泛、深入普及起到了至关重要的作用。

《华严经》卷二十九《菩萨住处品》第二十七中说：

> 东北方有菩萨住处，名清凉山。过去诸菩萨常于中住，彼现有菩萨，名文殊师利，有一万菩萨眷属，常为说法。②

此条记载明确指出，"清凉山"为文殊菩萨的住处。不仅如此，在方位上，表达得很清楚，是在东北方。这样，就将早期清凉山有可能在西北雪山的看法进行了更正。之后，法藏在《华严经探玄记》《华严经传记》中明确指出雁门郡的五台山就是《华严经》中之清凉山，为文殊显化的灵境。他说："清凉山则是代州五台山也，于中现有古清凉寺。从冬夏积雪，故以为名。此山及文殊灵应等，有传记三卷。"③ 文殊菩萨的驻地毫无疑问是五台山，这一点得到了华严学派著名学者的一再肯定，使五台山在信众的信仰世界地位更加稳固，也使得文殊信仰开始借助于道场这一实在载体而走向民间。

华严学至唐代得到皇室的推崇，法藏也受到武则天的赏识地位较高，这非常有助于文殊菩萨提高地位与广泛流传。

此后，华严宗四祖澄观在法藏的基础上对文殊信仰又有所发展。他于大历十一年（776 年）亲到五台山"一一巡礼，祥瑞愈繁。"④ 将文殊菩萨在五台山的种种化现、祥瑞进行宣传，进一步将五台山神化。后来他住锡五台山大华严寺，应邀讲《华严经》。据《法界宗五祖略记》记载，澄观每次讲到《菩萨住处品》时，必定"审文殊随事，观照五顶。"也即从华严学者、宗派

---

① 见早期华严经典，后汉支娄伽谶译，《佛说兜沙经》，《大正藏》第 10 册，第 445 页。
② 《大正藏》第 9 册，第 590 页。
③ （唐）法藏，《华严经探玄记》卷五，《大正藏》第 35 册，第 391 页。
④ （宋）延一，《广清凉传》卷下，《大正藏》第 51 册，第 1120 页。

的角度对五台山文殊信仰进行强力推动。

此外，澄观还通过种种行为不断宣扬文殊，如他撰写《大华严经疏》时挑选文殊圣诞日作为开工之日。在他的《华严经略策》中，专门写有《文殊祖师》，对文殊菩萨及其道场五台山做了全面的说明。在《大方广佛华严经疏》卷十三中说，文殊"体含万德，降魔制外，通辨难思，化满尘方，用周三际，道成先劫，已成龙钟尊王，现证菩提，复曰摩尼宝积，实为三世佛母"。① 同书卷五十五讨论文殊、普贤的意义，认为文殊代表"能信之心""能起之解"② 以及能证得佛境的大智慧。卷四十七更明确说："清凉山，即代州雁门郡五台山也。于中现有清凉寺，以岁积坚冰，夏乃飞雪，曾无炎暑，故曰清凉"。③ 很显然，这是对五台山文殊信仰的极力宣扬。他还将《大日经疏》对五髻文殊的解释比附五台山之五顶，即以五台表文殊之"五智已圆，五眼已净，总五部之真秘，洞五阴之真源。故首戴五佛之冠，顶分五方之髻，运五乘之要，清五浊之灾矣"。④ 此后所著《华严经随疏演义钞》卷七十六对此又详加解释，指出其依据出自《金刚顶瑜伽》，并且直接说五髻文殊就是五台山：

> 当中髻既是中台，表之毗卢遮那佛居，是佛部主，法界清净智，亦佛眼也。其东一髻即是东台，是阿閦佛居，为金刚部主，是大圆镜智，即是慧眼。其南一髻即是南台，宝生如来所居，是宝部主，是平等性智，即是天眼。其西一髻即是西台，阿弥陀如来所居，是莲华部主，即妙观察智，即是法眼。其北一髻即是北台，不空成就如来所居，是羯磨部主，是成所作智，即是肉眼。⑤

将文殊形象巧妙地和五台山的地形地貌进行了结合，一方面对于文殊信仰的中国化、世俗化影响巨大，另一方面将五台山是文殊道场这一论断以直观比附的方式进行宣扬，更加深入人心，也更易使人们理解和接受，五台山

---

① 《大正藏》第35册，第591页。
② 《大正藏》第35册，第918页。
③ 《大正藏》第35册，第859页。
④ 《大正藏》第35册，第859页。
⑤ 《大正藏》第36册，第600页。

与文殊从此成为一个有机整体。不仅如此，因澄观于贞元十五年（799 年）在德宗生日时为德宗讲《华严经》，得赐"清凉国师"之号，此后唐宪宗时又加赐"僧统清凉国师"之号，盛名一时。以他的名声与地位，五台山文殊道场得到皇室的重视便理所当然，而这一点也是五台山文殊道场发展巩固的重要因素之一。

另一位华严高僧释常遇（817—883 年），他于"大中四年（850 年），权锡离燕，孤征朔雪，祁千里，径涉五峰，旨华严寺菩萨堂，瞩文殊容"① 后来"遍游圣境，终始两期"。② 相传他至西台秘魔岩时，见四面雄蝶，执若犹城，青山红崖，翠柏苍松，在青天白日之下，金光四射，灿烂夺目，遂认定是《华严经》说的文殊金色世界。于是，他就结茅以居，后来"道溢西台之巅，名闻三晋之外"。③ 以实际行动诠释了一位华严学者对五台山文殊道场的鼎力支持。

3. 禅宗

禅宗讲求"明心见性"，看重般若空观。文殊在大乘佛教中代表"般若圣智"，所以，禅宗初形成时就推崇文殊信仰。之后，通过阐扬义理、朝拜五台山等方式强化对文殊道场的支持。如：

> 诸人要知，自无疑能与人除疑者。昔世尊在灵山会上说法，有五百比丘，得四禅定，具五神通，未得法忍，以宿命智通，各各自见过去世时，杀父害母及诸重罪，于自心内各各怀疑，于甚深法不能证入。是时，文殊知众疑怖，承佛神力，遂手握利剑，持逼如来。世尊乃谓文殊曰："住住！不应作逆，勿得害吾，吾必被害，为善被害。文殊师利，尔从本已来，无有我人，但以内心见有我人，内心起时我必被害，即名为害。"于是五百比丘自悟本心如梦如幻，于梦幻中无有我人，乃至能

---

① （宋）赞宁撰、范样雍点校，《宋高僧传》卷 21，北京：中华书局，1987 年，第 542 页。

② （宋）赞宁撰、范样雍点校，《宋高僧传》卷 21，北京：中华书局，1987 年，第 542 页。

③ （宋）赞宁撰、范祥雍点校，《宋高僧传》卷 21，北京：中华书局，1987 年，第 542 页。

生所生父母。于是五百比丘同声说揭赞文殊曰："文殊大智士，深达法源底，自手握利剑，特逼如来身。如剑佛亦尔，一相无有二，无相无所生，是中云何杀"。①

这则故事常常被禅宗学者所引用，是为宣扬文殊的智慧、通达，不仅在于以文殊宣禅宗教义，更应该看到的是文殊信仰在禅宗的流布过程中，得到了很好的传播。还有一种看似是讲解修禅的要点，实则已经认可了五台山文殊道场的实际存在性。如：

> 有一般学人，向五台山里求文殊，早错了也。五台山无文殊。尔欲识文殊么，只尔目前用处，始终不异，处处不疑，此个是活文殊；尔一念心无差别光，处处总是真普贤；你一念心自能解缚，随处解脱，此是观音三昧法，互为主伴，出则一时出，一即三，三即一，如是解得始好看教。②

此处记载，最核心的意思恐是讲修佛莫要外求，须从内心入手，文殊等大菩萨实际只是一种心地修行的引导。但在最开始处，即说一般学人，是去五台山求文殊，这实际已经暗含了一种前提，若求文殊，就应到五台山，五台山与文殊菩萨之间已经成为信众信仰世界的统一整体，这样的表述无疑对五台山文殊道场的形成和巩固影响巨大。

此外，禅宗僧人曾大量到五台山，通过朝拜文殊的方式，表达自己的宗教情怀，同时，也间接助力五台山文殊道场的形成，史载：

> 僧问："师曾到五台山否？"师曰："曾到"。僧曰："还见文殊么？"师曰："见"。僧曰："文殊向行者道什么？"师曰："道阇梨父母生在村草里"。③

这亲力亲为到五台山参拜文殊，所起到的示范、引领作用比单纯义理的宣讲更有说服力。在众多朝拜者中，僧无著具有一定的代表性。他于大历二

---

① （宋）蕴闻，《进大慧禅师语录奏札》，《大正藏》第47册，第866页。
② （唐）慈然，《镇州临济慧照禅师语录》，《大正藏》47册，第498－499页。
③ （宋）道原，《景德传灯录》，《大正藏》第51册，第316页。

年（767年）到达五台山，据称看见"化寺"和文殊显化的"寺主"。并与寺主有如下对话："无著曰：'此处佛法如何？'答云：'龙蛇混迹，凡圣同居'。又问：'众有几何？'答云：'前三三与后三三'。无著乃良久无对。"① 这句对话成了后世禅宗的著名公案之一。如《碧岩录》卷四在引了这段公案后，有颂曰"千峰盘屈色如蓝，谁谓文殊是对谈，堪笑清凉多少众，前三三与后三三。"② 此后，据记载，无著在金刚窟前又遇见一位老人，对他说偈曰："若人静坐一须臾，胜造恒沙七宝塔。宝塔毕竟坏微尘，一念净心成正觉。"③ 老人身边的童子也说偈，其中有："心里无镇是真宝，无染无著是真如。"④ 据说此后老人与童子忽然不见，"有白云涌起，须臾遍谷，见文殊菩萨乘大师子，万圣翼从"。⑤ 这一记载很显然具有浓厚的宗教情感，但以禅僧的口吻进行记载，足可以反映出禅僧们对五台山文殊道场不遗余力地宣扬。

4. 净土宗

净土宗奉西方极乐世界的阿弥陀佛为教主，主要经典有《无量寿经》等。净土宗与文殊信仰二者首先在思想上具有相通之处，如《文殊师利发愿经》中记载：

> 愿我命终时，除灭诸障碍，面见阿弥陀，往生安乐国。
> 生彼佛国已，成满诸大愿，阿弥陀如来，现前授我记。
> 严净普贤行，满足文殊愿，尽未来际劫，究竟菩萨行。⑥

《观佛三昧经》亦云："佛记文殊当生极乐世界"等等，这是净土宗助力五台山文殊道场的重要思想基础。净土宗对五台山文殊道场的支持一般是通过僧人到五台山朝拜、宣扬文殊化现、示圣等方式进行的。早在北魏时期，就有净土宗僧人朝拜五台山，如大师昙鸾幼时因家近五台山，便经常登山寻

---

① （宋）延一，《广清凉传》卷中，《大正藏》第51册，第1111页。
② 《大正藏》第48册，第174页。
③ （宋）赞宁撰、范祥雍点校，《宋高僧传》，北京：中华书局，1987年，第509页。
④ （宋）赞宁撰、范祥雍点校，《宋高僧传》，北京：中华书局，1987年，第510页。
⑤ （宋）赞宁撰、范祥雍点校，《宋高僧传》，北京：中华书局，1987年，第509页。
⑥ 《大正藏》第10册，第879页。

访圣迹，史载他"备观遗，心神欢悦，即便出家。"① 昙鸾的出家成为净土僧人与文殊信仰间接相关的一个例证。到唐代法照则直接宣扬五台山文殊菩萨，据说他曾在食钵中见到五台山的现影，此后在衡州湖东寺举办"五会念佛道场院"，又遥见五台山胜景。于是，大历五年（770 年）与同伴十人到达五台山。据称，他在五台山见到化寺"大圣竹林之寺"，还见到文殊、普贤等众多菩萨的显圣。文殊对他说："请修行门，无过念佛，供养三宝，福慧双修。此之二门，最为径要。"② 又对他讲：

> 此世界西有极乐国，彼当有佛，号阿弥陀。彼佛愿力不可思议，当须系念谛观彼国，令无间断。命终之后，决定往生彼佛国中，永不退转，速出三界，疾得成佛。③

法照依此专修念佛法门，后来，他在华严寺曾绝食专修，祈念往生西方净土，此后，又在文殊显化之处建起竹林寺。④

有关法照的记载有很多神秘成分，另外，法照对文殊的宣扬也可视作为推行净土宗思想的一种手段，但不容置疑的是，文殊显圣、化寺以及最终建寺的过程都在五台山进行，这在无形当中实际已经认可了五台山文殊道场的地位，并通过一系列行为强化了这一理念。

5. 天台宗

天台宗以《法华经》为基本经典，修行上强调止观并重。天台宗对五台山文殊道场的助力作用主要体现在文殊菩萨的崇高地位以及僧人的宣扬两个层面。其一，文殊菩萨在《法华经》中不是以一般的菩萨身份出现的，而是被视为未来佛，又被视为释迦以上的九佛祖师。⑤ 不仅如此，文殊菩萨本身

---

① （唐）道宣，《续高僧传》卷六，《大正藏》第 50 册，第 470 页。
② （宋）赞宁撰、范祥雍点校，《宋高僧传》卷 21，北京：中华书局，1987 年，第 540 页。
③ （宋）赞宁撰、范祥雍点校，《宋高僧传》卷 21，北京：中华书局，1987 年，第 540 页。
④ （宋）赞宁撰、范祥雍点校，《宋高僧传》卷 21，北京：中华书局，1987 年，第 541 页。
⑤ （后秦）鸠摩罗什，《妙法莲华经》卷 1，《大正藏第》第 9 册，第 3 — 5 页。

具有非常高超的神力，通过文殊说教，一位龙女即身成佛①，天台宗创始人智顗（539—598年）在《妙法莲华经文句》卷二中说："文殊师利，此云妙德。《大经》云：了了见佛性，犹如妙德等"② "《悲华》云：'愿我行菩萨道，所化众生皆于十方先成正觉，令我天眼悉皆见之，我之国土皆一生菩萨，悉令从我劝发道心，我行菩萨道无有齐限。宝藏佛言：汝做功德甚深，愿取妙土，今故号汝名文殊师利，在北方欢喜世界作佛，号欢喜藏摩尼宝积佛。'今犹现在，闻名灭四重罪，为菩萨像，影响释迦耳"。③ 在卷三中又说妙光是"释迦九世祖师，孙今成佛，祖为弟子，师弟不定，将密显生非生、灭非灭之意"。④ 因此可见，文殊菩萨在天台宗地位非常崇高，这种崇高的地位使得僧人必当借助一切手段对其进行弘扬。

天台宗僧人志远入五台山华严寺专修天台止观四十年，常年讲习《法华文句》等天台宗著作，弟子众多。修行天台止观，其地点却选择在五台山，除去借助五台山文殊道场的力量推行其佛法的原因外，还应该关注的前提是天台宗僧人对五台山文殊道场的肯定与支持。

此外，天台宗僧人中与文殊信仰有关的还有封干禅师及寒山、拾得二僧。这三人都是天台宗祖庭天台山国清寺僧人。封干曾于唐睿宗时期（710—712年）赴五台山巡礼文殊圣迹。史载他出发前邀寒山、拾得同去，被二人以不是同流为由而拒绝。他在五台山得见文殊化现，行化三年而归。归途中治愈台州太守闾丘的怪病，得其敬仰。"闾丘异之，乞一言，示此去安危之兆。师曰：'到任记谒文殊、普贤'。曰：'此二大士何在？'师曰：'天台国清寺，寒山、拾得是也'。"⑤ 这一说法后来广为流传，加之寒山、拾得相传的灵异事迹很多，于是就在民间形成了寒山、拾得为文殊、普贤之说，天台僧人也将此说写入本宗经典中，从而进一步助推和巩固了五台山文

---

① 见《妙法莲华经·提婆达多品第十二》，《大正藏》第9册，第14页。
② 《大正藏》第34册，第22页。
③ 《大正藏》第34册，第23页。
④ 《大正藏》第34册，第208页。
⑤ （宋）赞宁撰、范祥雍点校，《宋高僧传》卷7，北京：中华书局，1987年，第483
　　－484页。

殊道场的形成。

6. 法相宗

法相宗又名唯识宗，以《瑜伽师地论》为"本"，以十部论书为"支"，即所谓"一本十支"。该宗虽在义理上与文殊信仰关联度不高，但因其创立者玄奘、窥基的修道生涯与文殊菩萨信仰有直接的关系。于是，文殊在法相宗中也受到了足够的重视。

在玄奘的求法过程中，文殊菩萨曾起了非常重要的先导性作用。在玄奘还未到达印度之时，文殊菩萨不仅已经预示了他的到来，而且为他到来后的传法事宜进行了安排。相传印度僧人戒贤一度患重疾，几乎到了绝望的境地，此时忽然梦见文殊化现，不仅告之得病因缘，而且说中国的高僧玄奘即将前来求法，只要他能传法于玄奘并使其流传中国，其病必愈。此在《大唐大慈恩寺三藏法师传》和《大唐故三藏玄奘法师行状》中都有记载，原文为：

> 觉贤曰："和上去今三年已前，有患四支拘急，如火烧刀判之病，意厌此身，欲不食取尽。于夜中，梦天人黄金色，谓和上曰：'汝勿厌此身，身是法器，修习难得。汝过去会作国王，多恼众生，故招此苦，当自悔责，礼诵行道，广通正法，业累可除。直欲不食舍之，终不得了。死已受身，还得受苦，犹如井轮，回转无息。复三年余，有支那国僧欲来于此，学诸经论，已发在路，汝可待之，为演说付授，彼人得已，当转流通，以功德汝罪自灭，我是曼殊师利，怜愍汝故，来相告之，当依我语，今日已后，所患亦当渐除。'语已而灭，从尔来，和上渐则安隐。"正法藏又问："汝在路经今几时？"报曰："过三年向欲四年。"既与昔梦状同，深相慰喻，法师亲承斯记，悲喜不能自胜，更起礼谢。①

上述故事的传说色彩较为浓厚，但从中却可反映出玄奘重要的取经活动中，文殊菩萨所起到的巨大的作用。这对于法相宗僧众来讲，无疑提高了文

---

① （唐）冥详，《大唐故三藏玄奘法师行状》，《大正藏》第 50 册，第 216 页。

殊菩萨在该宗的地位。

窥基是法相宗的实际创始人，传说他亲得文殊化现指正错误。据《宋高僧传》记载，有一次，"行至太原传法，三车自随。前乘经论箱帙，中乘自御，后乘家妓女仆食撰。于路问遇一老父，问乘何人。对曰：'家属'。父曰：'知法其精，携家属偕，恐不称教'"。[①] 这老父就是文殊菩萨，窥基自此痛改前非。此处姑且不论事件的真伪，只由此传说就能说明窥基早期曾受到文殊信仰的影响，从而才有他后来的两次巡礼文殊道场，并"于五台山造文殊菩萨像，写金字般若经"[②] 虔诚供奉文殊菩萨的举动。

到武周时期，该宗的德感大师极力弘扬对文殊信仰。长安二年（702年），武则天敕德感代表皇帝巡礼五台山。据说德感到山后，乃见种种异相，"法师以图画闻奏，帝大悦，遂封法师冒平县开国公，食邑一千户""住清凉寺""主掌京国僧尼事"。[③] 不仅德感法师的地位迅速提升，最重要的是文殊显圣的种种事迹通过法师的图画，赢得女皇大喜而得到传扬，五台山文殊道场的地位进一步得到政治支持和百姓宣扬。

另一位法相宗大师无染，因诵《华严经·诸菩萨住处品》，得知有文殊道场，又由佛陀波利的故事受到鼓舞，期望亲睹文殊。于是，他于贞元七年（791 年）到达五台山善住阁院，"挂锡楼心，誓不出山。每念文殊化境，非凡者之可胜，岂可懈怠？冬即探薪供众，夏即跣足登游。"[④] 二十年，游历诸台七十余遍，据说最终在中台遇见文殊化身，并得到指点："汝与此有缘，当须荷众勿得唐捐，有愿无行而已。"[⑤] 无染后来遵照文殊指示，广兴布施，精勤修行。其头陀苦行以及逝前的烧身供养都促进了文殊信仰的深入流传。

唐时，佛教各宗派发展都非常迅速，上述宗派不论是从义理上对文殊菩萨的宣扬，还是僧人在行动上有意无意地助推，都在佛教自身层面强化和巩固了五台山文殊道场的形成，这一层力量是来自佛教内部的，因而也可视为

---

① ［宋］赞宁撰、范祥雍点校，《宋高僧传》卷 4，北京：中华书局，1987 年，第 63 页。
② ［宋］赞宁撰、范祥雍点校，《宋高僧传》卷 4，北京：中华书局，1987 年，第 63 页。
③ （宋）延一，《广清凉传》卷上，《大正藏》第 51 册，第 1107 页。
④ ［宋］赞宁撰、范祥雍点校，《宋高僧传》卷 23，北京：中华书局，1987 年，第 585 页。
⑤ ［宋］赞宁撰、范祥雍点校，《宋高僧传》卷 23，北京：中华书局，1987 年，第 585 页。

起了关键因素的内因。

五、世俗信众的强力接纳是五台山文殊道场形成的肥沃土壤

五台山文殊道场在唐代的形成，除去政治力量、佛教内部力量的支持外，还有一股力量不容小视，那就是世俗信众对五台山文殊信仰的强力接纳，并不断通过各种形式进行传播，这是五台山文殊道场形成的重要社会土壤。

俗众对五台山文殊信仰的强力接纳，表现为如下几个方面：

1. 将文殊菩萨神话为具有强大能力的至上神，可以解决民众生活中的一切问题和苦难。

如五台山华严寺牛云和尚，幼年即"有似神不足"[①]遣入乡校，终日不知一字，出家后依然愚钝不化，所以常受人嘲笑，于是，他发愿赤脚踏雪于台顶寻访文殊，"惟求聪明，学经诵法"。[②] 牛云虽然愚笨，但"虽冒寒雪，情无退屈"。[③] 据说终于感得文殊现身相助，牛云顿时感到心乃豁然，似阁室立于明灯，巨夜悬于圆月也。开目乃见老人现文殊像，语云曰："汝自后诵念经法，历而无忘"。[④] 其后牛云下山，不仅四肢无损，果然"凡曰经典，目所一览，辄诵于口"。[⑤] 牛云法名中的"牛"亦来自文殊识记："汝前生为牛来，因载藏经，今得为僧而阁钝耳。"[⑥] 文殊菩萨可以为虔诚信仰者赐得智慧。再如，开元十八年（730年），代州逢罕见大旱，"久想时雨，草木焦

---

① （宋）赞宁撰、范祥雍点校，《宋高僧传》卷4，北京：中华书局，1987年，第536页。

② （宋）赞宁撰、范祥雍点校，《宋高僧传》卷4，北京：中华书局，1987年，第536页。

③ （宋）赞宁撰、范祥雍点校，《宋高僧传》卷4，北京：中华书局，1987年，第536页。

④ （宋）赞宁撰、范祥雍点校，《宋高僧传》卷4，北京：中华书局，1987年，第537页。

⑤ （宋）赞宁撰、范祥雍点校，《宋高僧传》卷4，北京：中华书局，1987年，第537页。

⑥ （宋）赞宁撰、范祥雍点校，《宋高僧传》卷4，北京：中华书局，1987年，第537页。

枯，种植俱废"。① 都督薛徽建议："吾闻，台山文殊菩萨，极多灵异，有无缘慈，必哀祈请"。② 遂领众人登五台顶虔诚祈祷文殊菩萨。"俄顷黑云谴魂，驰雨洪澎，五县沾足。民至二十六日，方兴未招。是秋大丰，未招小谷皆熟，粟斗三钱，百姓饶乐"。延一对此评论道，"若非至诚感神，易能致此?"③ 干旱少雨但又靠天吃饭的晋西北地区，诸多神灵皆具有司雨的功能，唐代，民众在接纳文殊菩萨的过程中，也将此项功能赋予他。此外，象定州曹一贵一心称念文殊名号，从绑匪手中获救等传说也都是典型的事例。

总之，文殊在信众心目中不仅力猛利智，而且深具慈悲、神通广大。对此澄观在其《华严经随疏演义钞》卷七十六中引用《文殊师利法宝藏陀罗尼经》中的偈子做了概要的说明：

> 文殊大菩萨，不舍大悲愿。变身为异道，或冠或露体。
>
> 或处小儿丛，游戏邑聚落。或作贫穷人，衰形为老状。
>
> 亦现饥寒苦，巡行坊市廊。求乞衣财宝，令人发一施。
>
> 与满一切愿，使令发信心。信心既发已，为说六度法。
>
> 领万诸菩萨，居于五顶山。放亿众光明，人天咸悉睹。
>
> 罪垢皆消灭，或得闻持法。一切陀罗尼，秘密深藏门。
>
> 修行证实法，究竟佛果愿。具空三昧门，习尽泥泣路。
>
> 文殊大愿力，与佛同境界。

2. 通过不同方式表达对五台山文殊信仰的膜拜

唐代，五台山文殊道场在形成过程中，得到了来自民众的鼎力扶持，这种扶持表现为民众对五台山的朝拜、对文殊菩萨的供养、诵念文殊类经典等。

南北朝时期，五台山还仅是流行在北方的文殊圣地，随着隋唐大一统的时代诞生，五台山也一跃成为全国性的圣山，慧祥谓："山，在长安东北一

---

① （宋）延一，《广清凉传》卷下，《大正藏》51 册，第 1117 页。

② （宋）延一，《广清凉传》卷下，《大正藏》51 册，第 1117 页。

③ （宋）延一，《广清凉传》卷下，《大正藏》51 册，第 1117 页。

千六百余里，"① 当时有来自四方各地的僧俗前来朝拜。例如，解脱禅师驻锡佛光寺五十年，教授禅业弘法度众，当时从各地来跟他请益的参学者，每天有不下万人次的盛况。② 唐高宗于龙朔元年（661 年），敕令西京会昌寺沙门会赜，与内侍掌扇张行弘、五台县吕玄览、画师张公荣等十多人，前往清凉山检行圣迹；唐龙朔二年（662 年）又令会赜与吏力二十多人及财帛物资，直接往中台修理寺塔及文殊故像。③ 慧祥于高宗总章二年（669 年）与定州隆圣寺智正、居士郗仁，以及五台山僧尼道俗等六十人，共同登上台山，安放舍利于中台塔内与北台铁浮图内。④ 以及窥基于高宗咸亨四年（673 年），与僧俗共五百多人，前往五台山中台上修建石屋精舍和布施花幡等供养具。⑤ 同年，有忻州僧俗们，铸造铁浮图一座，高有一丈多，送至五台山上，放置于石室之间。⑥

　　再如西域梵僧释迦蜜多罗，于高宗乾封二年（667 年）长途跋涉前来朝拜台山，且是获得高宗批准，敕许道俗五十多人共同陪行。⑦ 上元三年（676年）五月，有西京清信士房德元、王玄爽，共同前往登上台山。⑧ 另有抱腹山清信士，也与十多位信士登台巡礼，⑨ 以及高宗调露元年（679 年），沙门惠藏，与弘演、惠恂、灵智、名远，灵裕等人，在安居结束之后，也与僧俗五十多人，相次登台。⑩ 此外，高宗于麟德元年（664 年）九月，遣使殷甄万福，来此山探菊。⑪ 繁峙县城景云寺边有老人王相儿，则因采药为业入五

---

① （唐）慧祥，《古清凉传》卷上，《封域里数二》，《大正藏》第 51 册，第 1093 页。

② （唐）慧祥，《古清凉传》卷上，《古今胜迹三》，《大正藏》第 51 册，第 1095 – 1096 页。

③ 《集神州三宝感通录》卷中，《大正藏》第 52 册，第 422 页；《古清凉传》卷下，《游礼感通四》，《大正藏》第 51 册，第 1098 页。

④ （唐）慧祥，《古清凉传》卷下，《游礼感通四》，《大正藏》第 51 册，第 1099 页。

⑤ （唐）慧祥，《古清凉传》卷上，《古今胜迹三》，《大正藏》第 51 册，第 1094 页。

⑥ （唐）慧祥，《古清凉传》卷上，《古今胜迹三》，《大正藏》第 51 册，第 1094 页。

⑦ （唐）慧祥，《古清凉传》卷下，《游礼感通四》，《大正藏》第 51 册，第 1098 页。

⑧ （唐）慧祥，《古清凉传》卷下，《游礼感通四》，《大正藏》第 51 册，第 1099 页。

⑨ （唐）慧祥，《古清凉传》卷下，《游礼感通四》，《大正藏》第 51 册，第 1099 页。

⑩ （唐）慧祥，《古清凉传》卷下，《游礼感通四》，《大正藏》第 51 册，第 1100 页。

⑪ （唐）慧祥，《古清凉传》卷上，《古今胜迹三》，《大正藏》第 51 册，第 1094 页。

台山等等。①

　　诸如上述，同如慧祥所云"近古已来，游此山者多矣"！② 可见唐代，民众对五台山文殊菩萨的景仰之情，更加彰显五台山圣迹的殊胜，这对于文殊道场的形成至关重要。

　　亲力亲为到五台山朝拜固然是最虔诚的表达方式，但唐时，五台山道路险阻，一般民众需要花费大量的时间和精力以及钱财才能完成朝拜的任务，这对于大多数普通民众来讲也不现实，因此，便出现了另外一些其他的表达方式，如供物、写经、悬增、燃灯、散花、烧香、念经、造像、创作文学作品、艺术作品等。关于文殊菩萨的写经，在敦煌文献中就有 28 处③，其它唐代遗留文献资料中也有一定记载。除此之外，唐代佛教信徒以燃身的极端方式供养文殊菩萨者也为数不少。《清凉山志》可见四则烧身供养事例，武则天时期，宋元庆于西台秘魔岩焚身供养文殊及圣众等。

　　不断地念诵菩萨名号也是最简单、直接的方法。有一则感应故事说，唐福州陈仲良礼文殊道场载土而归，用以治疗其妻的恶疮，其妻初闻文殊名号，生起强烈信心，合掌称诵，顽疾不治而愈。④

　　雕塑、绘画、石刻菩萨像也常常是民众表达对文殊信仰的方式之一。唐代平民百姓都纷纷制作文殊像并发愿供养。《宋高僧传》卷第二十六《业方传》即提道："唐时，太原府有士女造立文殊像一躯，将送入山。"⑤ 可见自己发愿塑像供养还不能表心意，送往文殊道场似乎才自觉尽心。再如唐京师崇福寺惟澎由阅《首楞严经》而"觉其文婉，其理玄，发愿撰疏，疏通经义"，"矢誓写文殊像，别诵名号，计十一年。厥志坚强，遂有冥感。忽梦妙

---

①　（唐）慧祥，《古清凉传》卷下，《支流杂述五》，《大正藏》第 51 册，第 1100 页。

②　（唐）慧祥，《古清凉传》卷下，《游礼感通四》，《大正藏》第 51 册，第 1096 页。

③　这 28 处依次为伯希和的 4677、2212、4646，北京图书馆的芥 41（二份）、宇 19、张 16、冬 68、闰 70、徐 35、调 59、果 74、重 17，斯坦因的 0845、1908、2186、2653、5376、5598，散录的 0387、0422、0562、0684、0835、0985、1124、1485。以上统计来自商务印书馆编，《敦煌遗书总目录索引》，北京：中华书局，1983 年。

④　（明）镇澄，《清凉山志》卷 5 之《帝王重建·唐太宗》，太原：山西教育出版社，1991 年，第 350 页。

⑤　（宋）赞宁撰、范祥雍点校，《宋高僧传》卷 23，北京：中华书局，1987 年，第 654 页。

吉祥乘狡貌自意之口入，由兹下笔，若大觉之被善现谈般若焉"。① 惟息画像、称号，精进不懈而最终感应得到文殊智慧。

莫高窟的文殊变始于初唐建中二年（781 年），吐蕃据有沙州以后更为盛行。莫高窟共有《文殊变》132 幅，其中初唐 6 幅，盛唐 15 幅，中晚唐合计 43 幅，唐代一共 64 幅，占总数的一半。其中莫高窟第 9 窟西壁，上为文殊，顶有五髻，下为五台山图，五峰对峙，道路相连，朝山者众多。由此可知，五台山文殊道场作为一个不容置疑的事实，已经在敦煌一带盛行了。

部分文化层次较高的民众则通过创作文学作品，表达他们的文殊情结。有灵验故事、宗教故事、诗歌、散文、楹联、游记以及情节比较完整的小说等。其中，最流行的文学作品为各类不同类型的赞文。在敦煌宗教赞文中，以"佛教净土宗为最多，禅宗、文殊五台山信仰次之"② 由此可知五台山文殊信仰在敦煌赞文中自成一系。赞文写卷与五台山道场相关者，都有"五台山赞"的篇题，普遍篇幅较长。具体包括有《五台山赞》，叙述五台山历史及文殊的传说以及与地理环境配合起来的赞颂。很像是道场讲演的诵赞，从东台、南台、西台、中台一直说到北台为止，将自然风景、佛理传说、文殊圣德融为一体，气势磅礴。还有《五台山圣境赞》，含《赞文殊大圣真容》，多引佛教经典叙述。主要赞叹文殊的法性光辉及随众度化的功绩。文中提到文殊在凡圣同居的五台山默默进行教化工作，整个台山充满灵力，若有生之年能来巡礼台山，就马上能得到菩萨的加持而消除万劫灾难。

五台山赞文多是通过文殊感应的灵迹来歌颂文殊菩萨，宣扬五台山圣境，并将五台山与文殊菩萨融为一体。文学作品的传承性使得五台山作为文殊道场的理念得以发扬光大，深入到民众的信仰世界。

六、世界崇拜是五台山文殊道场形成的国际环境

文殊信仰在印度形成，在中国大放异彩。唐代世界各地很多地方都存在

---

① （宋）赞宁撰、范祥雍点校，《宋高僧传》卷 6，北京：中华书局，1987 年，第 113 页。

② 见赵立真，《教煌赞文研究》，台湾中央大学中文所硕士论文，1993 年，第 65 页。

文殊信仰，"对文殊的崇拜不仅流行于印度，而且也流行于尼泊尔、西藏、中国、日本和爪哇"。① 盛唐之后，中国五台山成为亚洲乃至世界的文殊信仰中心，② 这样的大环境是五台山文殊道场形成的国际环境。

金刚智传记内有"文殊师利，保护中州"之说，③ 说明盛唐时期印度人已经相信文殊已到了中国。到义净西行求法时，他在行记中记录道："西方赞云：曼殊室利现在并州，人皆有福，理应钦赞。其文既广，此不繁录。"④ 由此可知，中晚唐时期，文殊菩萨在中国五台山已经得到南亚地区的公认。正是在这种理念的指引下，大批外国僧众前去五台山，朝拜文殊菩萨。

佛陀波利是北印罽宾人⑤，他专程朝拜五台圣迹，得遇文殊显化，据记载，他受文殊指点，在回国取得《佛顶尊胜陀罗尼经》并再度来华译出后，携此经梵本与译本再上五台山，又一次得到文殊菩萨的接引，其故事和形象散见于各种石窟和寺宇之中，历代传诵不衰。印度僧人不远万里、不畏艰辛往返于五台山和印度国内，目的皆为文殊，可以说明五台山文殊道场的理念、五台山世界佛教中心的理念已经深入人心。金刚智为中印人，他在摩赖耶国⑥收徒传法时，观音菩萨应现而授其机宜："可往中国，礼谒文殊师利菩萨，汝与彼国有缘，宜往传教，济度群生。"⑦ 般若为北印度人，因"远闻曼殊大圣，五髻童真，住清凉之五峰，息万烦恼之炎热，与万菩萨众，保护大唐"⑧ 遂携梵英，泛海东渡，誓传佛法。途经南海诸国，历时二十二年，于建中二年（787 年）到达广州，次年至长安奉诏译经。贞元六年（790 年）又奉诏去印度迎湿弥罗求取梵英，始终未了夙愿。来华十二年后，即贞元十年（794 年），他"自惟夙愿未终，大圣曼殊不遑瞻礼。思其本志，焚灼其

---

① 查尔斯·埃利奥特，《印度教与佛教史纲》第 2 卷，高雄：佛光出版社，1991 年，第 20 页。

② 晚唐文人姚著在所写的《入唐润州句容县大泉寺新三门记》中曾言："今天下学佛道者，多宗旨于五台，灵圣踪迹，往往而在，如吾党之依于丘门也。"

③ （宋）赞宁撰、范祥雍点校，《宋高僧传》，北京：中华书局，1987 年，第 19 页。

④ （唐）义净，《南海寄归内法传》卷 4，《大正藏》54 册，第 228 页。

⑤ 今克什米尔地区。

⑥ 今印度半岛南端泰米尔纳德邦科华佛里河及韦盖河流域。

⑦ （唐）吕向，《金刚智行记》，《贞元新定释教目录》，《大正藏》第 55 册，第 875 页。

⑧ （唐）圆照，《贞元新定释教目录》卷 17，《大正藏》第 55 册，第 84 页。

心。揽恩旨无违，誓当亲往。"① 遂跋山涉水，不辞辛苦来往文殊圣山巡礼。"远闻曼殊大圣五髻童真住清凉之五峰"，反映了五台山文殊道场信仰又"远闻"于北印度一带。麟德年间（664—665 年）斯里兰卡大菩提寺僧人僧迦密多罗以 95 岁高龄到达长安，申请去清凉山礼拜文殊菩萨。唐高宗与武后"奉表以闻，特蒙恩许"② 并派人专程送往，一切所需，国家供给。僧伽密多罗在五台山四月有余，朝拜文殊圣迹时，都是五体投地，顶礼膜拜。

此外，还有前述不空、菩提仙那、法藏等僧人，他们到五台山的虔诚膜拜，表明在南亚、东南亚已经形成了文殊菩萨道场在五台山的普遍信仰。

当时日本也有众多僧人前来五台山朝拜。日本平安朝的入唐八大家中，圆仁、惠运、宗睿曾巡礼五台山，其中圆仁影响最大，他著有《入唐求法巡礼行记》，书中用大量篇幅介绍五台山的文殊信仰，并记叙了他参访文殊圣迹的全部过程，"未入院中，便向西北望见中台，伏地礼拜"，不禁感叹，"此即文殊师利境地了，五顶之圆高，不见树木，状如覆铜盆，遥望之余，不觉流泪"。③ 礼谒二层八角佛舍利塔时，他在菩萨顶文殊像前发愿，回国后要建文殊楼。据其记载，由于发心虔诚，礼至东台，出现神奇感应，"忽见五道光明，直入堂中照"④ 不由对文殊的信心更加笃定。他觉得"入大圣境地之时，见极浅之人，亦不敢作轻蔑之心。若逢驴畜，亦起疑心，是文殊化现钦？举目所写，皆起文殊所化之想。圣灵之地，使人自然对境起崇敬之心也"。⑤ 圆仁在五台山停留了两个月又十二天，不仅详细描述了文殊维摩对谈处、文殊所化地狱、降伏毒龙等各处文殊圣迹和有关文殊信仰的著名传说，还广泛参学，走访各大寺院。他回国时还带有《五台山化现图》一幅，以及唐麟德年中西京会昌寺沙门会赜撰的《清凉山略传》一卷。

---

① （唐）圆照，《贞元新定释教目录》卷 17，《大正藏》第 55 册，第 84 页。
② （唐）慧祥，《古清凉传》卷下，《大正藏》第 51 册，第 1098 页。
③ 〔日〕圆仁著，白化文校注，《入唐求法巡礼行记校注》，石家庄：花山文艺出版社，2007 年，第 104 页。
④ 〔日〕圆仁著，白化文校注，《入唐求法巡礼行记校注》，石家庄：花山文艺出版社，2007 年，第 123 页。
⑤ 〔日〕圆仁著，白化文校注，《入唐求法巡礼行记校注》，石家庄：花山文艺出版社，2007 年，第 108 页。

新罗善德王时代（632—646 年），慈藏在唐贞观十年（636 年）受救率领门人入唐巡礼求法，他们首先朝拜的就是文殊圣地五台山。慈藏以后，朝鲜僧人慕名赴五台山巡礼文殊圣迹求学文殊法门者继续增加，其中慧超最有成就，唐建中元年（780 年）四月十五日，他到五台山乾元菩提寺。晚唐赴五台山瞻礼的新罗僧还有行寂、崇济以及朗智等人，文殊化现五台山之说便逐渐被及整个新罗。

南亚、东南亚僧众对五台山文殊道场这一事实的认可，使得五台山在佛教界的地位更加巩固。五台山文殊道场在上述内部、外部力量的共同作用下形成，这一形成过程是各方合力的最终产物。文殊道场形成后，五台山不仅是全国的佛教中心，更是世界文殊信仰交流活动的重要场所，之后，随着印度佛教中心地位的陨落，五台山渐趋成为世界佛教文化中心。

第二节　宋代五台山文殊道场的发展

辽代密教流行很广，表现在很多方面，或讽诵行持，或建造石幢，刻置石经，造立尊像，都含有文殊信仰的内容。如《大威德陀罗尼经》《文殊五字陀罗尼》《文殊法宝藏陀罗尼经》都是民间刻造石经中常见密典，说明它们已成为民间最为流行的一类经咒。西夏佛教受到宋朝与回鹘佛教的影响，后期又受藏传佛教的影响，因而盛行密教。《尊胜经》《文殊名经》是西夏文《天盛改定新律》中规定念诵的经咒。在后世出土的西夏民间佛典中也有文殊类密典。这就说明，在辽、西夏等地，五台山文殊信仰也较为发达。

五台山文殊道场在唐代形成后，宋代又有了一定程度的发展，本文主要从皇室、官员以及下层民众三个层面的推广加以说明。

一、宋代皇室对五台山文殊道场的继承与推广

宋太祖建国之时，政权未完全稳定，唐时建立起来的五台山文殊道场的中心晋地尚未纳入宋之版图，宋太祖亲征，用水攻但未将晋地攻下。《正定府龙兴寺铸铜像记》记载了宋太祖讨伐晋地之事：

　　唯有太原一境未顺明朝，太祖皇帝至开宝二年···亲征晋领地二十万之军至太原城下安营下寨，水浸攻城，前后六十余日并未获圣捷。①

　　而后刻于宋绍兴四年的《龙兴寺大悲阁记》则详尽叙述了五台山文殊菩萨送浮梁材来相助宋太祖讨伐晋地之事：

　　太祖皇帝开宝二年讨晋不庭，驻阵真定，召群僧问延焉得像之兴。时暴雨大作，浮栋梁材千万计自五台山而下至夹龙河止。···皇帝览表龙颜大悦，五台山文殊菩萨送下木植来与镇府。②

　　上述记载的时间段恰恰是暴雨大作时，真实的情况很可能是雨水将山上的木材冲起，并沿着河流飘落而至。但此事的发生正是宋太祖讨伐北汉且久攻不下之时，于是民众便很自然地将此事与文殊相助进行了关联，认为是文殊显圣的结果。

　　宋太宗在完成讨伐晋地后，前往山西五台山，遇到五台山僧人释净业率其徒众前往觐见。

　　至天会十一年，众请充山门都监，寻属宋太宗皇帝戎辂亲征，克平晋邑，师喜遇真主，乃率领僧徒，诣行宫修觐，陈其诚款，遂进《山门圣境图》，并《五龙王图》，帝遽令展之御座前。忽大雷震，天无片云，驶雨滂注。帝大骇曰："是何祥也？"师对曰："五台龙王来朝陛下，今二龙相见，当喜故也，雷雨若是。"帝大悦，即命收图。谓师曰："俟朕师旅还京之日，别陈供养。"乃赐命服，改号崇教大师，仍擢为台山僧正。③

　　龙，在中国文化中是祥瑞，有时也寓意着帝王。而五台山龙王常常为文殊菩萨的化身，文中"二龙"一可视为宋太宗皇帝，一可视为文殊显圣，二龙相遇，表明了宋朝皇室与文殊之间特殊的渊源关系。

① 金石组编，《金石萃编》宋一，《历代石刻史料汇编》，北京图书馆出版社，2000年。
② 金石组编，《常山贞石志》宋二，《历代石刻史料汇编》，北京图书馆出版社，2000年。
③ （宋）延一，《广清凉传》卷3，《大正藏》，第51册，第1123页。

正因为宋朝两位开国皇帝与文殊菩萨的不解之缘，到五台山正式纳入宋朝版图后，宋太宗开始着手发展五台山文殊道场，积极为五台山文殊道场恢复给予支持，太平兴国元年（976 年）宋太宗下诏："五台深林大谷，禅侣幽栖，尽蠲税赋。"直接从税收、经济的角度给予五台山以支持。淳化年间，又下诏："五台诸寺院，今后每至承天节依例更不试经，特许剃度行者五十人"。这是从人员上对五台山的支持。之后，太平兴国五年（981 年）"敕使臣蔡廷玉、内臣杨守遵等，诣五台山菩萨院，与僧正净业，同计度修造事，及同部辖工匠等，并敕河东、河北两路转运，给五台山菩萨院修造费，至七年九月二十二日，张廷训等，奏修造功毕"① 这是派出专门使臣整修五台山菩萨院。在文化上，太宗年间修订了《宋高僧传》，详尽地记录了大量五台山高僧事迹。此外，太祖、太宗都积极支持译经，翻译了大量佛教经典。上述举措，从政治、经济、文化、人员等方面，极大地促进了五台山文殊道场的发展。

宋真宗也给予五台山经济上的支持，派给库钱一万贯，并且修建了真容阁，并将文殊菩萨真容像安放于内。每年派遣岁内臣前往，"设斋供养"。② 仁宗于庆历八年，派人前往五台山，送上宝冠。同时，在其在位期间，先后三次派遣官员，把前朝太宗等君主赐的御书送往五台山。

宋代皇室对五台山文殊道场的支持和推广，不仅是一种示范和引领，更是一种强大的力量，使得五台山文殊道场得以进一步发展。

二、宋代官员对五台山文殊道场的推广

皇室对文殊道场的推行能够起到良好的示范作用，上行下效，大部分官员也不遗余力对五台山文殊道场进行推广。

部分官员是受皇帝敕前往五台山的，如太宗朝"初遣中使诣五台山，焚香虔祝，特加修建。太平兴国五年（980 年）四月十五日，敕使臣蔡廷玉，

---

① （宋）延一，《广清凉传》卷 2，《大正藏》，第 51 册，第 1110 页。
② （宋）延一，《广清凉传》卷 2，《大正藏》，第 51 册，第 1110 页。

内臣杨守遵等，诣五台山菩萨院。"① 同年又"敕内侍张廷训往代州五台山造金铜文殊万菩萨像，奉安于真容院。诏重修五台十寺。"②"写造第五大藏金字经一藏。至八年癸卯岁七月五日。敕内臣安重诲监送。就五台山菩萨院安置。"③"真宗皇帝御宇，……岁遣内臣诣山，设斋供养。"④"仁宗皇帝，缵祖考之丕业，典儒释之大教，屡遣中使，斋供诣山。每郊禋礼毕，道场设斋供养。宝玩之属，多出禁掖。庆历八年春三月，敕遣内侍黄门谢禹圭，送宝冠一戴。"⑤

从上述记载可见，宋朝有众多官员前往五台山完成皇帝委派的任务，若依《广清凉传》一书记载，北宋时期，被皇帝派遣前往五台山执行公务的有具体名字的内臣就多达 10 人之多，真宗、仁宗两朝更多，每年都有官员被派遣前往五台山行供养文殊菩萨之事。他们的行为虽出于皇帝命令，但间接上，自身行为也促进了五台山文殊道场的发展。

还有部分官员是自发到五台山的，他们信仰的虔诚度更高，对五台山文殊道场的推广力度更大。

崇宁三年（1104 年），李师圣前往五台山，并且有幸目睹了文殊圣迹，而后作《游台感兴古风》："忆昔文殊出火宅，金刚宝窟通真土。牵牛老人饮玉泉，二子一犬随贫女。变化无方利有情，知是西天七佛祖。重闻清凉境界真，无穷陈迹书妙语，香烟稽首清凉主。"⑥ 盛赞五台山文殊菩萨，表达了内心的敬畏之情。朱弁，一生从官，官终奉议郎，他去五台山，还见到了五台山种种祥瑞之相，诸如五色祥云、五色之烟、金桥以及文殊菩萨之坐骑狮子等。其所作《台山瑞应记》中可见：

> 奉香火，作礼于狻猊座前。五香之烟，遍满空际，岆分直上。倏然改容，引人四顾，目不得瞬。无小无大，各有所见。为五色云者七，为

---

① （宋）延一，《广清凉传》卷 2，《大正藏》，第 51 册，第 1110 页。
② （宋）志磐，《佛祖统纪》卷 43，《大正藏》，第 49 册，第 870 页。
③ （宋）延一，《广清凉传》卷 2，《大正藏》，第 51 册，第 1110 页。
④ （宋）延一，《广清凉传》卷 2，《大正藏》，第 51 册，第 1110 页。
⑤ （宋）延一，《广清凉传》卷 2，《大正藏》，第 51 册，第 1110 页。
⑥ （宋）张商英，《续清凉传》卷 2，《大正藏》，第 51 册，第 1133 页。

白云者六，为黑云者一，为金桥者三，为圆光者五。五色云有戴白云为冠，而其中有洞者，有如圆光者，有如日晕五色六七重者，有如孤石苍黑圆而辇出者，有如仙花之敷纷者，有如仙花而现菩萨像于其上者。白云中，亦有菩萨瑞严相者。有奋迅如文殊所乘者，有天桥如龙之上飞者，有横光青红黄绿而相间者，有如玉石为佛冠者。黑云中，有独现师子者，金桥有如鲸鲵负天者，有如蟒蛛而中断者。有重叠如鱼鳞相次者，圆光有玉连环者，有现金网而光耀夺人目者。史君，图其事而谓予曰："此吾与众人所可见者也。"①

张商英，曾四次至五台山朝拜文殊菩萨。钱盖，就职于刑部，且管河东路财用，他朝拜五台山后所写作品被《续清凉传》收录，详细记载了其巡礼瞻仰一事：

> 奉议郎、守尚书刑部员外郎、措置会计河东路财用钱盖，一心归命，敬自大慈大悲大圣文殊师利菩萨摩诃萨：伏念盖幸生人世，忻遇好时。得男子身，六根完具。偶缘世赏，获齿仕途。愧无补于事助，徒自益于过恶。而况经无量劫，造罪等恒河沙。自非凤荷于觉慈，岂免永沉于异趣。用是久虔一念，愿至五峰。澡雪其心，忏扬其咎。今者，幸缘将命。恭叩灵场，瞻万德之容仪。睹千种之光相，岂惟见所未尝见。实亦闻所未尝闻，退生冥顽，真为荣遇。既伸庆忏，谨稽首拜手。而说偈言。②

钱盖于建中靖国元年准备任职河东时，又特意前往五台山，与时任乐安良弼的王直方一同拜谒文殊大圣，两人在真容院亲见了祥瑞之景，"瞻万德之容仪，睹千种之光相"。

宣和六年（1124年），时任隆德府教授的江遹立书，希望其家人及长子前去五台山拜谒。《夷坚志》"五台文殊"条录有此次江遹家人前往五台山拜谒之事：

---

① （宋）张商英，《续清凉传》卷2，《大藏经》，第51册，第1133页。
② （宋）张商英，《续清凉传》卷2，《大藏经》，第51册，第1132页。

诣五台山，宿于文殊院。明日斋罢，拜祷佛像前，乞现圣相。至晡时凉风微动，西边淡黄云起，少焉，闻罗汉天众各执幡幢香华，以次引导，戈甲旌旗，陆续不绝，傍与日光相映，最后菩萨乘狮子法座，四夷君长毡裘狼帽谨随之。无量无边，各随其类，异香芬郁，鼻观为清，经数刻久乃没。天将敛昏，又见灯烛数百炬陈列，金紫贵人执手炉行前，菩萨缓步，足迹所留，莲花随生，一黄犬摇尾在后。①

也有未到过五台山，但从其文学创作中看出非常想前往五台山瞻仰，如苏轼作《送张天觉得山字》云：

西登太行岭，北望清凉山。晴空浮五髻，晻霭卿云间。余光入岩石，神草出茅菅。何人相指似，稍稍落人寰。能令坠指儿，虬髯茁冰颜。祝君如此草，为民已恫瘝。我亦老且病，眼花腰脚顽。念当勤致此，莫作河东悭。②

上述官员前往五台山的举动，或为行使公务，或为自己的虔诚信仰。但不论最初目的如何，最终产生的影响却有相似之处，那就是将五台山文殊信仰进一步传播，促进了五台山文殊道场的发展。

此外，官员对五台山文殊信仰的推行，还有一项非常重要的举措，那就是将五台山作为祈雨道场，与百姓的生计、地方的长治久安紧密相连。元祐五年（1090年），宋哲宗派内臣赴五台山开启谢雨道场：

维元祐五年，岁次庚午。某月某朔某日某甲子，皇帝遣入内侍省内东头供奉官李嗣元，于五台山上请僧三七人开启谢雨道场，祈告于文殊菩萨。近以气序愆阳。冬春闵雨，恭祷群望，祗叩觉慈，惟善应之五方，召至和而来格，雷雨作解，获沾足于农畴，力穑有秋，遂慰安于民

---

① （宋）洪迈著、何卓点校，《夷坚志》支戊卷4，北京：中华书局，1981年，第1085页。

② （宋）苏轼著、李之亮笺注，《苏轼文集编年笺注》卷16，成都：巴蜀书社，2011年，第301页。

望，敢忘至恩，养答鸿休。①

《广清凉传》及《续清凉传》等也多次记录了五台山附近州县因"久愆时雨"，因感文殊灵异，前往圣地祈雨：

> 既以旱祈雨，在山三祷三应。但须史即霁，癸丑，还至代州。大雨弥日，将槁之苗，变为丰岁。商英，即以其事奏闻。其略曰："臣近以本路亢旱，躬诣五台山文殊像前，及五龙池，祈求雨泽。昼夜所接，灵光宝焰，殊形异相，赫奕显耀。莫可名状，是时，四方僧俗千余人，同共瞻睹，欢呼之声，震动山谷。已而，时雨大降，弥覆数州。②

上述祈雨活动是在地方官员的主导下进行的，结局是时雨大降，惠及百姓。以非常现实的事例宣扬文殊的功德，这样的宣扬具有极大的导引作用，文殊渐渐深入到社会的每一个角落、浸润到民众的日常生活中去，其所具有的世俗化性质逐渐加强，五台山文殊道场逐步扩展到民间社会。

三、宋代民众对五台山文殊道场的宣扬

唐不空以来，以五台山为中心的文殊信仰迅速下移到民间社会，民众以各种不同的方式表达着自己对文殊的景仰，希冀文殊能护佑家人、解决生活中遇到的问题。这一过程，实际也是对五台山文殊道场的宣扬过程。

1. 造文殊塔、文殊像为供养文殊的方式之一

《广清凉传》中记载宋代民间建造文殊塔及礼拜文殊像之例达二十多例，光是记录在册的建造文殊寺塔、礼拜文殊像之事就远超《古清凉传》所载。典型代表者如《广清凉传》中"菩萨化身为贫女八"条记载"遂以贫女所施之发，于菩萨乘云起处建塔供养，圣宋雍熙二年，重加修饰。塔基下，曾掘得圣发三五络，发知金色，顷复变黑，视之不定。"③ 说明造文殊塔在宋代已是较为普遍的事情。

---

① （宋）苏颂著、王同策等点校，《苏魏公文集》卷27，北京：中华书局，1988年，第376页
② （宋）张商英，《续清凉传》卷2，《大正藏》，第51册，第1131页。
③ （宋）延一，《广清凉传》卷2，《大正藏》，第51册，第1109页。

2. 虔诚朝拜文殊者得护佑，冒犯者受惩戒

据《广清凉传》中的记载，宋代很多民众前往五台山圣地巡礼，如天会十七年（973年）杨梦申、元丰甲子年（1084年）安州人张氏、元祐庚午（1090年）德州市户王在、政和元年（1111年）李升、宣和八年（1126年）代郡赵公康弼等。典型代表如元丰甲子年，安州人张氏前往五台山礼拜文殊菩萨条：

> 安州人张氏，崇信三宝，纯厚人也，元丰甲子，来游此山。以钱百万，奉曼殊师利，每日三时，必来开殿。辨香茶珍果，情貌如肃，守殿者，以其诚恳，不以为劳。一日，遍游诸台，至西台之顶，焚香次，忽闻异香，久而莫测。继而仰视空中，乃见天花百千朵，青黄朱紫，众彩毕具现，缤纷乱坠。甫齐人头，观者数百人，人欲取之即腾起，一朵独落张公子之手，其色不可名状，晚还真容院，僧俗睹之，叹未曾有。①

可见，只要虔诚供养文殊菩萨，就会得到异于常人的福报。民间不仅将五台山文殊菩萨神化，而且将五台山僧人神化，认为他们可以还给民众带来好的运气。刻于绍兴二十九年之《宏智禅师妙光塔碑》"父宗道世学般若，母赵氏尝梦五台山一僧，解右臂环予之，已而有娠，遂屏荤茹及师之生，右臂隆起如环状，年甫七岁，警悟绝人，日诵数千言。"宏智禅师母亲得到文殊感应，并且文中似乎告知宏智禅师的出生皆由于是五台山僧，解右臂赐之，此僧来自五台山，并且能赐予智慧。

而且文殊菩萨救人不分贵贱，广利众生，《太平广记》"卢顼"条载：

> 小金夜梦一老人，骑大狮子。狮子如文殊所乘，毛彩奋迅，不可视。旁有二昆仑奴操辔。老人谓小金曰："吾闻尔被鬼物缠绕，故万里来救。汝是衰厄之年，故鬼点尔作客。"云："以取钱应点而已，渠亦自得钱。汝若不值我来，至四月，当被作土户，汝则不免死矣。汝于某日拾得秀佛子否？"小金曰："然。""汝看此样，绣取七躯佛子，七口幡子。"言讫，又曰："作八口，吾误言耳。八口，一伴四口，又截头发少

---

① （宋）延一，《广清凉传》卷3，《大正藏》，第51册，第1125页。

许，赎香以供养之，其厄侧除矣。"小金曰："受教矣。今苦腰背痛，不可忍，慈悲为除之。"老人曰："易耳。"即令昆仑奴向前，令展手，便于手掌摩指，则如黑漆，染指上。便背上点二灸处。小金方醒，具说其事，即造佛及幡。视背上，信有二点处，遂灸之，背痛立愈。①

文殊菩萨化身的老僧通过种种办法解除了卢顼家奴小金身上日夜所困的恶鬼，将其从厄运中解脱出来。

其至民众还赋予了文殊菩萨以送子的功能，宋叶绍翁《四朝闻见录》有关于感文殊而孕之事的记载：

> 恭孝仪王，讳仲湜。王之生也，有紫光照室，及视则肉块，以刃剖块，遂得婴儿。先两月，母梦文殊而孕动。二帝北狩，六军欲推王而立之。仗剑以却黄袍，晓其徒曰"自有真主"其徒犹未……②

在同时期的《广清凉传》中亦有同类故事记录，并且刻于绍兴二十九年的《宏智禅师妙光塔碑》亦有同类故事："世学般若，母赵氏尝梦五台山一僧解右臂环予之，已而有娠，遂屏荤茹素，及师之生，右臂隆起如环状，年甫七岁，警悟绝人。"③ 说明宋代文殊菩萨已经无所不能，其功能的泛化，正是其深入民众生活的具体体现。

但也有在五台山没有礼敬文殊菩萨，冒犯神灵之例，《广清凉传》德州市户王在条：

> 德州市户王在，家甚殷富。元祐庚午仲夏，挈妻仆游台山。晚宿真容院，翌日弹冠整衣，诣文殊像，继而晚睹，微有不敬之色，出声就馆，知客僧省彦求谒，与在语曰："山僧住此，仅四十余年，所接众多，今日君拜谒之礼，似有初谨后怠。加之容色不怡，何也？"在怒而言曰："在此一来，出于过听，谓有肉身菩萨，故不远千里而来，今观之，乃

---

① （宋）李昉等，《太平广记》卷340 鬼25，北京：中华书局，1961年，第2695页。

② （宋）叶绍翁著、沈锡麟等点校，《四朝闻见录》甲集，北京：中华书局，1997年，第1页。

③ 金石组编，《八琼室金石补正》宋33，《历代石刻史料汇编》，北京：北京图书馆出版社2000年。

一泥块耳，反思跋涉之苦，宁不为苦。"彦曰："是何言欤？昔大圣于此鹫台，屡见瑞相，安生亲塑，意有所疑，祈而复现七十有二。①

意在告诫广大信徒，精诚信奉，能到文殊菩萨护佑，反之，如若像德州市户王在一样只是假意信奉，"轻侮像貌，痛斥龙神"，定有不测。其他皆如"邵武僧"条、"书生李升"条等与此类似。

3. 口念文殊名号"南无大智文殊师利菩萨"即可获得文殊护佑

《广清凉传》记载金光照和尚，"亲受言教"去往五台山清凉圣地，到达五台山之际："忽雷电交发，雨雹驶飞。师乃骇心，默念大圣。"② 果然之后不久，就见到天空放晴，"俄尔晴霁，倏睹白光，从台飞下，广中千佛。严丽赫然，师泣涕交流，举身投地。"③ 为此金光和尚心中充满敬意之情，默念文殊大圣名号，虽文殊未见现身，但给予如此祥瑞。而后祥瑞依然不断，不断涌出十座高楼之多，并且都有千叶花座，"遂见诸佛舒金色臂"。西方诸佛都现其真身于千叶花座，如此壮观的景象都现于金光照和尚眼前，令人叹为观止。金光照和尚翌日又前往五台最为神秘的秘魔岩处，此处为文殊大圣化现之处，依然锲而不舍地想见到文殊大圣现真身，又遇到如前之风雨暴雷之景象，此时和尚已了如于心，以诚心誓求佛果，果然于西台"忽见维摩居士，普贤菩萨，文殊菩萨"金刚光照和尚终于得见大圣庄严相。

4. 诵读、抄写文殊经籍也可受到文殊护佑

《广清凉传》中《宋僧所睹灵异二十一》之"僧道演"条即有记载："俗姓崔氏，依真容院法忍大师为弟子，每诵《法华》《孔雀》《金刚》《般若》等经，以为常务。"④ 但就是有积年旧疾，令其苦不堪言，几乎都要放弃治疗，但仍然诚心每日诵读华严经典：

> 结块如石，每一发动，痛不可忍。几将不救，忽见青衣妇人，至卧榻前立，问疾之所由，师以实告。妇人乃以手触块曰："师欲愈否？"答

---

① （宋）延一，《广清凉传》卷3，《大正藏》，第51册，第1125页。
② （宋）延一，《广清凉传》卷2，《大正藏》，第51册，第1110页。
③ （宋）延一，《广清凉传》卷2，《大正藏》，第51册，第1110页。
④ （宋）延一，《广清凉传》卷2，《大正藏》，第51册，第1121页。

曰："甚适所愿。"即以物如丝缕，缠其块，而拔去之，寻即瘥愈。①

此处青衣妇人当为文殊化身显圣，来为默念文殊经典者治愈疾病。这样的宣传对于社会下层、经常饱受疾病困苦的民众来说，无疑具有极大的感召力，文殊菩萨的神圣性就在一点一滴的事例中逐渐深入民众的信仰世界。

《太平广记》"钳耳含光"条则记载了写经带来的福报：

> 含光问："平生斋菜诵经念佛，何以更受此苦？"答云："昔欲终时，有僧见诣，令写金光明经，当时许之，病亟草草，遂忘遗嘱，坐是受妄语报，罹此酷刑。所欲见儿子者，正为造金光明经。今君已见，无烦儿子也。"含光还家，乃具向诸子说其事，悲泣终夕。及明往视，已不复见，但荒草耳。遂货家产，得五百千，刺史已下，各有资助，满二千贯文。乃令长子载往五台写经，至山中，遍历诸台，未有定居。寻而又上台，山路之半，遇一老僧。谓之曰："写经救母，何尔迟回？留钱于台，宜速还写金刚经也。"言讫不见，其子知是文殊菩萨，留钱而还。乃至舍写经毕，上墩，又见地狱，因尔直入。遇闭门，乃扣之，门内问是谁，钳耳赞府即云"是我"。久之，有妇人出曰："贵阁令相谢，写经之力，已得托生人间，千万珍重。"含光乃问："夫人何故居此？"答云："罪状颇同，故复在此尔。"②

此条位于《太平广记》报应类中，此类笔记意欲宣扬佛教报应不爽之理，宋代五台山文殊信仰兴盛，并且文殊菩萨化身老人、老僧等形象搭救民间百姓之事相传甚多，当时文殊菩萨在民间信仰影响之大。

5. 五台山文殊菩萨可护佑忠义之人

宋代，随着儒家思想的发展，忠义思想大盛，五台山文殊信仰在中国化、世俗化的过程中，不可避免浸润了浓厚的时代色彩。典型者如流行于南宋时期较著名的两个忠义人物，一为鲁智深。他在出家前本为民间大众的一员，因替百姓伸张正义而身陷囹圄，出家五台山也有百姓希望他受到文殊庇

---

① （宋）延一，《广清凉传》卷2，《大正藏》，第51册，第1121页。
② （宋）李昉等，《太平广记》卷115报应14，北京：中华书局，1961年，第797页。

佑之意。杨五郎出身忠烈名门，保家卫国。宋太宗曾前往五台山还愿，却不幸被包围，杨家父子救驾，五郎延德冲出重围。"取出五台山智聪长老赠予的小匣，内有剃刀、度牒"，杨五郎知道智聪长老的意思，所以投身五台山出家。这样的故事在民众中广为传颂，实际反映出民间大众都希望在苦难时，能得到文殊的搭救，而且他们也确信，这样两位为民除害、一心卫国的忠义之人定会得到文殊菩萨的帮助，解除他们生活中遇到的苦难，因此，出家五台山便是一种最好的选择。

　　五台山为文殊菩萨道场，话本中两人皆与五台山结缘，这说明宋代文殊菩萨信仰在民间传播广泛，相应的，市民通俗文学在民间的广泛传诵也能进一步推动五台山文殊道场的发展。

　　6. 日常生活中浸润了浓郁的文殊因子

　　宋代，市民阶层形成，市民文化勃兴。唐以来，随着文殊信仰的世俗化、大众化，文殊道场不再仅仅局限于五台山，而是变成了一个抽象的理念，文殊菩萨也不再是仅仅存在于庙堂之中的神灵了，他无处不在地深入到民众生活的一点一滴，成为民众日常生活的重要组成部分。

　　《东京梦华录》记载：

　　　　卖卦、沙书地谜，奇巧百端，日新耳目。至正月七日，人使朝辞出门，灯山上彩，金碧相射，锦绣交辉。面北悉以彩结，山沓上皆画神仙故事。或坊市卖药卖卦之人，横列三门，各有彩结金书大牌，中曰"都门道"，左右曰"左右禁卫之门"，上有大牌曰"宣和与民同乐"。彩山左右，以彩结文殊、普贤，跨狮子白象，各于手指出水五道，其手摇动。用辘轳绞水上灯山尖高处，用木柜贮之，逐时放下，如瀑布状。又于左右门上，各以草把缚成戏龙之状，用青幕遮笼，草上密置灯烛数万盏，望之蜿蜒如双龙飞走。自灯山至宣德门楼横大街，约百余丈，用棘刺围绕，……①

　　宣和年正月，当时的北宋都城汴京异常热闹，民众张灯结彩举行庆祝活

---

　　① （宋）孟元老著、伊永文笺注，《东京梦华录》卷6，北京：中华书局，2006年，第541页。

动，其中文殊菩萨、普贤两位菩萨，一位骑着狮子，一位跨着白象，出现在彩山上。此种风俗的盛行及受到民众的喜爱，反映出宋代文殊信仰的世俗化程度。

吴自牧的《梦粱录》也同时记录了正月元宵节时刻，百姓过节时的场景：

> 正月十五日元夕节，乃上元天官赐福之辰。昨汴京大内前缚山棚，对宣德楼，悉以彩结，山沓上皆画群仙故事，左右以五色彩结文殊、普贤，跨狮子白象，各手指内五道出水。其水用辘轳绞上灯棚高尖处，以水柜盛贮，逐时放下，如瀑布状。又以草缚成龙，用青幕……①

山上结有文殊、普贤菩萨，并且这些菩萨像不仅仅只是供观赏作用，其手指间为五道出水口，非常巧妙地将一种信仰与民间生活结合在一起，这也从另一个角度说明当时的文殊信仰已经不是上层的信仰，已经迅速融入民间文化之中。

还有如：

> 重阳，以酒果糕等送诸女家，或遗亲识。其上插菊花，散石榴子、栗黄。或插小红旗，长二三尺。又以泥为文殊菩萨骑狮子像，蛮人牵之，以置糕上。或以圣像不可亵渎，每糕上作小狮子形数个，或为泥鹿。是日，天欲明时，以片糕搭儿头上，乳保祝祷之，云"百事皆高"。②

此条记录的是北宋京城汴京重阳节的景象，糕上塑有文殊菩萨骑狮子的图像，并且这种做法是为了恭祝重阳节"百事皆高"，文殊菩萨完全融入了民众的日常生活当中。

综上所述，宋代五台山文殊道场的发展，体现在上自皇室，下至普通百姓不遗余力地推广。这一推广的最终结果，是使得五台山文殊道场成为不言而喻的一种存在，已经深入人心，深入到民众的日常生活。这样的深入过程

---

① （宋）吴自牧，《梦粱录》卷1，杭州：浙江人民出版社，1984年，第3页。
② （宋）金盈之，《醉翁谈录》卷4，上海：古典文学出版社，1958年，第109页。

同时也是五台山文殊道场抽象化的过程，五台山文殊道场已经成为一个固定的、一般化的理念。与此同时，文殊菩萨开始走出庙堂，走出高深莫测的神圣世界，走向民众的喜怒哀乐，走向田野，深深耕植于民间大众生活的土壤当中。这既是佛教中国化、世俗化的必然结果，也是五台山文殊道场繁盛的极好体现。

第三节　唐宋时期五台山民间信仰
——以龙神信仰为考察个案

　　龙神崇拜作为一种民间信仰，学界对其研究成果颇丰。① 大体说来，前贤的关注点主要集中在中国龙形象、源流、发展；龙与中国文化和政治之关联以及佛教对中国龙文化的影响等方面。唐时，五台山被确立为文殊菩萨的道场，宋时五台山亦显盛一时，形成这一境况的原因是多方面的，其中文殊信仰借助地方民间文化如龙神的推广和普及则是不可或缺的重要因素之一。有关文殊菩萨与龙神信仰之关系目前也有少量成果面世②，而事实上，深入探究唐宋时期文殊菩萨与龙神信仰之关系，既是认知文殊信仰中国化、世俗

---

①　徐乃湘、崔岩峋，《说龙》，北京：紫禁城出版社，1987 年；陈绶祥，《中国的龙》，桂林：漓江出版社，1988 年；王大有，《龙凤文化源流》，北京：中国时代经济出版社，2008 年；刘志雄、杨静荣，《龙与中国文化》，北京：人民出版社，1992 年；杜文玉，王颜，《中印文明与龙王信仰》，《文史哲》2009 年第 11 期；王从文，《龙崇拜渊源论析》，《中国史研究动态》1997 年第 12 期；张鹤、张玉清，《中国龙文化的形成发展和中外文化交流》，《河北师范大学学报》2008 年第 2 期；闵翔鹏，《五方龙王和四海龙王的源流》，《民俗研究》2008 年第 9 期；曾凡，《原始水神信仰与龙神崇拜源流》，《学理论》2010 年第 12 期；苑利，《华北地区龙王庙主神龙王考》，《西北民族学院学》2002 年第 9 期；秦琼．《<太平广记>中龙的特殊性及其佛教渊源》，《濮阳职业技术学院学报》2012 年第 11 期；杨富学，《诸夏龙崇拜及其对印度的影响》，《濮阳职业技术学院学报》2014 年第 4 期；张玉霞，《佛教文化与中国龙王信仰的形成》，中南民族大学硕士学位论文，2012 年；苏智，《从<大唐西域记>中走出的"龙"——中印文化传统中龙形象比较研究》．兰州大学硕士学位论文，2012 年等。

②　贾泽冬，《山西五台山五爷信仰调查研究》，山西师范大学硕士学位论文，2016 年。

化的一扇新视窗，更是探究中印异质文化之间的交流和融合，以达到跨文化之间相互理解与沟通交流的一座桥梁。

一、唐宋时期五台山文殊道场中龙神信仰的兴盛

1. 文殊道场中有大量有关"龙"的地名、灵迹和称谓

唐宋时期，五台山作为文殊道场，大量存在有关"龙"的地名、灵迹或称谓，这反映出文殊道场中龙神信仰的兴盛情况。兹列表如下：

唐宋时期五台山有关"龙"的地名、灵迹、称谓表

地名、灵迹、称谓	文献来源
太华池，大龙	《古清凉传·卷下》
中台顶上，太华池神龙宫宅	《广清凉传·五台境界寺名圣迹六》
北台顶上，下有龙宫	《广清凉传·五台境界寺名圣迹六》
西台，有龙窟	《广清凉传·五台境界寺名圣迹六》
南台，龙神、龙枝、龙母、龙儿、龙宫胜堆	《广清凉传·五台境界寺名圣迹六》
东台东大会谷内有铜钟寺，寺有铜钟，龙象绕身	《广清凉传·释五台诸寺方所七》
东台北四十余里，下有盘龙寺，有龙形；次南，有龙泉寺	《广清凉传·释五台诸寺方所七》
龙堂	《广清凉传·牛云和尚求聪十一》
龙王眷属	《广清凉传·亡身殉道僧俗十七》
八大龙王	《广清凉传·高德僧事迹十九之余》
东台东南约一百余里，有池名"龙宫"	《广清凉传·高德僧事迹十九之余》
龙池	《广清凉传·高德僧事迹十九之余》
五台龙王、《五龙王图》	《广清凉传·宋僧所睹灵异二十一》
梵仙山，东岩龙神祠	《广清凉传·续遗》
大华严寺上空，龙母、五龙王	《广清凉传·续遗》
东台，龙山	《续清凉传·卷上》
天龙八部	《续清凉传·卷上》
龙宫	《续清凉传·卷上》
五龙池	《续清凉传·卷下》
毒龙池	《清凉山志·卷三》

续表

地名、灵迹、称谓	文献来源
毒龙、龙宫、婆竭罗龙王、小龙、龙神	S5573、S4039、S4429、S5487、S0370、S0467、P3563、P4608、P4560、P4647、北 8325、列 0278、列 1009、P4617、P3645、P2483
毒龙群、大毒龙二百五十六、毒龙二百五十降	敦煌莫高窟 61 窟《五台山图》
中台有求雨院、龙池、龙堂 北台顶有龙堂、龙王宫、龙王像、五台五百毒龙 东台那罗延窟有龙潜藏	《入唐求法巡礼行记·卷三》

2. 文殊道场中"龙"的形状、大小、颜色及住所的描述

关于龙的形状和大小，《说文解字》曰："龙，鳞虫之长。能幽能明，能细能巨，能短能长。"① 也即龙没有固定不变的外貌体相。唐宋时期五台山龙的形貌也大体具备上述特征。如"时有一尼，独往太华池供养，乃见池里有大藻，大龙绕之，似彼方龙花藻之像也。"② 太华池一般认为是文殊菩萨的洗漱之地，在这样的圣地圣水之中，有龙神存在，因龙盘绕于池水大藻之上，故呈现出的形状大约相当于今之山蒲桃、芝藤花之类，其长度应该比山蒲桃、芝藤花稍长。华严疏主澄观梦中看到的龙是另外一种形象，澄观"忽于夜寐，梦见自身化为大龙，首枕南台，尾枕北台，腾跃其身，复化千个小龙，分散而去。"③ 也即龙的大小没有固定尺寸，大者可身长数千米，其长度为南台到北台之间。并且大小龙之间可随意转化，这条大龙转身化为数千条小龙，其长度仅为数米。因龙的大小变化无定，可随藏身之地的大小随意进行变化，如降龙大师就曾于"净瓶中素畜一龙"。④

中国传统龙神传说以及道教经典都认为，龙是由蛇转化而来的，如《抱

---

① （汉）许慎，《说文解字》北京：中华书局，1963 年，第 245 页。
② （唐）慧祥撰、陈杨炯等校注，《古清凉传》，太原：山西人民出版社，2013 年，第 28 页。
③ （宋）延一撰、陈杨炯等校注，《广清凉传》，太原：山西人民出版社，2013 年，第 113 页。
④ （宋）延一撰、陈杨炯等校注，《广清凉传》，太原：山西人民出版社，2013 年，第 115 页。

朴子·黄白》中说："蛇之成龙，茅糁为膏，亦与自生者无异也。然其根源之所缘由，皆自然之感致。"① 正因如此，民众有时也把蛇称为"小龙"，认为龙的形状大体和蛇相近。如宋徽宗政和元年，僧人惠通和门徒几人游五台山，"至山，复逢同志者，因询之曰：'山有神龙，子见之乎?'同志曰：'见。'通问：'其状若何?'曰：'如蛇。'"② 可见，在时人的心目中，龙在形状上与蛇无大的差别。事实上，在唐宋时期文殊道场中，经常出现龙蛇混杂，不甚分明的情况。如僧无著，于唐大历二年（767 年）来到五台山，与化寺寺主有一段对话，无著曰："此处佛法如何?"答云："龙蛇混迹，凡圣同居。"③ 很显然，将龙蛇是放置于同一层级的。还有如湖南楚王，一向钦佩超化大师的名望，曾经派使者送茶叶到五台山，楚国使者与大师相随来到台顶，"俱宴龙池之侧，忽见一小蛇，其身赤色，跃于水上，回首盼盼。师曰：'你来也。'乃高其使曰：'尔可速归，惧有大事。'使即依言，于师俱旋至院。翌日，使心匆忙，策马而去。比至，其主已薨。使乃方悟蛇之验。"④ 在龙池边宴饮，结果见到的却是一蛇，而且蛇的出现验证的是楚国国君的去世。在中国传统文化中，国君往往被比附为真龙天子，此处的蛇，很显然与龙有着说不清道不明之关联。

至于龙的颜色，董仲舒根据五行思想阐发，将一龙变为青、赤、白、黑、黄五种。唐宋时期文殊道场中龙的颜色，则与此不尽完全相同。如书生李生，于宋政和元年（1111 年）游梵仙山，"至东岩，祈于龙神祠下。少顷，二龙出于石间，一为金色，一为绀青。"⑤ 宋时吕惠卿见到的则是苍

---

① 葛洪，《抱朴子内篇·黄白》文渊阁《四库全书》影印本。
② （宋）延一撰、陈杨炯等校注，《广清凉传》，太原：山西人民出版社，2013 年，第 134 页。
③ （宋）延一撰、陈杨炯等校注，《广清凉传》，太原：山西人民出版社，2013 年，第 81 页。
④ （宋）延一撰、陈杨炯等校注，《广清凉传》，太原：山西人民出版社，2013 年，第 116 页。
⑤ （宋）延一撰、陈杨炯等校注，《广清凉传》，太原：山西人民出版社，2013 年，第 134 页。

龙。① 也即文殊道场中龙之颜色基本为金、青、苍三种。

有关龙的住所，大概也不是固定之居，但基本可以确定是居于山中草木茂盛之处，这可从宋张商英的论述中得到证明，他说："比因边倅议括旷土，故我圣境山林，为土丘所有；开畲斩伐，发露龙神之窟宅。"② 因开荒伐树，使山顶失去植被，龙神的窟宅也暴露于外了。当然，如果龙腾飞起来的话，一般是在云中，《续清凉传·附录·台山瑞应记》中说："五色云中……有天桥如龙之上飞者。"③

3. 文殊道场中龙神的主要职能

（1）司雨

中国古来即认为龙与水关系密切，民间有筑土龙祈雨的风俗，汉时于四季祭祀龙神，唐《开元礼》中祭祀龙神属小祀，至宋，则被提升为中祀，皆为求得雨水。五台山地处山西北部，常年干旱少雨，在以农业为主要生活来源的唐宋时期，民众对雨水的渴望之情往往寄托在龙神身上，文殊道场作为佛教圣地，亦难逃此境遇。如张商英曾多次到五台山求雨，"明年夏六月，诣山讫求雨泽""既以旱祈雨，在山三祷三应""以本路亢旱，躬诣五台山文殊像前及五龙池，祈求雨泽。"④ 说明五台山龙神不仅掌管本山的雨泽，其覆盖范围还可遍及周边区域。

因龙神司雨功能较为强大，故雷雨有时可作为龙神出现的物化象征。如宋太宗武力平定山西州县后，僧人释净业到行宫觐见，并进呈了《山门圣境图》和《五龙王图》，太宗急忙让在御座之前展开，"忽大雷霆，天无片云，驶雨霶注。帝大骇曰：'是何祥也？'师对曰：'五台龙王来朝陛下。今二龙

---

① 华和平主编，《清凉山志传·清凉山志》（下），太原：山西人民出版社，2009 年，第 200 页。

② 张商英撰、陈杨炯等校注，《续清凉传》，太原：山西人民出版社，2013 年，第 146 页。

③ 张商英撰、陈杨炯等校注，《续清凉传》，太原：山西人民出版社，2013 年，第 161 页。

④ 张商英撰、陈杨炯等校注，《续清凉传》，太原：山西人民出版社，2013 年，第 152—153 页。

相见，当喜，故也雷雨若是。'"① 真龙天子与五台龙王相见，龙王以雷雨为载体，标示自身的存在，这恐怕也是其司雨职能的很好表现。

（2）供养、护卫文殊菩萨

在佛经中，龙是作为文殊菩萨的供养、护卫者出现的。如《文殊菩萨现宝藏陀罗尼经》云："……佛告金刚密迹主菩萨言：'我灭度后，于此赡部洲东北方，有国名大振那，其中有山名为五顶。文殊师利童子游行居住，为诸众生于中说法，及有无量龙天、夜叉、罗刹、紧那罗、摩睺罗伽、人非人等围绕供养乃至。'"② 这里的"龙"，指的是天龙八部中的龙众。在佛教严密的层级体系中，"龙众"从属于护法神，处于释尊、菩萨、罗汉之下。在护法神之中，其地位仅次于天众。龙众虽作为文殊菩萨的护法神之一，也难以避免处在六道轮回之中的命运。并且在六道之中，龙众属于畜道，位于人道之下。但龙本身因有强大的灵性，故是畜类中唯一可以受戒而皈依佛法，参悟禅理的生物。

在五台山文殊道场，龙同样有此职能。为了更好地供养、护卫文殊菩萨，龙神常常以菩萨的化身出现。如"中台顶上太华池，……池内平处，有石磊落。……，神龙宫宅之所在焉。人暂视之，瘆然神骇，云雾祥映，难以具言。然池之大小浅深，神变不定。故礼谒者解璎褫珮，投中而去。隋开皇十一年，文帝敕忻州刺史崔震持供，于五台顶设斋立碑。奉使登台，遥瞻丛石，并使菩萨，身挂璎珞。"③ 太华池因是神龙的宫宅，故池子的大小深浅变幻莫测，导致膜拜之众将身上所带璎珞解下置于其中以示虔诚之意，但后期所见到的景象则是文殊菩萨身处池中，身佩信众所施璎珞，可见，龙神对菩萨的护卫是非常到位的。

再如，宋绍兴年间，太尉吕惠卿游五台山，"……至中台，忽云雾四合，

① （宋）延一撰、陈杨炯等校注，《广清凉传》，太原：山西人民出版社，2013 年，第125 页。

② （宋）延一撰、陈杨炯等校注，《广清凉传》，太原：山西人民出版社，2013 年，第50 页。

③ （宋）延一撰、陈杨炯等校注，《广清凉传》，太原：山西人民出版社，2013 年，第61 页。

暴风雷雨，……须臾有物，状若苍虬，半出云雾间。太尉骇甚，移时稍霁，外望见一童子，体黑而被发，……童子现大士形，跨金狮，隐隐没于云际。"① 这里的文殊菩萨，先以苍龙的形象出现，然后才隐隐现身，足见只要有文殊处，即有龙神对其的护卫。事实上，龙神已经变成了文殊菩萨的随从，紧紧跟随身后，如朔州慈勇大师于金太宗年间"游大华严寺，忽于寺侧见祥云自东而来，五彩毕具。又于云中现文殊……龙母、五龙王等执珪而朝。"② 龙母和五龙王仿佛大臣般护卫者类似帝王的文殊。

（3）护山

唐宋时期文殊道场中的龙神还有一项很重要的职能，那就是护山，也即充当五台山的保护神。宋元祐庚午年（1090 年），德州市民王在携妻、仆游五台山，在礼拜文殊菩萨时有不恭敬的表现，被知客僧省彦告诫："'此山龙神守护，或若以怒，公身窜之无地也。'在曰：'岂一龙焉能祸我？'彦曰：'君此一来，轻侮像貌，痛斥龙神，第恐怕祸生不测，可速悔过。不然，公之身心必碎于龙神之爪牙矣。'"由于王在不悔改，最后"甫及夜半，大雷忽发，若天圻地裂。堂之壁已为穴，火焰随入，俄顷，火从穴出，在之身已碎矣。其仆孝存，借寺家棉衣一件以御寒，里外衣并烧损，唯中间借物在焉。其妻、仆火其骨而下山，闻者靡不叹异。"③ 任何有损于文殊菩萨的言行都必将遭受来自龙神的惩罚，这里的龙神一方面是文殊菩萨的忠实守护者，更主要的则是五台山的护山神。

（4）预示佛经的流通情况

唐宋时期五台山作为文殊菩萨的道场，是全国的佛教中心。龙神作为文殊菩萨的护卫者，具有能预示佛经流通状况的功能，这一功能恐为其他区域龙神所不具备。如澄观对《华严经》的注疏阐释完成后，想试验一下注疏的

---

① 华和平主编，《清凉山志传·清凉山志》（下册），太原：山西人民出版社，2009年，第200页。

② （宋）延一撰、陈杨炯等校注，《广清凉传》，太原：山西人民出版社，2013年，第135页。

③ （宋）延一撰、陈杨炯等校注，《广清凉传》，太原：山西人民出版社，2013年，第134页。

流通情况，于是就进入道场祈祷，"忽于夜寐，梦见自身化为大龙，首枕南台，尾枕北台，腾跃其身，复化千个小龙，分散而去。疏主觉已，喜曰：'斯乃新疏流行之应矣。'"① 在高僧大德的信仰世界，《华严经》注疏的实际流通情况如何，需要龙神的隐喻和预示来完成，这似乎隐含着龙神与《华严经》某种必然的关联。

事实上，《华严经》在唐宋时期的僧众当中有着强大的影响力，僧众在涉及对五台山的信仰、膜拜时，总会与《华严经》发生密切的关系，如唐代西京有清信士房德元、王玄爽，"因读《华严经》，见《菩萨住处品》，逐心专胜地，以（高宗）上元三年（676 年）五月十三日，共往登之。"② 因读诵《华严经》而登上五台山，说明僧众认为通过诵读、探究《华严经》即可受到文殊菩萨的点化、感悟，进而需要亲自上山朝拜。还有如"唐开元中，代州大旱，都督薛微，祷雨于太华池，命僧讽《华严》"，"以合香枝洒净。满七日，大雨千里。"③ 即《华严经》与"五台山"之间存在着某种内在的关联，只要虔诚地侍奉《华严经》即可感知到来自文殊菩萨的力量。

《华严经》之所以受到五台山僧众的广泛认可，是因为此经是五台山能够成为文殊菩萨道场的主要文献依据。其中卷29《菩萨住处品第二十七》载"东北方有菩萨住处，名清凉山。过去诸菩萨常于中住，彼现有菩萨，名文殊师利，有一万菩萨眷属，常为说法。"④ 可见二者关系之密切。此外，《华严经传记》又载："山去京一千六百里，代州之界。"⑤ 这就在地理方位上确立了只能是五台山而非其他山成为文殊应化的道场。

上述记载说明一个事实，即《华严经》和五台山、文殊菩萨之间关系非常密切，那么，龙神作为文殊菩萨的忠实护佑者，常伴其左右，以之来预示《华严经》注疏的流通情况便不难理解，其中暗含的当是文殊菩萨在信众当

---

① （宋）延一撰、陈杨炯等校注，《广清凉传》，太原：山西人民出版社，2013 年，第113 页。

② 慧祥撰、陈杨炯等校注，《古清凉传》，太原：山西人民出版社，2013 年，第 29 页。

③ 华和平主编，《清凉山志传·清凉山志》（下），太原：山西人民出版社，2009 年，第 268 页。

④ 《大方广佛华严经》卷29《菩萨住处品第二十七》，《大正藏》第 9 册，第 590 页。

⑤ （唐）法藏集，《华严经传记》卷1，《大正藏》第 51 册，第 157 页。

中的影响力。

二、唐宋时期文殊菩萨与龙神之关系

唐宋时期，作为文殊菩萨道场的五台山，龙神信仰却非常兴盛，那么，其时二者的关系如何，是值得探讨的关键问题。

1. 镇压与被镇压、教化与被教化之关系

文殊菩萨与龙神之关系，首先表现为文殊菩萨对龙神的镇压与教化。如佛说《华严经》云："南阎浮提东北方震旦国有金色世界清凉宝山，其山五峰迥耸……佛敕文殊菩萨，令往台教化毒龙之类。"① 又据《文殊菩萨现宝藏陀罗尼经》云："……文殊师利广能利益一切众生，大作佛事，……有国名大震那，其中有山名为五顶。文殊师利童子游行居住，为诸众生于中说法，及有无量龙天、夜叉、罗刹……围绕供养乃至。"② 《五台山赞》录文S5573、S4039、S5487、S3563、P4608、P4560、北8325、列0278、基本都有下列描述："佛子道场屈请暂时间，志心听赞五台山。毒龙雨降为大海，文殊镇压不能翻……狮子一吼三千界，五台毒龙心胆摧……北台顶上有龙宫，雷声曲震烈山林。娑竭罗龙王宫里□，小龙□法使雷风。"③《法华经·提婆达多品》说，娑竭罗为佛教传说中的大海，娑竭罗龙王以海而得名。佛教传说文殊入大海娑竭罗龙宫，化八岁龙女，诣灵山，使龙女于大众前成佛。而P3645、S0370载："北台毒龙常听法，雷风闪电隐山川。不敢以人为患害……尽是龙神集善缘。"④ 敦煌莫高露第61窟《五台山图》西台左上方和北台上方画有"毒龙群"，有题记"大毒龙二百五十六""毒龙二百五十降"等等，不胜枚举。

唐时降龙大师的名号及行为完好地诠释了文殊菩萨与龙神之间的这种关

---

① 杜斗城，《敦煌五台山文献校录研究》，太原：山西人民出版社，1991年，第200页。

② （唐）菩提流志，《文殊帅利法宝藏陀罗尼经》，《大正藏》第20册，第791页。

③ 杜斗城，《敦煌五台山文献校录研究》，太原：山西人民出版社，1991年，第2—5页。

④ 杜斗城，《敦煌五台山文献校录研究》，太原：山西人民出版社，1991年，第60、70页。

系。《清凉山志》载:"东台东百里,有毒龙池,龙常害物,四十里内,人畜不入。师携净瓶锡杖,庐其侧。一夕暴风怒雷,自池而出,师咒之,龙即入瓶。风雷皆寝。师绕瓶诵大乘经咒,居七日,龙革毒心。"① 降龙大师本为其母祷于五台山而生者,长大后到了五台山真容院,其"心澄秋月,行洁冰霜,向道之心,食息靡闲。"可以说是文殊菩萨的虔诚信服者,某种程度上也可说是文殊菩萨在五台山的忠实践行者,面对残害人畜的龙,降龙大师以佛法降服之,教化之,足见文殊菩萨与龙神之间是鲜明的镇压与被镇压、教化与被教化之关系。

从上述记载中可知,文殊菩萨与龙之首要关系为前者对后者的镇压与教化。即龙的本性是恶的,甚至对方圆人畜是有害的,故须文殊菩萨镇压,双方的关系表现为一定的对抗性。但由于龙为文殊的供养物,可常常在菩萨面前听法,故也有被佛法教化的可能性,即二者又具有一定的调和性。

2. 化身与被化身、代表与被代表之关系

在印度佛经及敦煌文书中,文殊菩萨与龙神的关系以对抗性为主,辅之以调和性。但随着佛教在五台山的生根、发芽、壮大,二者之关系渐渐向以调和性为主的方向发展。具体表现为龙神常常以文殊菩萨的化身和代表者出现,或者龙神的某些职能完全被附着到文殊菩萨身上,彼此甚至很难彻底分割清楚。如唐龙朔年中,会赜等人往清凉山检行圣迹"……遥见西北一僧,……忽然不见。……又往大孚寺东堂修文殊故像,焚燎旁草,飞飚及远,烧爇花园,烟焰将盛。其园去水四十五步,遣人往汲,未及至间,堂后立起黑云,举高五丈。寻便雨下,骤灭无余,云亦当处消散,莫知其由。"② 在即将发生火灾的关键时刻,及时灭火的定是那位遥见的西北僧人,此僧人飘忽无定,当为文殊菩萨无疑。这里龙王的司雨职能显然已经被赋予到了文殊菩萨身上。

文殊菩萨不仅司水灭火,在旱情严重时也掌管下雨。如"开元十八年,

① 华和平主编,《清凉山志传·清凉山志》(下),太原:山西人民出版社,2009年,第124页。

② 慧祥撰、陈杨炯等校注,《古清凉传》,太原:山西人民出版社,2013年,第27页。

代州都督薛徽，以岁属亢阳，久愆时雨，草木焦枯，种植俱废。都督谓众曰：'吾闻台山文殊菩萨极多灵异，有无缘，慈，必哀祈请。'遂登台顶，竭诚祷雨，……俄顷，黑云叆叇，驶雨洪澍，五县沾足（古有唐林县也）。"① 官员带头祷应文殊祈雨，反映出在世俗信众的信仰世界，文殊与龙神并无截然清晰的界限。

在海上遇到大风暴，只要礼拜文殊菩萨，同样会得到保护。如超化大师"尝遇暴风四起，波涛鼓怒，舟人惶骇，顷刻沉没。大师整衣焚香，望山遥礼文殊大圣，乞加冥护。俄顷，见文殊师利出于海，上现半身，猛风骇浪，顿然恬熄。"② 大海上的风浪暴雨也由文殊掌控，完全代替龙王行使职能，或者说在信众的信仰世界，龙王的某些职能已经完全转归于文殊。还有如"金光照和尚者，……至唐大历二年，方达五台山，于大华严寺万菩萨院安止。其日，忽雷电交发，雨雹驶飞。师乃骇心，嘿念大圣，俄而晴霁。"③ 遇到突发的恶劣天气，只要默念文殊大圣，即可晴好如初，龙神的职能直接被文殊菩萨接管。

有时龙又是文殊菩萨的直接化身，如前述中台顶太华池中信众将璎襦珮等物投其中的记载，太华池因为是神龙的宫宅，导致膜拜之众将身上所带璎珞接下置于其中以示虔诚之意，但后期所见到的景象则是文殊菩萨身处池中，身佩信众所施璎珞。这显然是信众将菩萨与龙神直接融为一体，龙神即为菩萨的化身所在。还有如宋绍兴年间，太尉吕惠卿游五台山，"……至中台，忽云雾四合，暴风雷雨，……须臾有物，状若苍虬，半出云雾间。太尉骇甚，移时稍霁，外望见一童子，体黑而被发，……童子现大士形，跨金狮，隐隐没于云际。"④ 这里的文殊菩萨，是以龙的形象出现在信众眼前，二

---

① （宋）延一撰、陈杨炯等校注，《广清凉传》，太原：山西人民出版社，2013 年，第 102 页。

② （宋）延一撰、陈杨炯等校注，《广清凉传》，太原：山西人民出版社，2013 年，第 117 页。

③ （宋）延一撰、陈杨炯等校注，《广清凉传》，太原：山西人民出版社，2013 年，第 112 页。

④ 华和平主编，《清凉山志传·清凉山志》（下），太原：山西人民出版社，2009 年，第 200 页。

者很难有明确的区分。

文殊菩萨与龙神之间这种亲密性较强的、以调和为主的化身与被化身之关系，显然是佛教传入中国后，尤其是文殊道场在形成过程中，大力借助中国原有龙神信仰以扩张和深耕的结果。之后，随着文殊信仰的日渐普及，龙神在向其靠拢的同时，二者之间呈现出你中有我，我中有你的互动式关系，究其本质则是佛教与民间信仰之间互利互惠的一种默契"合作"。

三、文殊道场中的龙神信仰：中印文化交融、互动之见证

从唐宋时期文殊菩萨与龙神之关系，可以明确感知中印两国文化交流的脉络。其中既有强烈的印度文化因子，又夹杂了浓浓的中国传统文化的味道。这之中甚至很难划出一个明晰的界限来区分二者。这一模糊的表现形式，却又恰恰是中印文化交流、交融最有力的见证。

1. 文殊道场中的龙神信仰，具有鲜明的印度文化的色彩

首先，文殊道场中的龙具有较强的危害性。前述佛经中有关龙的记载基本上为"毒龙"。降龙大师所降之龙不仅具有毒性，而且常常出来糟害人畜。[①] 还有如《太平广记》卷四百二十四"五台山池"条："禁五百毒龙之所……如近池，必为毒气所吸，逡巡而没。"[②] 可知龙的危害性确实不小。此类记载在印度佛经中比比皆是，如《菩萨本行经》云："中有毒龙名曰酸陀梨……甚大凶恶。"[③]《增一阿含经》云："有毒龙在彼止住……恐相伤害耳"。[④] 这与中国传统文化中将龙比作祥瑞的寓意相去甚远。

其次，龙的地位相对较低。文殊道场中的龙，不管是作为文殊菩萨的驯服者还是代表者，其地位都相对较低，这与印度佛教中龙所处较低的地位有关。印度佛教中，龙众只是八大护法之一，所谓"天龙八部"之一，[⑤] 其在

---

① 华和平主编，《清凉山志传·清凉山志》（下），太原：山西人民出版社，2009 年，第 124 页。

② 李昉，《太平广记》，北京：中华书局，1961 年，卷 424，第 3452 页。

③ 《大正藏》第 3 册《佛说菩萨本行经》，台北：新文丰出版社，1987 年，第 116 页。

④ 《大正藏》第 2 册《增一阿含经》，台北：新文丰出版社，1987 年，第 619 页。

⑤ 《大正藏》第 54 册《翻译名义集》，台北：新文丰出版社，1987 年，第 1075 页。

佛界的等级并不高。不仅如此，在印度文化中，以金翅鸟为尊者，而金翅鸟以龙为食，每天需食一条大龙王，五百条小龙。① 这与中国传统文化中龙受万众景仰的状况截然不同。

再次，五台龙王的出现。在中国传统文化中，龙并没有地域性差别，也没有被称为"龙王"者，只有"五龙"之称。但在唐宋时期的五台山，则出现了"五台龙王"的称谓，如北台"台顶南头有龙堂，……中间是龙王宫，临池水上置龙王像，……此乃五台五百毒龙之王。"② 再如释净业觐见宋太宗时，进呈了《五龙王图》，并对太宗说："五台龙王来朝陛下"。③ 区域性龙王的出现显然是印度佛教影响的结果。《妙法莲华经》中有八龙王之称④，《华严经》中有无量诸大龙王⑤。这些龙王基本上各居一方，处龙宫而司一方之职，即为区域性龙神。深受印度佛教这一思想影响，五台山龙王出现，其职能如护山、预示佛经流通等非其他区域龙王所不具备。

第四，龙蛇类同。前述文殊道场中龙蛇混杂不清的事例较多，造成这种含混认知的主要因素之一恐也和印度文化有关。据印度《摩奴法典》第一卷第三十七节载："他们创造了……龙王（Nagas），蛇神（Sarpas），神鸟（Souparnas）以及祖灵的各氏族。"⑥ 龙王与蛇神虽不属于一类，但二者是并列的，地位相近。在此书同页的注释中又写道："Nagas 是人面、蛇尾、蛇长颈的半神，……住地狱中。"从中可得知，印度文化中龙的形状从身体到尾部几乎都与蛇类似。佛教在形成过程中，对印度传统神灵加以收编、改造，并附以浓烈的佛教色彩，龙即为其中之一。《起世因本经》载："阎浮洲中，唯除阿耨达多龙王，其余诸龙，游戏乐时，有热风来，吹彼等身，即失天

---

① 《大正藏》第 21 册《迦楼罗及诸天密言经》，台北：新文丰出版社，1987 年，第 331–333 页。

② 〔日〕圆仁著、白化文校注，《入唐求法巡礼行记校注》，石家庄：花山文艺出版社，2007 年，第 96 页。

③ （宋）延一撰、陈杨炯等校注，《广清凉传》，太原：山西人民出版社，2013 年，第 125 页。

④ 《大正藏》第 9 册《妙法莲华经》，台北：新文丰出版社，1973 年，第 2 页。

⑤ 《大正藏》第 10 册《大方广佛华严经》，新文丰出版社，1973 年，第 4 页。

⑥ 〔法〕迭朗善译、马雪良转译，《摩奴法典》，商务印书馆，1982 年，第 13 页。

色，现蛇形色，有如是苦。"① 除了皈依佛祖的阿耨达多龙王外，其余龙皆会有现出蛇形的烦恼。如此记载当是对印度传统文化扬弃的结果。五台山文殊道场在形成过程中，受到强烈的印度文化的影响，龙蛇混杂便自不待言。

2. 文殊道场中的龙神信仰，显现出浓烈的中国传统文化味道

首先，龙神职权的泛化。龙神不仅是文殊菩萨的供养者、护卫者，而且从司雨、护山到预示吉凶祸福皆可。这显然是佛教传入五台山后，在文殊道场的形成过程中，对当地民间龙神权职能用的结果，与中国民间信仰中的泛神化如出一辙。

其次，文殊道场中龙的地位虽然低于中国传统文化中的龙，但相对于印度佛教中的龙，地位却又略有提升，显然是受到了中国传统文化的影响。如"释法兴，……付嘱门人，修弥勒大阁，……尊像庄严，靡不周备已至。七十二位圣贤、八大龙王、台山诸寺圣像，万有余尊，绘塑悉具。"② 之中的"八大龙王"前述称谓来源于印度佛教，但此间却与中国古代七十二圣贤处于同等序列。七十二贤人，是孔子思想和学说的坚定追随者和实践者，也是儒学的积极传播者，在中国传统文化中的地位较高。龙神与七十二贤人并列，说明其虽仍然处于佛法之下，但至少在印度佛教中所具有的毒性、对人畜的有害性则被大大消减，开始向中国传统文化中代表祥瑞的龙靠拢和扭转，地位有一定的提升。

再次，文殊道场中的龙神身上，被赋予了较强的儒家思想因子。如朔州慈勇大师，于金太宗年间，"游大华严寺，忽于寺侧见祥云自东而来，五彩毕具。又于云中现文殊……龙母、五龙王等执珪而朝。"③ 珪是中国古代贵族朝聘、祭祀、丧葬时的礼器。依其大小，以别尊卑。这是典型的中国传统文化的载体，也是儒家文化尊卑有别思想的具体体现之一。文殊菩萨作为主尊，被比附为最高统治者，龙王作为护卫者，被比附为忠贞的臣子，执珪而

---

① 《大正藏》第 1 册《起世因本经》，台北：新文丰出版社，1987 年，第 368 页。
② （宋）延一撰、陈杨炯等校注，《广清凉传》，太原：山西人民出版社，2013 年，第 114 - 115 页。
③ （宋）延一撰、陈杨炯等校注，《广清凉传》，太原：山西人民出版社，2013 年，第 135 页。

朝拜，随其左右。这显然是用儒家治国思想将佛教和龙神信仰改造后的结果。还有如宋太宗武力平定山西州县后，释净业到行宫觐见并进呈了《山门圣境图》和《五龙王图》，太宗急忙让在御座之前展开，"忽大雷霆，天无片云，驶雨霶注。帝大骇曰：'是何祥也？'师对曰：'五台龙王来朝陛下。今二龙相见，当喜，故也雷雨若是。'"① 这条史料前已引用，但此中寓意不同，这里的"二龙"，一是代指"五台龙王，"二是代指"宋太宗"，很显然，这里的"二龙"是将儒家思想"天子授命于天，天下授命于天子"的内容、"真龙天子"的文化意蕴外化表达的结果。

综上，唐宋时期五台山文殊道场的形成是多方助力的结果，其中既离不开佛教各宗派的鼎力支持，也是民众虔诚信服使然，双方形成的合力当可理解为中印文化交流、融汇的结果。唐宋时期的佛教虽然已经呈现出中国化、世俗化之特征，但总体来说，其印度化的特质还是比较明显的。因此，一方面，来源于印度的文殊菩萨要想在五台山生根发芽、枝繁叶茂，势必会借助当地民间信仰中权威神灵的话语权来表达自己。而五台山地处晋北，气候干旱少雨，龙神在民众的信仰世界地位较高，佛教对其的借助甚至吸收当是自然而然之事。五台山传统的龙神进入到佛教体系后，与印度佛教原有龙神不断融合，这种融合不仅体现在形象、称谓和职能上，更体现在龙神与文殊菩萨的关系之中。这不但为五台山传统龙神信仰注入了新的元素，而且也促使印度龙神文化、文殊信仰在中国内地尤其在五台山发展壮大，最终使五台山成为其时的佛教中心。这种双向互动与共生发展的格局，不仅对佛教文化而且对中印两国都产生了深远的影响。

---

① （宋）延一撰、陈杨炯等校注，《广清凉传》，太原：山西人民出版社，2013年，第125页。

第五章

唐宋时期僧众到五台山的朝拜活动

唐宋时期五台山优美的自然景观和神秘的佛教文化景观吸引了大批国内外僧众赴山，他们或是朝拜文殊菩萨，或为弘扬佛法，讲学论道。

第一节　唐宋时期西北僧众到五台山的朝拜活动

唐宋时期，五台山文殊信仰不仅在中原地区臻于鼎盛，西北僧众受其影响也通过不同方式表达对文殊的敬仰膜拜，史籍对此有大量记载，学者的研究成果也涉猎不少。① 在僧众众多的信仰方式之中，亲力亲为到五台山朝拜无疑是最具代表性的方式之一，对朝拜活动的探究不仅是深化五台山文化研究的路径之一，更是瞭望西北与中原文化交流的一扇视窗。

本文所指的西北地区，从自然地理范围上来讲，大致指大兴安岭以西，昆仑山—阿尔金山、祁连山以北的广大地区，行政区划上则包括今陕西、甘肃、青海、宁夏、新疆等省区。

---

① 如杜斗城，《敦煌五台山文献校录研究》，太原：山西人民出版社，1991；荣新江，《敦煌文献与绘画反映的五代宋初中原与西北地区的文化交流》，《北京大学学报》1998 年第 2 期；党燕妮，《五台山文殊信仰及其在敦煌的流传》，《敦煌学辑刊》2004 年第 1 期；杨富学，《西夏五台山信仰斠议》，《西夏研究》2010 年第 1 期；公维章，《西夏时期敦煌的五台山文殊信仰》，《泰山学院学报》2009 年第 2 期；冯永昌，《敦煌与五台山——文殊信仰的互动》，《五台山研究》2008 年第 2 期；张艳，《回鹘五台山信仰研究》，西北师范大学硕士学位论文，2015 年等。

一、唐宋时期西北僧尼到五台山的朝拜活动

唐宋时期五台山经过上层统治者的大力支持，佛教各宗派的极力倡导，成为文殊菩萨的演教之地，加上优美秀丽的景观，吸引了大批高僧大德入山瞻礼，他们成为到五台山朝拜的主力军，今将史籍所载列表如下：

唐宋时期西北僧尼往五台山朝拜表

姓名	来源地	时间	活动概况	资料来源
智冲	长安	唐太宗贞观十四年（640）	辞往五台，礼文殊大师	《清凉山志》卷6，第111页
会赜	长安会昌寺	唐高宗龙朔年间（661—663）	同内侍掌扇张行弘等，往五台山检行圣迹	《古清凉传》卷下，第24页
		唐龙朔元年、二年（661、662）	唐龙朔元年，下敕令会昌寺僧会赜往五台山修理寺塔。……今上龙朔二年，又令赜往并赍力财帛往修理故寺	《集神州三宝感通录》，卷中，《大正藏》第52册，第422–423页。《续高僧传》卷35，〈代州五台山释明隐传三十五〉，《大正藏》第50册，第665页。
慧祥	蓝谷悟真寺①	唐高宗乾封二年（667）	随西域僧释迦密多罗同往，乘驿往送所在供给	《古清凉传》卷下，第25页

---

① 有关慧祥的驻锡地学界历来有两种说法，其一，现代辞典对"蓝谷"条的编纂皆载，蓝谷在今山西太原市晋源镇的西南方。如史为乐主编，《中国历史地名大辞典》，北京：中国社会科学出版社，2005年下册，第2651页；施丁、沈志华主编，《资治通鉴大辞典》，长春：吉林人民出版社，1994年，第749页；魏嵩山主编，《中国历史地名大辞典》，广州：广东教育出版社，1995年，第1162页。廉考文、靳生禾和谢鸿喜等学者亦持此说。（廉考文，《慧祥"蓝谷沙门"臆断》，《五台山研究》，1999年第2期；靳生禾、谢鸿喜，《晋阳古战场考察报告》，《山西大学学报（哲学社会科学版）》，2007年第3期）。其二，小笠原宣秀、镰田茂雄、徐翠先、崔正森等学者则认为"蓝谷"位于唐代京都长安的东南方。（小笠原宣秀，《蓝谷沙门慧详に就いて》，第233页；镰田茂雄，《"清凉山记"考：五台山における尊胜陀罗尼信仰》，《兴教大师觉拊研究：兴教大师八百五十年御远忌纪念论集》东京：春秋社，1992年，第803页；徐翠先，《佛教史志〈古清凉传〉的文学价值》，第125页。）今从后说。

姓名	来源地	时间	活动概况	资料来源
窥基	长安慈恩寺	唐高宗咸亨四年（673）	与僧俗五百余人到中台建连基叠石室二枚，东屋石文殊师利立像一；西屋石弥勒坐像一	《古清凉传》卷上，第15页
		唐高宗永龙年间（680—681）	来游五台山，礼文殊菩萨，于华严寺西院安止。法师常月造弥勒像一躯，日诵菩萨戒一遍，愿生兜率，求其志也	《广清凉传》卷下，第89页
灵察	长安慈恩寺	唐高宗上元二年（675）	从台北木瓜谷，上北台，经两宿，每六时，尝闻钟声，又夜闻青雀数百飞鸣，左右不见其形。又向中台，经两宿，又往西台。将去之时，有百鸟飞引其前，还至中台，方乃远去	《古清凉传》卷下，第26页
两梵僧	西域	唐高宗仪凤年中（676—678）	至五台山，赍草花，执香炉，肘膝行步，向山礼文殊菩萨	《广清凉传》卷下，第99页
惠恂	同州（陕西大荔）爱敬寺	唐高宗调露元年（679）	一同到五台山娑婆寺坐夏，僧惠恂后到，也见到五色庆云。后到中台，见杂色瑞光，形如佛像	《古清凉传》卷下，第27页
通贤	长安至相寺	唐高宗永淳二年（683）	与居士玄爽房、玄德寺结志同游，诣清凉山，祈礼文殊圣者	《华严经传记》卷1，《大正藏》第51册，第157页
尼姑妙胜	长安万善寺	武则天长安二年（702）	于中台造塔	《广清凉传》卷上，第54页
惠隐	长安光天寺	唐代宗大历四年（769）	惠隐为国铸前件枡，充五台山圣金阁等寺的普通供养，不空遂奏："令惠隐送圣枡至台山，永为供养"。代宗敕"依牒至准"	《代宗朝赠司空大辨正广智三藏和上表制集》卷2，《大正藏》第52册，第837页

续表

姓名	来源地	时间	活动概况	资料来源
惠晓	长安	唐代宗大历十二年(777)	往五台山检校修功德。至七月十九日,斋后,与中使李童枝等七十余人,将香火巡礼	《代宗朝赠司空大辨正广智三藏和上表制集》卷6,《大正藏》第52册,第858、859页
		唐代宗大历十三年(778)	同惠朗一起到五台山金阁寺修功德	《代宗朝赠司空大辨正广智三藏和上表制集》卷6,《大正藏》第52册,第858页
惠朗	长安	唐代宗大历十三年(778)	同惠晓一起到五台山金阁寺修功德	《代宗朝赠司空大辨正广智三藏和上表制集》卷6,《大正藏》第52册,第858页
法贤座主	长安	唐武宗会昌灭佛之前(845前)	在大华严寺涅槃院的高阁殿,讲《摩诃》、《止观》二经	《入唐求法巡礼行记》卷2,第276页
胡僧	于阗	后唐庄宗时(924—926)	庄宗率皇后及诸子迎拜之,僧游五台山,遣中使供顿,所至倾动城邑	《新五代史》卷14,第144页
范海印和尚	河西	后唐长兴二年(931)	每虑坏躯虚假,翘情礼于五台。圣主遐宣,对诏宠迁一品。复攀岷峰灵迹,愿顶普贤神踪。跋涉关山,恂求如来胜会	P. 3718有所写《唐河西释门故僧政临坛供奉大德兼阐扬三教大法师赐紫沙门范和尚写真讚拜序》
一僧人	吐蕃	10世纪	吐蕃的僧人,很盛行去五台山巡礼	Hackin, Joseph. Formulaire sanscrit - tibetain, Paris, 1924. 熊本裕(KUMAMOTO Hiroshi):《西域旅行者用サンスクリット = コータン语会话练习帐》《西南アジア研究》28, 1988, 第53—82页;高田时雄(TAKATA-Tokio):《敦煌莫高窟第十七窟发现写本から见た敦煌における多言语使用の概观》,《石窟寺院の成立と变容》,京都大学, 2002年,第4—5页;高田时雄(TAKATATokio):《李盛铎旧藏写本〈驿程记〉初探》,《敦煌写本研究年报》5,第1—13页

续表

姓名	来源地	时间	活动概况	资料来源
高僧（姓名不详）	西州	五代中叶	东游唐国华都，圣君赏紫，承恩特加师号。拟五台山上，攀松竹以经行，文殊殿前，献香花而度日。欲思普化，爱别中华，负一锡以西来，途经数载，制三衣于沙碛，远达崑崙	S. 6551《佛说阿弥陀经讲经文》是一位于在西州讲经用的文本①。讲经文的开头部分，叙述了这位高僧游方的行迹②
（尼）法仙	河西回鹘（夜落纥）	宋真宗景德四年（1007）	真宗允许"法仙游五台山"	《宋史》卷490，第14115页
哈尚	辉和尔（畏吾儿）	宋真宗大中祥符二年（1009）	辉和尔僧哈尚贡奉赴阙，乞赴五台山瞻礼。宋真宗批准，并提供路上所需粮食	《续资治通鉴长编》卷72，第1643页。
右厶乙	敦煌	不详	欲报君臣之恩德，巡礼五台山	敦煌文书P. 3928《某僧人状一篇》
一僧人	敦煌	不详	自戊寅岁从沙州出发，由朔州经雁门关入代州，游历圆果寺后到忻州，游历仁泽、铁佛诸寺，于二月二十日到了五台山巡礼，于辛卯岁返回沙州，在五台山停留了将近十四年	P. 3973《往五台山行记》
范海印	敦煌	不详	每虑坏躯虚假，翘情礼于五台	P. 3718《范海印和尚写真赞并序》
福员	敦煌	不详	今欲报君臣之恩德，巡礼台山	S. 4504《福员状》

---

① 关于本卷成文的时间和地点，邵红《教煌石室讲经文研究》（台湾大学文学院，1970年，第49—51页），认为是天宝至德间写于蒙古高原，罗宗涛《敦煌讲经变文研究》（国立政治大学中国文学研究所博士学位论文，1972年，第1051—1060页），认为成于长庆元年至太和三年，向达先生则认为写于阗，见《敦煌变文集》下，北京：人民文学出版社，1957年，第477页。

② 此据原卷录文，参看王重民等编，《敦煌变文集》下，北京：人民文学出版社，1957年，第460—461页。

姓名	来源地	时间	活动概况	资料来源
戒惠	敦煌	不详	寝昧无差克安清重切缘戒惠台山参礼愿	S. 8451《戒惠书状》
一僧人	敦煌	不详	第一五台山者，佛说《花（华）严经》云：南阎浮提东北方震旦国，有金色世界清凉宝山，其山五峰迥耸，万仞若磋，府（俯）视人寰，傍观日月，去台顶六七里外，方有树木，阳面枝，阴北〔无〕叶。仲夏季月，花木方荣，常切寒风，每凝冰雪，是以众号为清凉山……	S. 529《诸山圣迹志》
一僧人	敦煌	不详	贱仆今在途中，以求巡礼大圣文殊师利	P. 2782
一僧人	敦煌	不详	今者你将何往？我将前往中夏。你在中夏傲何事？我将前去参拜文殊师利菩萨。你何时回至此地？我将游览中夏，尔后回还	P. 5538

二、唐宋时期西北信众到五台山的朝拜活动

唐宋时期，西北地区由于佛教文化底蕴深厚，普通信众也有着极强的文殊情结，他们用去五台山朝拜的方式表达自身对文殊菩萨的景仰之情，今将史籍所载列表如下：

唐宋时期西北信众往五台山朝拜表（表6）

姓名	来源地	时间	活动概况	资料来源
（内侍掌扇）张行弘	长安	唐高宗龙朔年间（661—663）	随西京会昌寺沙门会赜同往，往清凉山检行圣迹	《古清凉传》卷下，第24页
（使臣）殷甄、万福	长安	唐高宗麟德元年（664）	乘驿向梵仙山采菊	《古清凉传》卷上，第16页

姓名	来源地	时间	活动概况	资料来源
（鸿胪寺掌客）未详姓名	长安	唐高宗乾封二年（667）	随西域僧释迦密多罗同往，为译语人	《古清凉传》卷上，第16页
僧俗五百余人	长安	唐高宗咸亨四年（673）	僧俗五百余人到中台，建连基叠石室二枚	《古清凉传》卷上，第15页
（清信士）房德元、王玄爽	长安	上元三年（676）	上元三年五月十三日，共往登之。初半路食时将到，忽闻谷下大声告曰："食时至"。及登中台，并闻钟声香气。后日重往，食未毕间，又闻谷下大声，连告之曰："登台迟去也"。既承此告，即发人而往。后还京邑，忻畅本怀，请名行僧设斋陈叙焉	《古清凉传》卷下，第36页
（使臣）未详姓名	长安	武则天长安二年（702）	于五台山大孚灵鹫寺前，采花万株，移于禁掖	《广清凉传》卷上，第54页
（内侍黄门）金守珍	长安	武则天长安二年（702）	武则天命万善寺尼妙胜在中台造塔，塔建成后，金守珍到山供养	《广清凉传》卷上，第54页
（中使）李童枝	长安	唐代宗大历十二年（777年）	与惠晓等七十余人，将香火巡礼五台山	《代宗朝赠司空大辨正广智三藏和上表制集》卷6，《大正藏》第52册，第858页
郑道觉	长安	唐代宗大历十四年（779）	在五台山亲见大圣一万菩萨及金色世界，遂发心写金银字《大藏经》6000卷	《入唐求法巡礼行记》卷3，第300页
（中使）苏明俊	长安	九世纪左右	奉宣圣旨，赐巾袜香茶念珠袈裟等，赐前件袈裟莲子念珠等物，均散五台山诸寺	《全唐文》卷541《为五台山僧谢赐袈裟等状》，第5497页

续表

姓名	来源地	时间	活动概况	资料来源
（敕使）未详姓名	长安	唐文宗开成五年（840）	送衣钵香花等，表施十二大寺。七日于大华严寺设敕斋。斋后，转《华严经》一部。晚际，敕使共数十僧上菩萨堂，求化现。到涅槃院，礼拜远和上。八日敕使设斋，供一千僧。九日斋后，往金阁寺。十一日在金阁寺行香后归京	《入唐求法巡礼行记》卷3，第296页
（知永兴军）王陶	京兆府（今西安）	宋英宗时期（1064—1067）	参观了佛光寺，写了《佛光寺》诗一首	《山西通志》卷223，四库全书文渊阁本第550册，第511页

三、唐宋时期西北僧众往五台山朝拜活动分析

1. 朝拜人员的结构及朝拜活动特征

通过对唐宋时期西北僧众往五台山朝拜的史料梳理，可以看出朝拜人员的数量，僧尼34人、官员9人、清信士2人，普通民众人数没有详细记载，但绝对人数当不少，仅唐高宗咸亨四年（673年），就有僧俗500人登台。因此，大体说来，朝拜人员的总体结构为：僧尼和普通民众占绝对优势，官员次之，清信士人数最少。唐宋时期西北僧尼对文殊菩萨的信仰程度相对较深，这固然与文殊初传中土之际敦煌高僧的译经有一定的关联，但更主要的则是五台山和西北地区的佛教文化交流多是在僧尼的主导下进行的，僧尼在其中充当了主力军和先锋军的作用。正是僧尼大规模、频繁的交流活动，引起了朝廷的关注，加上长安为唐都城，朝廷便不断派出使者到五台山进行各种公务活动，一方面加强了对五台山佛教势力的控制，另一方面也为五台山佛教的发展注入了政治力量。在宗教和政治力量的引领之下，民众开始关注、信仰文殊菩萨，这部分人在当时的信仰力量亦不容小觑。

通过对朝拜人员结构的解析，可大致勾勒出朝拜活动的特征：

首先，僧尼朝拜活动的虔诚性

僧尼对文殊菩萨具有强烈的宗教情感，因此对朝拜活动有着清晰的宗教

认知，他们人数众多，不辞辛苦、跋山涉水前往五台山，希望能够通过自己建碑、发愿等行为感知文殊的教化，甚或通过奇异力量的引导偶遇圣迹，其自身所具有的虔诚的宗教情感一览无遗，而且这种情感在朝拜文殊菩萨过程中得到了很强烈的宣泄，使得五台山文殊道场的中心地位在进一步固化的同时，五台山佛教文化得到了极大的传播和宣扬。

其次，官员朝拜活动的政治性。

官员作为统治利益的分享者，寄希望于国家政权的稳定和长久，因此，当唐宋统治者将五台山作为治国理政的工具之一时，官员具有义不容辞的责任和义务为政权奔走，或到五台山宣讲帝王的旨意，或替王者执行某项政治任务，因此，官员对五台山的朝拜除去个人因素有或多或少的宗教情感外，更多体现出的则是鲜明的政治性，为政权、为朝廷服务。这从一个侧面也反映出中国古代宗教对政治的依赖关系。

再次，民众朝拜活动的纷杂性。

亲身到五台山朝拜不同于其他一般的宗教活动，除了自身要参与其中外，还需要花费不菲的费用支付途中所需，因此对于普通民众来说，朝拜活动在他们的生活中是比较重大的事件，往往容易受到自身不可抗拒力量的影响。僧俗五百余人到五台山，主要的任务是往而修"中台连基叠石室二枚"，史料中未详细说明僧俗前往五台山的动机到底何为，但由于中国民众宗教信仰普遍具有的多重性、功利性等特征，使得民众在朝拜活动中亦不可能全身心投入到单纯的宗教情怀中，恐怕实用性、功利性、趋众性等因素掺杂其中，上述诸多因素交织在一起，使得民众前往五台山朝拜具有鲜明的纷杂性。

2. 朝拜活动的目的

从前述可以看出，僧人朝拜五台山的目的主要分为四类：一为礼文殊菩萨，如智冲、通贤等，共30次；二为前去五台山讲学论道，如法贤座主等，共4次；三为去五台山办理一些公务，如西京会昌寺会赜等，共7次。四为游览观光，如宗密"北游清凉山"等，共4次。官员前去朝拜的目的基本为办理公务；清信士目的为礼佛；普通民众的目的较为复杂，当兼具礼佛、观光甚或贡献劳力等。

　　僧众的朝拜活动不管初衷何为，但大部分是围绕瞻礼圣容，参观圣迹而进行的。在此过程中，他们通过参拜、造像、供养、游历、讲经等方式都或多或少表达了自己的宗教情感，他们的活动促进了五台山佛教文化的繁荣。

　　3. 朝拜活动的功能

　　首先，心理调节功能。

　　佛教信徒通过亲力亲为的朝拜活动，向佛祈求各种愿望的实现，包括僧尼与文殊的感应抑或民众的生死病困，直接的朝拜活动便抽象为一种象征的手法，达到了焦虑的宣泄和化解，使人心得到宽慰和解脱，变得安定和纯净。

　　其次，政治控制功能。

　　唐宋时期五台山具有较强的政治控制功能，即统治者通过五台山达到控制、稳定政权的目的，历代皇帝基本秉承这一传统。唐太宗时将五台山看作是皇业所兴之渊，为初生政权的合法性和权威性寻找依据；唐高宗时直接敕命专使到五台山文殊道场巡礼，并向诸台文殊灵迹进行供养，在广大信徒的心目中，文殊开始由高高在上的菩萨变为心诚即可见到的圣者，引发了僧俗竞相朝拜圣地、礼拜文殊的社会现象。武则天时更是将文殊信仰作为稳定政权的主要手段。"安史之乱"后，文殊信仰成为皇室安抚人心的重要工具之一，宋几代皇帝亦秉承如此传统。在此过程中，各级各类官员到五台山的活动，无疑是实现皇室上述功能的重要实践过程，在这一过程中，以五台山为中介，皇室强化了对政权的实际控制。

　　再次，文化传播功能。

　　唐宋时期，西北大批心向五台灵境者，来此巡礼求法，瞻仰圣迹。他们将自身本土文化带入五台山，成为补充五台山佛教文化的新鲜血液。与此同时，又源源不断地将五台山文化传播到世界各地，尤其是西北各地。在这一文化双向互补过程中，朝拜者起了直接的中介作用，发挥了巨大的文化传播功能，唐宋成为佛教传播的鼎盛时期，五台山成为当时中原和西北地区文化交往的中心场所，而那些不辞劳苦前来参拜文殊菩萨的僧众，可以说既是虔诚奉佛的宗教徒，又是传播文化的友好使者。

4. 朝拜活动的影响

首先，五台山佛教圣地基本形成。

唐宋时期，五台山佛教达到了顶峰。唐朝历代帝王，除唐武宗外，都积极支持五台山的佛教事业。隋唐时期相继形成的各宗派高僧大德，也纷纷来五台山经营，直接促成了五台山在当时的佛教中心地位。僧尼的虔诚朝拜、信众对灵境的向往以及来自官员的支持，进一步将文殊的神异之美、对民众生活的扶危济困、对江山永固的护佑承诺、对清凉世界的恬静安怡，利用口耳相传、身体力行的方式不断远扬，五台山佛教圣地的地位在这一过程中得以层层固化。

其次，深化了西北僧众对五台山文殊菩萨的信仰。

自唐朝中叶以降，西北地区处在吐蕃势力衰败，回鹘西迁和各种地方势力的兴起阶段，各股势力此消彼长难免兵戎相见。而本就历经敦煌来到中土的文殊崇拜在此境况下的兴盛，吸引了许多西北信众，特别是僧人纷纷涌向五台山，朝拜圣迹后返回西北地区，这些朝圣者再次成为西北地区文殊信仰的宣传者抑或亲身实践者，他们自身的行为本身具有较强的示范作用，引领大批未朝拜者在本地以造像、写经、建寺等方式膜拜文殊，这对于文殊菩萨的广泛化、普及化起到了极大的推波助澜作用，深化了文殊信仰在西北地区的广泛传播。

四、朝拜活动所见圣地搬迁的渐趋推进

自佛法东渐，汉地的僧众思慕佛陀，纷纷西渡流沙或远涉重洋前往印度朝圣，显然其时的佛教圣地在印度而不在中国。唐宋时期大批西北僧众前往五台山朝拜的盛况，反映出圣地自印度而往中国搬迁的事实。当然，由于佛教教义倡导十方诸佛、一切众生皆可成佛，佛教圣地不具有绝对唯一性，印度圣地与中国圣地在相当长一段时间内并存。但就佛教发展整体进程来看，唐宋时期印度佛教圣地处于渐衰渐息的阶段，而以五台山为代表的中国佛教圣地则日益隆盛，圣地的搬迁正在逐步推进中。

自唐立国一直至 11 世纪中叶，佛教圣地是印度与中国二元并存，以印度佛教圣地为主，中国佛教圣地为辅。仅据《大唐西域求法高僧传》记载，

贞观十五年（641年）至武后天授二年（691年）近50年间就有57位僧人赴印度求法。① 还有学者将唐宋赴印有可查往来路线者进行了统计，唐代僧侣共60人②，可见唐时西行求法之盛况，同时也说明其时的印度在中土的信众世界是被膜拜的圣地。另外，前述文中也可以看出，唐代仅中土西北僧众往五台山朝拜者便有25人，若进行全国范围的统计当远远多于此数。可见，其时的五台山亦为圣地之一。印度佛教圣地的形成由来已久，而此时的中国佛教也处于宗派形成，教义成熟、体系完善的阶段，以五台山为代表的佛教圣地蒸蒸日上，朝拜者不绝于道。也即，唐代佛教圣地为印度与中国二元并存。至五代宋初，这一状况开始发生变化，赴印有可查往来路线者仅为26人，③ 这一数字较唐不足一半，正所谓"有宋一代，赴印求法的运动已成强弩之末，近于尾声。"④ 之后西行求法"渐成绝响"。印度佛教圣地的衰落成为必然趋势，以五台山为代表的中国佛教圣地一枝独秀崛起。

第二节　唐宋时期中原及东北地区僧众到五台山的朝拜活动

　　本文所指的中原地区，大体包括今河南省以及与河南邻近的安徽、河北、山西及山东省在内的黄河中下游地区。东北地区包括今辽宁、吉林、黑龙江及内蒙古东部等地区。

一、唐宋时期中原及东北地区僧尼到五台山的朝拜活动

中原地区虽本为儒学繁盛之地，但唐宋时期由于佛教的全面发展，中原

---

① （唐）义净原著、王邦维校注，《大唐西域求法高僧传校注》，北京：中华书局，1988年，第17－19页。

② 魏郭辉，《唐五代宋初中印僧侣交往研究》，兰州大学硕士学位论文，2006年。

③ 魏郭辉，《唐五代宋初中印僧侣交往研究》，兰州大学硕士学位论文，2006年。

④ （唐）义净原著、王邦维校注，《大唐西域求法高僧传校注》，北京：中华书局，1988年，第5页。

地区僧众的佛教信仰也比较兴盛，加上五台山"圣地中心"的渐趋形成，入山朝拜者络绎不绝。

唐宋时期中原及东北地区僧尼到五台山朝拜表

姓名	来源地	时间	活动概况	资料来源
昙韵	恒岳之侧的蒲吾山	唐高祖年间（618—626）	十九岁在恒岳之侧的蒲吾山出家，后闻五台山文殊所居，古来诸僧多人祈请，遂超然杖锡，来诣清凉。适至山下，闻殊香之气。及到大孚寺，见花园盛发。又闻钟磬之音，忻畅本怀，弥增恋仰。	《古清凉传》卷下，第23页。
慧祥	定州恒阳县黄山	唐高宗总章二年（669）四月二十三日	为了表达对文殊菩萨的敬仰之情，往五台山安奉三枚玉石舍利函。第一天：将"大者高一尺七寸，安中台塔内"。第二天：将"小者二，高九寸，安北台铁浮图内"。	《古清凉传》卷下，第26页。
智正	定州隆圣寺			
惠藏	洛阳白马寺	唐高宗调露元年（679）四月	一同到五台山婆婆寺坐夏，解夏后，与道俗五十余人，相次登台。藏禅师与三十人，"将至中台，同见白鹤一群。随行数里，适至台首，奄忽而灭"。僧名远等一十八人，先向东台，"见五色庆云"。僧惠恂后到，也见到五色庆云。后到中台，"见杂色瑞光，形如佛像"。僧灵智，"于太华池南三十余步，见光如日，大可三丈，百千种色，重杳相间，霏微表着，难可具名"。他们"周旋往来，向经七日，方遵归路"。	《古清凉传》卷下，第27页。
弘演禅师	汾州			
灵智	汴州			
名远	并州			
德感法师	洛阳佛授记寺	武则天长安二年（702）七月二十日	"登台之顶，僧俗一千余人，同见五色云，中现佛手相，白狐、白鹿驯狎于前。梵响随风，流亮山谷，异香芬馥，远近袭人。又见大僧，身紫金色，面前而立。复见菩萨，身带璎珞，西峰出现"	《广清凉传》卷上，第55页。
李长者	沧州	八世纪左右	"尝游五台，于善住院逢异僧，授以《华严》大旨"。后到北台顶，三日后下山，又到西谷口。因"此地太寒，遂南徙盂阳之方山"。	《清凉山志》卷6，第119页。

姓名	来源地	时间	活动概况	资料来源
神英	沧州	唐玄宗开元四年（716）夏六月中旬	到山后"止于华严正院。尝一日斋后独游西林，忽睹精舍，额题'法华之院'"。寺院内楼、塔、佛像都在。	《广清凉传》卷中，第70页。
无住	太原	唐玄宗天宝八年（749）	在太原受具戒后，"便辞老和上，向五台山清凉寺，经一夏闻说。到次山明和上，纵由神会和上语意即知意况，亦不住。天宝九载夏满出山"。	《历代法宝记》，《大正藏》第51册，第186页。
金光照和尚	河南府新安县宝云寺	唐代宗大历二年（767）	和尚听说五台山是诸佛应化之地，便决定到五台山，到山后在大华严寺菩萨院安止。当天便见"倏睹白光，从台飞下，光中千佛，严丽赫然"，又见"其前涌出高楼十丈，有千叶花座而以盛之"。还见诸佛，"诸佛令师诵《金刚》、《般若》，以为恒式"。第二天，大师"礼辞寺众，遂诣秘魔岩，幽居进德，日有所新"。后又到西台，"忽见维摩居士、普贤菩萨、文殊师利。又见二童子，引师直诣台顶，见二如来"。后又诣东台那罗延窟，"遥见三僧，乘白云涌出，至前便隐。又至夜三更已来，忽见窟前楼阁层峙，天乐嘹喨"。至数日后，到秘魔岩安止。	《广清凉传》卷下，第89—90页。
修政等六人	汾州菩萨寺	唐代宗大历二年（767）	到金刚窟，游礼圣迹。	《广清凉传》卷中，第68页。
志远	汝南	九世纪左右	"闻台山灵异，乃结侣同游，就华严寺右小院挂锡，演天台圆顿"。	《广清凉传》卷下，第89页。
贞素	渤海国	唐文宗大和二年（828）四月	四月七日"到灵境寺，求访仙大师"，灵仙大师已故很久，贞素作《哭日本国内供奉大德灵仙和尚诗并序》，书于板上，钉在七佛教诫院的墙壁上。	《入唐求法巡礼行记》卷3，第307页
义圆	汾州	唐文宗开成五年（840）六月	义圆为五台十二寺及诸普通兰若十年供养主。此次是来送供。参观了大华严寺、竹林寺、金阁寺七佛教诫院、大历灵境寺、大历法花寺等，游览了南台。	《入唐求法巡礼行记》卷3，第298页。

续表

姓名	来源地	时间	活动概况	资料来源
常遇	燕北安集寺	唐宣宗大中四年（850）	"杖锡孤游礼五台山，寻访圣迹，华严寺菩萨堂，瞻大圣真容"。后遍历五顶，"大睹祥光，不可胜纪。至西台，遇古圣迹，名秘魔岩"，在此结庐修业。	《广清凉传》卷下，第91页。
可止	洛阳	唐僖宗年间（874—888）	十九岁"抵五台山求戒，于受前方便，感文殊灵光烛身"。	《宋高僧传》卷7，第149页。
智江	幽州盘山感化寺	唐昭宗天复三年（903）	"往五台山梨园寺，纳木叉法"。	《宋高僧传》卷28，第702页。
从谂禅师	赵州观音院	唐后期	"九游五台，每游必经夏而返"。	《清凉山志》卷8，第152页。
傅章	东京天清寺	五代初期	随其师秘公，"游五台，礼文殊应迹之地"。	《宋高僧传》卷7，第158页。
道潜	中条山栖岩寺	五代初期	在其师真寂禅师亡后，"誓入雁门五台山，以精恪之故，躬睹文殊圣容"。	《宋高僧传》卷13，第315页。
常觉	东京	后梁干化三年（912）	入五台山，礼妙吉灵迹。	《宋高僧传》卷28，第706页。
恒超	棣州	后梁乾化三年（913）	"往五台山受木义戒"。	《宋高僧传》卷7，第152页。
香育	沧州安定寺	不祥	在安定寺满足戒后，精力律学，辞师观游圣迹"陟天台，登南岳，或入岩阿，或栖树下，末至五台。后参预秀师盛化"。	《宋高僧传》卷8，第190页。
真宣	赵州龙兴寺	宋英宗治平四年（1067）六月	"赵州龙兴寺讲经论沙门真宣与当院师公寺主同谒圣容"。	《参天台五台山记》第5，第161页。
继哲	代州圆果院	宋神宗元丰八年（1085）	在秘魔岩，"结庐于山之阳，阅《大藏经》不下山三年矣"	《续清凉传》卷上，第119页。

姓名	来源地	时间	活动概况	资料来源
温约	汴京	宋哲宗元祐四年（1089）六月末	"施金襕袈裟及赏内中香来"。	《续清凉传》附传，第125页。
惠通	沂州	宋徽宗政和年间（1111—1118）	"与缁素千人，同游台山"。	《广清凉传》续遗，第108页。
惠通	沂州	宋徽宗宣和年间（1119—1125）	"与其徒二三子同游"。	《广清凉传》续遗，第108页。

二、唐宋时期中原及东北地区俗众到五台山的朝拜活动

唐宋时期，由于文殊信仰的不断普及，中原及东北地区的普通俗众不管是出于虔诚的、纯粹的信仰抑或是出于世俗的实际需求，他们也纷纷去五台山朝拜，今将史籍所载列表如下：

唐宋时期中原及东北地区俗众往五台山朝拜表

姓名	来源地	时间	活动概况	资料来源
代州信士	代州	唐初	年二十余时到五台山礼拜	《古清凉传》卷下，第24页。
吕玄览（画师）张公荣	五台县	唐高宗龙朔年间（661—663）	随西京会昌寺沙门会颐同往五台山	《古清凉传》卷下，第24页。
（五台山县官）未详姓名	五台县	唐高宗乾封二年（667）六月	随西域僧释迦密多罗同往五台山	《古清凉传》卷下，第25页。
郗仁	定州	唐高宗总章二年（669）四月二十三日	与慧祥同往。将玉石舍利函三枚，安北台铁浮图内。	《古清凉传》卷下，第26页。
（长史）崔义猷	代州	武则天圣历二年（699）	游礼五台山北台、华严寺、佛光寺。	《广清凉传》卷上，第82页。
清信士及十余信士	抱腹山	唐高宗咸亨二年（671）四月	当来之日，亦携十数信士登台。还到清凉寺下，忽闻钟声，闻已即礼。	《古清凉传》卷下，第26页。

续表

姓名	来源地	时间	活动概况	资料来源
宋元庆	洛阳	唐圣历元年（698）二月十四日	"来游五台，礼文殊大圣"。	《广清凉传》卷中，第81页
李思逊	山东	武则天到唐玄宗开元年间	先是"负八十岁母，游清凉"。第二年"母卒，逊因思罔极，志托清凉，一步一礼，至北台麓，结庵修道"。	《清凉山志》卷9，第185页
（代州都督）薛徽	代州	唐玄宗开元十八年（730）	以岁属亢阳，久愆时雨，草木焦枯，种植俱废，遂登台顶，竭诚祷雨。	《广清凉传》卷上，第82页。
（都督）王嗣	代州	唐玄宗开元二十三年（735）	经常巡礼清凉山、五台诸寺院。	《广清凉传》卷上，第82页。
（河东节度使）李诜	并州	唐德宗贞元年间（785—805）	奉唐德宗命，到五台山迎澄观入京。	《宋高僧传》卷5，第123页。
李球、刘生	燕人	唐敬宗宝历二年（826）	"与其友刘生游五台山"。	《太平广记》卷47，第292页。
（中使）未详姓名	东京	宋太宗太平兴国四年（979）	奉宋太宗之命，"诣五台山，焚香虔祝，特加修建（真容院）"。	《广清凉传》卷中，第63页。
（使臣）蔡廷玉（内臣）杨守遵	东京	宋太宗太平兴国五年（980）四月十五日	奉宋太宗之命，"诣五台山菩萨院"修建。	《广清凉传》卷中，第63页。
（内臣）安重海	东京	宋太宗太平兴国八年（983）七月	监送从成都府写造的"第五大藏金字经一藏"，"就五台山菩萨院安置"。	《广清凉传》卷中，第63页。
（阁门祗侯）袁瑀	东京	宋真宗景德四年（1007）夏	"王德明请修供五台山十寺，上遣阁门祗侯袁瑀为致祭使护送所供物至山"。	《宋史》卷485，第13990页。
（内侍黄门）谢禹圭	东京	宋仁宗庆历八年（1048）春三月	奉宋仁宗之命，往五台山真容院"送宝冠一戴"。	《广清凉传》卷中，第63页。

续表

姓名	来源地	时间	活动概况	资料来源
（入内省）黎永德	东京	宋仁宗嘉祐二年（1057）	奉宋仁宗之命，"送御书飞白宝章阁牌额一面，诣真容院，于三月二十二日，安挂阁上"。	《广清凉传》卷中，第63页。
（东头供奉官）崔何	博州	宋英宗治平四年（1067）七月	"赴任内谒菩萨，遇菩萨见五色毫光。辰时直见，至午时方息，全家乐矣。"	《参天台五台山记》第5，第161页。
王和、妻毛氏、母亲午氏、牛宣、街顺、王杨哥、陈和、唐清、刘平	太原	宋神宗熙宁三年（1070）五月十五日	"十五日到山，至十八日游台，东台上见白毫光五色光，里面现文殊菩萨"。	《参天台五台山记》第5，第162页。
赵辛、李臻、武顺、周备	赵州	宋神宗熙宁四年（1071）四月七日	于"清凉寺礼拜一万菩萨"，在山上停留三天。	《参天台五台山记》第5，第161页。
何讽及其母亲等十八人	真定府	宋神宗熙宁五年（1072）三月	"何讽与母周氏等十八人同参真容，见五色毫光，全家乐矣"。	《参天台五台山记》第5，第162页。
（太原府永利两监巡提私盐礬铁司吏人）王倚	太原	宋神宗熙宁五年（1072）十二月之前	在太平兴国寺下院的墙壁上题诗四首	《参天台五台山记》第5，第158页。
文叔等人	太原	宋神熙宁五年（1072）夏	同诸弟契家往五台求见文殊。廿二日登于东台求其文殊，观其圣境其妙。	《参天台五台山记》第5，第158页。
（知县）泇泊祥	五台县	宋神宗熙宁五年（1072）十二月	成寻在五台山时，在真容院见到此三人。	《参天台五台山记》第5，第166页。
（监酒）王上官	雁门县			
（雁门令）黄炎	雁门县			
张氏	安州	宋神宗元丰七年（1084）	以钱百万，奉曼殊室利。每日三时，必来开殿，办香茶珍果，情貌如肃。一日，遍游诸台。	《广清凉传》续遗，第107页。

续表

姓名	来源地	时间	活动概况	资料来源
（知太原）吕惠卿	并州	宋神宗元丰六年（1083）十二月至宋哲宗元祐元年（1086）二月	因视戍，乘兴游五台山。至中台，见一童子，为文殊化现。	《清凉山志》卷6，第125页。
（河东提点刑狱公事）张商英	太原	宋哲宗元祐二年（1087）十一月	"诣金刚窟，……会天寒，恐冰雪封途，一宿遂出山"。	《续清凉传》卷上，第116页
		宋哲宗元祐三年（1088）六月二十七日	因"五台县有群盗未获，以职事督捕，尽室斋戒来游"。"壬寅，至清凉山"，后"抵金阁"，见到祥云、金桥及金色相轮。	《续清凉传》卷上，第116—119页。
		宋哲宗元祐三年（1088）十一月	张商英自塑泥像，"八日，赍像于菩萨前发愿"，读完愿文后，"殿内现金灯三，其日大雪，雪止之后，五色祥云遍空。其夕，清辉阁前，罗睺殿左右，现银灯十四。黄崐岭上，现大白光三。翌日，五色云自辰及申，盘绕不散，至夜雪作"。	《续清凉传》卷下，第123页。
		宋哲宗元祐四年（1089）六月	因为并州干旱，便到五台山文殊像前及五龙池祈求雨泽。	《续清凉传》卷下，第124—125页。
王班秦愿	代州	宋哲宗元祐三年（1088）六月	张商英第二次上五台山时相随	《续清凉传》卷上，第116页。
（沿边安抚）郭宗颜（代州通判）吴君偁	代州	宋哲宗元祐三年（1088）六月	与"五台知县张之才、都巡检使刘进、保甲司句当公事阵聿，各以职事来集"真容院。	《续清凉传》卷上，第117页。
（保甲司勾当公事）阵聿	代州	宋哲宗元祐三年（1088）六月	与张商英、曹谞"登梵仙山"。	《续清凉传》卷上，第118页。

续表

姓名	来源地	时间	活动概况	资料来源
（行善监镇）曹谞	五台县	宋哲宗元祐三年（1088）六月末、	与张商英、陈聿"登梵仙山"。	《续清凉传》卷上，第118页
		宋哲宗元祐四年（1089）六月末	早晨至菩萨殿启香时见，"殿前长明灯上，忽吐大金光，如车轮飞照殿中"	《续清凉传》附传，第125页
（河东路都总管司走马承受公事）刘友端	并州	宋哲宗元祐四年（1089）二月	"于罗睺殿前雪中，祈见金灯一，分而为三，跃而上者一"。	《续清凉传》附传，第125页。
（河东经略司准备差使）潘璟	太原	宋哲宗元祐四年（1089）五月	"以职事之忻州，遂游五台山，拜文殊像于真容院"。	《北湖集》卷5《神福山李长者像序》，涵芬楼秘笈版，第2页。
（转运司勾当公事）傅君俞	并州	宋哲宗元祐四年（1089）五月末	"于中台祈见圆光五，摄身光一，清辉阁前，雨中飞金灯一"	《续清凉传》附传，第125页。
（经略司勾当公事）李毅	汾州	宋哲宗元祐四年（1089）六七月间	侍其母亲及阳曲县尉江沄之母王氏游，祈见圆光、摄身光、直光、金灯。	《续清凉传》附传，第125页。
（汾州西河宰）李杰	汾州	宋哲宗元祐四年（1089）六月末	与张商英"同谒无业禅师塔"	《续清凉传》附传，第126页。
（太原金判）钱景山（经略司管勾机宜文字）邵塤	并州	宋哲宗元祐四年（1089）六月末	到真容院，傍晚，与张商英"二君祈灯而观焉"。	《续清凉传》卷下，第124页。
王在	德州	宋哲宗元祐五年（1090）仲夏	"挈妻、仆游台山，晚宿真容院。翌日，弹冠整衣，诣文殊像"。后三日游东台，"与众百余人，宿于台顶化现堂"。	《广清凉传》续遗，第107页。
（入内侍省内东头供奉官）李嗣元	并州	宋哲宗元祐五年（1090）	"于五台山请僧三七人，开启谢雨道场，启告于文殊菩萨。"	《苏魏公文集》卷27，第376册。

姓名	来源地	时间	活动概况	资料来源
任良弼	太原	宋徽宗建中靖国元年（1101）六月	三日，经台山真容院。是夕，祷于瑞应轩，有银灯现北台之西。四日，"供养真容及诸圣像已"。午后，"现菩萨大真相，睹金色世界，辉耀远迩"。是夕，"复现金灯，大如盘盂"。五日，登东台。申后，"现五色祥云，如宝陀罗山状，徐现白直光三；圆光二"。六日，游北台，至中台。见五色祥云、圆光、金桥、菩萨队仗、白金狮子等。七日早晨，"拜请摄身光相，即现于中台之西，凡六、七。别现通身光二及五色圆光五、七十数"。之后的几天都见到了种种奇特现象。朔日，"离雁门，方及中途，已有五色直光现于台山之北，乃兆兹日灵迹。既还真容院，陈供饭僧，信礼敬谢而去"。	《续清凉传》附录，第128页。
王直方	濮阳	宋徽宗建中靖国元年（1101）六月	活动与任良弼基本相同	《续清凉传》附录，第128页。
李师圣	汴京	宋徽宗崇宁三年（1104）七月	瞻礼了华严寺、金阁寺、金刚窟等，亲眼目睹了诸多圣迹，"我有诚心颇出群，瑞应神奇目亲睹。须臾光相现咫尺，玉洞金灯明可数"。	《续清凉传》，第129页
（漕使）陈知存	代州	宋徽宗宣和年间（1119—1125）	参观了太平兴国寺。	《广清凉传》续遗，第108页。
（隆德府教授求学司）江遏举遨	隆德府	宋徽宗宣和六年（1124）	与家人及长子珪诣五台山，宿于文殊院。	《夷坚志》戊卷4，第1085页。
（代郡）赵康弼、（都巡检）薰凉等	代州	宋徽宗宣和八年（1126）五月二十八日	游东台，观览那罗延洞。	《广清凉传》续遗，第108页。

三、唐宋时期中原及东北地区僧众往五台山朝拜活动分析

1. 朝拜人员的结构及来源地分析

（1）朝拜人员的结构分析。上述朝拜的人员中，僧尼35人。信众当中，有具体职官者34人，无具体职官的清信士和普通民众约60余人。即俗众人数共约100余人，大约为僧尼数量的3倍左右。这一状况与西北地区以僧尼为主导的朝拜结构有一定的差异，呈现出以普通民众为主导的倾向。形成这一局面的原因较为复杂，主导因素可概括为：首先，五台山文殊信仰在中原及东北地区对俗众的影响力更深，这恐怕也是文殊信仰进一步深入和扩展的一个鲜明标志；其次，由于在地理位置上和五台山更加接近，去五台山朝拜所费人力、物力和财力相对西北较少，也更能为普通民众所接受。

（2）朝拜人员的来源地分析

上述朝拜人员来源地大体按照现在所属省份来划分，得出的基本情况是来源于今山西省者40人、河北9人、河南17人，其余少数为山东及东北诸地。表明中原及东北地区朝拜者当中，来源于山西省的朝拜人员是最多的。尤其是在俗众的朝拜活动中，大部分朝拜者来源地为今山西省，占到将近80%的比例。这些数字一方面反映出唐宋时期河东地区民众深受五台山文殊信仰的影响，他们通过去山朝拜的方式表达自己内心对文殊的景仰与膜拜。另一方面也反映出地缘关系对五台山文殊信仰扩散的影响，地理位置与五台山愈近，其民众的信仰程度越深。

2. 朝拜活动的目的及特征分析

从上述朝拜人员到五台山的活动概况可知，僧尼主要为瞻仰圣迹、讲学论道；官员主要为办理公务，兼带朝拜文殊菩萨；其他俗众则既有虔诚向佛，表达胸中情怀者，亦有为生活俗事祈求文殊助力者。总体上看，各类人等的朝拜目的基本与西北地区民众的朝拜目的相似，只是由于中原及东北地区的朝拜人员中俗众较多，因此这一地域朝拜活动的世俗性相比其他特性更鲜明一些，这也恐为中原及东北地区人员朝拜活动的显著特征。

第三节　唐宋时期长江流域及其以南
地区僧众到五台山的朝拜活动

　　唐宋时期长江流域及其以南地区基本涵盖了中国疆域内长江以南的全部地区。唐宋时期，随着经济和文化重心的逐步南移，长江以南地区渐渐成为文明昌盛之地，佛教在这一区域有了极大的发展，僧尼往五台山的朝拜活动也较为兴盛。

一、唐宋时期长江流域及其以南地区僧尼到五台山的朝拜活动

唐宋时期长江流域及其以南地区僧尼到五台山朝拜表

姓名	来源地	时间	活动概况	资料来源
普明	泰州灵严寺	唐初	欣闻清凉，荷锡来游，于南台之北，凿龛修业。	《清凉山志》卷6，第113页。
弘景	荆州覆舟山玉泉寺	唐高宗咸亨二年二月（672）	先到西京，后从西京到五台山礼拜。	《古清凉传》卷下，第26页。
丰干禅师	天台山国清寺	唐睿宗时期（710—712）	"游五顶，遍历岩阿。将三载，还南"。	《清凉山志》卷7，第139页。
道义	衢州龙兴寺	唐玄宗开元二十四年四月（736）	先至清凉寺，后参南台、西台、中台，见金阁化寺。	《广清凉传》卷中，第71—72页。
普守	杭州			
守直	苏州支硎寺	唐玄宗开元二十六年（738）	入五台山，转《华严经》二百遍，追宿心也，又转《大藏经》三遍。	《杼山集》卷8《唐杭州灵隐山天竺寺故大和尚塔铭》，影印四库全书文渊阁本，第1071册，第841页。
志贤	建州建阳	唐玄宗天宝元年（742）之后	"游长安，名公硕德列请为大寺功德之师。贤悚然不顾，明日遂行登五台"。	《宋高僧传》卷9，第207页

姓名	来源地	时间	活动概况	资料来源
无著	金陵	唐代宗大历二年（767）五月	到五台山后，先到清凉寺，入寺与主僧谈及了南北方佛教发展的情况。之后在大华严寺安居，多次见文殊菩萨化现之像，后独诣金刚窟，见到般若化寺，入寺与寺主谈佛法。	《广清凉传》卷中，第66—68页。
法照	南岳云峰寺	唐代宗大历三年（768）四月	四月六日诣佛光寺栖止。四月八日，至华严寺般若院西楼下安止。十三日，日中后，与五十余僧，同往金刚窟巡礼。后在华严寺南十五里处，依所逢大圣化寺式，建竹林寺。	《宋高僧传》卷21，第538—542页。
惠从	江东	唐代宗大历六年（771）正月	与华严寺僧崇晖、明谦等三十余人，随法照至金刚窟所。	《广清凉传》卷中，第77页。
湛然	台州国清寺	唐代宗大历九年（774）	与江淮僧四十余人，入清凉境界。	《宋高僧传》卷27，第678页
澄观	越州	唐代宗大历十一年（776）	前后游台四十余。后至大华严寺，专读大乘方等之教，华严一经，偏所玩习，以自悟心，庆在朝闻，卷不释手。后应华严寺主贤林之请，讲《华严》、《法华》等经，前后五载。	《广清凉传》卷下，第90—91页。
无业	洪州	唐德宗建中年间（780—783）	往清凉山，于金阁寺读《大藏经》。	《宋高僧传》卷11，第248页。
惟俨	衡岳	唐德宗贞元元年（785）之前	陟罗浮，涉清凉，历三峡，游九江。	《佛祖历代通载》卷16，第3页。
无名	曹溪	唐德宗贞元六年（790）	先周游五岳，后往游五台，居无定所。	《宋高僧传》卷17，第427页
真乘	湖州八圣道寺	唐德宗贞元十一年（795）之后	游五台山，礼文殊圣容。	《宋高僧传》卷15，第373页。
裴上人	幼平开元寺	唐中期某年秋季	独访华泉去，秋风入雁门。	《杼山集》卷5《乌程李明府水堂同卢使君幼平送裴上人游五台》，影印四库全书文渊阁本，第1071册，第817页。

续表

姓名	来源地	时间	活动概况	资料来源
文畅上人	江南	德宗贞元十八年（802）后	到五台山游览，盍亦征其歌诗，以焜耀迥躅。	《柳宗元集》卷25《送文畅上人登五台兼游河朔序》，第676页。
进禅师	楚州	唐穆宗长庆元年（821）前后	持《涅槃经》一千部入台山，志远禅师边受法花三昧，入道场求普贤。在院行道，得见大圣。	《入唐求法巡礼行记》卷2，第172页。
善信	江西道	唐文宗大和年（827）	往五台修无碍供。	《佛祖统纪》卷43，第264页。
好直	杭州天竺寺	文宗大和元年（827）到四年（838）间	游五台	《宋高僧传》卷30，第741页。
巨坚等四人	天台国清寺	唐文宗开成五年（840）四月	二十三日，圆仁等在刘使普通院遇见"巨坚等四人向五台"，二十九日在停点普通院再次相遇。	《入唐求法巡礼行记》卷2，第264、269页
元慧	吴郡嘉兴法空王寺	唐武宗会昌元年（841）	入礼五台，仍观众瑞。	《宋高僧传》卷23，第589页。
知玄	彭州丹景山	唐懿宗咸通中（860—873）	先游泽州，后游五台山。	《宋高僧传》卷6，第132页。
大安	建州凤栖寺	唐宪宗元和十二年（817）到唐僖宗中和二年（882）之间	安游五台，入龙池沐浴	《宋高僧传》卷12，第282页
行明	吴郡长洲	不祥	初历五台、峨嵋，礼金色银色二世界菩萨，皆随心应现	《宋高僧传》卷23，第591页。
师蕴	金华	后梁龙德中（921—923）	与德韶禅师结侣遐征，游访名师胜境，至于北代清凉山，冥心巡礼。	《宋高僧传》卷23，第600页。

续表

姓名	来源地	时间	活动概况	资料来源
圆明禅师	福州	宋太祖建隆到乾德年间（960—968）	尝游五台山，睹文殊化现，回广州后建一寺院，以文殊为额。	《景德传灯录》卷11，《大正藏》第51卷，第287页。
辨聪	建阳	宋太宗太平兴国间（976—984）	游五台，寄清凉寺过夏。	《清凉山志》卷9，第189页。
扬州僧	扬州	宋太宗淳化中（990—994）	尝赍五百副钵，大小相盛，副各五事，入山普施，虔礼大圣，至真容院安止，因斋设日，均散咸毕。	《广清凉传》卷下，第101页。
惟深	桂林	宋太宗至道元年（995）	柳开在汤阴时，遇见自五台山归的惟深，在山活动不详。	《游天平山记》，《历代游记选译》，第1页。
两浙僧	两浙	宋真宗大中祥符中（1008—1016）	来礼大圣，登东台顶，忽遇一院，楼台壮丽，殿宇严洁。僧遂入院，前后殿宇，像设鲜辉，释梵龙王，俨然相对。参观完出院，一切皆无，知为化院。	《广清凉传》卷下，第101页
邵武僧	邵武	宋钦宗靖康元年（1126）	止真容院，瞻礼真像。	《广清凉传》续遗，第108页。

二、唐宋时期长江流域及其以南地区俗众到五台山的朝拜活动

唐宋时期，长江流域及其以南地区的俗众也有一部分人不顾路远道险，带着虔诚之心去五台山朝拜，今将史籍所载列表如下：

唐宋时期长江流域及其以南地区俗众往五台山朝拜表

姓名	来源地	时间	活动概况	资料来源
陈仲良	福州	武则天到唐玄宗开元年间	游清凉，"囊土而归"。	《清凉山志》卷9，第185页。
钱盖	乐安	宋徽宗建中靖国元年（1101）六月	三日，经台山真容院。有银灯现北台之西。四日，供养真容及诸圣像己。五日，登东台。六日，游北台，至中台。	《续清凉传》附录，第128页。

长江流域及其以南地区的朝拜人员主要为僧尼，共计 37 人，俗众则只有 2 人。从这一统计数字可知：首先，唐宋时期长江以南地区文殊信仰的影响力重点在僧尼，对普通信众的影响不是很大、很强。其次，由于地理位置距离五台山较远，民众亲力亲为到五台山朝拜需要有较大的付出，因此，朝拜人员不多。有关这一区域朝拜活动的特性，受朝拜人员结构的影响，呈现出鲜明的宗教虔诚性。

第四节　唐宋时期国外僧人到五台山的朝拜活动

唐宋时期，五台山不仅使国内各地僧众竞相朝拜的目的地，而且由于这一时期，国力较为强盛，对外交往活动频繁，加上后期佛教圣地的渐趋形成，五台山日益成为周边国家僧人朝拜的圣地。

一、唐宋时期国外僧人往五台山朝拜活动概况

唐宋时期国外僧人往五台山朝拜表（表 12）

姓名	国别	时间	活动概况	资料来源
慈藏	新罗	贞观十年（636）	与门人僧实等十余人辈西入唐，谒清凉山。在五台山学习了华严学，回国后仿照中国的五台山，在溟州界内的五台山建立了文殊道场。	《三国遗事》卷 4，《续藏经》，第三册，第 324 页。
释迦密多罗	西域摩伽陀国（狮子国）	乾封二年（667）	与五台县官一人，手力四十人，及道俗总共五十余人共同登中台。参观了太华池，大孚灵鹫寺等	《古清凉传》卷下《游礼感通》，第 25 页。
掘多三藏	印度	咸亨二年（671）之前几年	多游五台，路由定襄	《宋高僧传》卷 10，第 234 页。
两个梵僧	西域	仪凤年中（676—678）	赍草花，执香炉，肘膝行步，向山礼文殊菩萨。	《广清凉传》卷下，第 99 页。

姓名	国别	时间	活动概况	资料来源
佛陀波利	北印度罽宾国	仪凤元年（676）	带着《佛顶尊胜陀罗尼经》到五台山，相传进入金刚窟。	《广清凉传》卷中，第65—66页。
菩提仙那	南天竺	开元中期（727年左右）	越南僧人佛彻登五台山。	《元亨释书》第15。
崇济	新罗	开元二十八年（740）	入五台，感文殊菩萨现受五戒。	《三国遗事》卷4，《续藏经》，第三册，第326页。
僧伽大师	南天竺	唐玄宗天宝年间（742—756）	于中台之野，天花拥膝，七日乃起。	《清凉山志》卷9，第186页。
含光	北天竺	永泰二年（766）	带领印度僧纯陀、道仙和法达到五台山修建寺院，五年后建成。	《大正藏》第52卷，第834页。
		大历九年（774）	往五台山修功德。	《宋高僧传》卷27《唐京兆大兴善寺含光传》，第678页。
不空	北天竺	大历五年（770）	巡礼了圣迹，瞻仰了真容，参观了金阁、玉华等寺院。	《宋高僧传》卷1《唐京兆大兴善寺不空传》，第9页。
慧超	新罗	建中元年（780）	到五台山乾元菩提寺，遂将旧翻唐言梵音经本于寺校证。	《佛祖历代通载》卷14，第227册，第16页。
道义	新罗	建中五年（784）	直往台山，而感文殊，空闻圣钟之响，山见神鸟之翔。	《祖堂集》卷17，第326页。
乌茶国使臣	南天竺乌茶国	唐德宗贞元十二年（796）	乌茶国王遣使赍奇香旃旆往礼五顶。	《山西通志》卷171，四库全书文渊阁本，第548册，第301页。
圣林和上	新罗	唐宪宗到唐德宗之间（806—820）	入五台及长安游行	《入唐求法巡礼行记》卷2，第190页。

姓名	国别	时间	活动概况	资料来源
三个中天竺僧人	中天竺那兰陀寺	唐文宗开成四年（839）六月	到五台游览，见五色云、圆光、摄身光。	《入唐求法巡礼行记》卷2，第270页。
法达	南天竺	唐文宗开成五年（840）	不详	《入唐求法巡礼行记》卷3，第317页。
五个天竺僧人	天竺	唐末	"十万里到此"，"远礼清凉寺"。	《禅月集》卷14《遇五天僧人五台五首》，四部丛刊初编，第172册，第31页。
灵仙三藏	日本	不详	唐宪宗元和十五年（820）居住在五台山停点普通院。瞻礼了大华严寺、菩萨顶等著名寺院，在金阁寺住了2年，后多在铁勤兰若和七佛教诫院，最后移住大历灵境寺浴室院。	《入唐求法巡礼行记》卷2，第268页。
圆仁、僧惟正和惟晓、行者丁雄满	日本	开成五年（840）四月	二十八日到达停点普通院，在五台山待了70天，参观了五台山诸寺院，抄写了天台文书。	《入唐求法巡礼行记》卷2、3，第268—314页。
惠萼	日本	会昌二年（842）	巡礼五台山	《入唐求法巡礼行记》卷4，第482页。
		会昌五年（845）	将桔皇后亲手制的绣文袈裟、宝幡、镜奁及供养费等具施给五台山。	《佛祖统纪》卷43，第268、294页。
		大中十二年（858）	礼五台得观音画像。	
行寂	新罗	在公元870—875之间	至五台山，投花严寺，求感于文殊大圣。	《全唐文》卷1000《新罗国故两朝国师教谥朗空大师白月栖云之塔碑铭》，第10358页。

姓名	国别	时间	活动概况	资料来源
普化大师	印度	后唐	到华严寺，寻礼圣容、登善住阁，礼肉罗睺。游王子寺，上罗汉堂，礼降龙大师真容，看新罗王子塔。入金刚窟，访波利前踪，玩水寻山。上中台，登险道，遇玉华之故寺，历菩提之新庵。寻维摩对谈法座，睹文殊狮子灵迹。北台，穿碧雾，过骆驼焉，渡龙泉水。到上米铺，游竹林金阁（寺），过南台宿，灵境（寺）看神钟，礼圣金刚佛。至法华寺，佛光寺，礼弥勒之大像。见祥云之中化菩萨三尊。至文殊尼寺，兼游香谷梵宫，宿在清凉，登峻层道，谒清峰道者，开万菩萨堂，游玩侵霄。	P3931《印度普化大师游五台山启文》，《敦煌五台山文献校录研究》，第221—222页。
圆觉、惠运、圆修、宗睿和济诠	日本	不详	不详	《入唐求法巡礼行记》卷2、3。
超会、宽辅、澄觉和长安	日本	长兴年间（930—933）	诣五台山，遍历诸方圣迹，并向五台山奉献了道贤法师捎带的藏经桶。	木宫泰彦著：《日中文化交流史》第232页。
奝然、成算、祚一和嘉因	日本	雍熙元年（984）四月	虔诚地巡礼了诸处圣迹。	《奝然入宋求法巡礼行并瑞像造立记》。
嘉因	日本	端拱元年（988）	五台山施财供养。	《宋史》卷491，第40册，14135页。
寂昭、元灯、觉因、明莲和念救等师徒八人	日本	景德元年（1004）	五台山参拜文殊。	《参天台五台山记》第5，第162页。

续表

姓名	国别	时间	活动概况	资料来源
成寻、赖缘、快宗、惟观、心贤、善久、圣秀和长明	日本	熙宁五年（1072）	参观了真容院、太平兴国寺、大华严寺和金刚窟等。	《参天台五台山记》第5，第163页。
西天竺三藏	西天竺	宋神宗熙宁五年（1072）	住大华严寺僧房，其余活动不祥。	《参天台五台山记》第5第163页。
成寻	日本	熙宁七年（1074）	参五台山每台顶。	《参天台五台山记》第6，第199页。

二、唐宋时期国外僧人往五台山朝拜活动分析

唐宋时期国外僧众到五台山的朝拜活动，以"安史之乱"为唐前后期的分界线，大致可得出如下信息：唐前期朝拜活动共8次，唐后期五代朝拜活动共18次，宋朝拜活动共7次。也即国外僧众到五台山的朝拜活动主要集中在唐中后期。其中原因恐和唐中期以来五台山逐渐成为新的佛教圣地有一定的关系，唐前期，圣地还在印度，前往印度朝拜者众多。中期以后，则渐渐转朝五台山。宋时，五台山虽依然是佛教圣地，但由于战乱等原因前去朝拜的人数又有所下降。

其次，国外人群对五台山的朝拜从现有记载来看，没有普通民众，只有僧人，这和国际关系的变化、路途的遥远等因素大有关联。也反映出唐宋时期中国与周边国家之间的文化交往中，僧人群体扮演着非常重要的角色，佛教交流构成国家之间文化交往很重要的组成部分。

上述国家的僧人通过去五台山的朝拜活动，不仅使个人对文殊的景仰情感得到了很好的表达，而且在客观上推动、带动了所在国与中国之间的文化交往。具体来说：

日本僧人通过朝拜活动加速了五台山文殊信仰在日本的流传。圆仁、宗睿、奝然及成寻等人相继带回《五台山大圣竹林寺释法照得见台山境界记》1卷，《清凉山略传》1卷，《广清凉传》3卷，这些传记带回日本，使五台

山的佛教发展情况以及文殊菩萨的故事在日本广为流传，扩大了五台山文殊信仰，也吸引了更多的人来朝拜五台山，使中日两国之间的文化交流更加密切。

西域僧人的朝拜活动进一步丰富了五台山的佛教文化。释迦密多罗在巡礼五台山的过程中，将摩伽陀国供养佛的方法传入五台山，如作土坛，绕坛行道的方法，这是五台山所没有的。密多罗将其传入五台山，丰富了五台山的佛教礼仪。另外，在修建金阁等寺时，是由含光和纯陀等人负责修建的，将西域的建筑风格传入五台山，与中国传统建筑相结合，又丰富了五台山的建筑样式。

朝鲜及越南僧人到五台山的朝拜活动加速了五台山文殊信仰传入朝鲜的速度，形成了朝鲜的文殊信仰，奠定了朝鲜华严宗形成的基础，加大了五台山与朝鲜之间的交流。

唐宋时期的五台山不仅国内各地的僧众频繁朝拜，而且国际上也有大批的僧人前来表达对文殊菩萨的景仰之情，在此过程中，五台山不仅在国内形成佛教中心，而且在东亚文化圈和南亚文化圈中渐渐形成新的佛教圣地。这既是唐宋时期国力昌盛、文化发达的显著标志，反过来也是其文化发达的重要缘由之一。

第五节　《古清凉传》所载僧众到五台山朝拜活动典型事迹分析

从前述可知，僧众到五台山的朝拜活动较为兴盛，从空间分布看遍及当时的全国各地；从时间跨度看，从唐初一直到宋之际；从人员构成情况看，既有僧人，也有俗众。在众多的朝拜活动当中，有些活动非常具有典型性，现仅以《古清凉传》所载，重点分析其中较为典型的几则事例。

一、俗众到五台山朝拜活动典型事例分析

俗众和僧人相比，他们去五台山朝拜或者是由于自身信奉佛教，出于信

仰而去。或者是由于日常生活当中出现了一些问题，需求得文殊菩萨的护佑，而在此过程中，五台山秀丽优美的景观也使他们的朝拜活动带有一定程度的游历性质。

1. 俗众由于虔诚的佛教信仰而朝拜五台山

《古清凉传》卷下《游礼感通四》载：

> 并州人高守节，家代信奉，而守节尤深，最为精愿。到年十六七时，曾游代郡，道遇沙门，年可五六十，自称海云，与之谈叙，因谓曰"儿能诵经否"？答曰："诚其本心"。云即将向台山，至一住处，见三草屋，才可容身，乃于中止，教诵《法华经》。在外乞求，给其衣食。节屡见胡僧来至，与师言笑，终日归去。后云辄问："识向胡僧否"？曰："不识"。云貌似戏言曰："是文殊师利菩萨"。节虽频承此告，未晓其旨。后忽使节下山，就村取物，仍诫之曰："夫女人者，众恶之本，坏菩提道，破涅槃城。汝向人间，宜其深慎"。节敬诺，受教下山。中路见一女人，年十四五，衣服鲜华，姿容雅丽，乘一白马，直趣其前叩首，向节曰："身有急患，要须下乘，马好跳跃，制不自由，希君扶接，济此微命"。节遂念师言，竟不回顾，女亦追寻数里，苦切其辞。节执志如初，俄而致失。既还本处，具陈其事。师曰："汝真丈夫矣。虽然此是文殊菩萨，汝尚不悟"。犹谓戏言，然于此诵经，凡历三载，《法华》一部，甚得精孰。后闻长安度人，心希剃落。晨昏方便，谘师欲去。师曰："汝诵得《法华经》，大乘种子，今已成就。汝必欲去，当询好师。此之一别，难重相见，汝京内可于禅定道场，依止卧伦禅师"。节入京求度，不遂其心，乃往伦所。伦曰："汝从何来"？答曰："从五台山来，和尚遣与师为弟子"。伦曰："和尚名谁"？答曰："海云"。伦大惊叹曰："五台山者，文殊所居，海云比丘，即是《华严经》中善财童子祈礼第三大善知识，汝何以弃此圣人？千劫万劫，无由一遇，何其误也"！节乃悟由来，恨不碎其身骨，而愚情眷眷，由希再睹。遂辞伦

返迹，日夜奔驰，及至故处，都无所见。①

此条史料在《弘赞法华传》《法华经传记》里也有类似的记载。② 首先，对于高守节本人，史料记载并不很翔实，只说他是并州人（今山西太原）。他之所以信奉佛教，是由于家中世代信佛，也即源于家传。到守节的时候，对于佛教的信仰尤其深刻、真诚。③ 这是原作为世俗之人的高守节能够在后期朝拜五台山的重要信仰基础。之后，受海云大师指点、带领，来到五台山，经受了种种诱惑，最终感悟得道，非常具有代表性，对于其他信众前去朝拜五台山影响巨大。

还有部分俗众登台之前已有一定的信仰基础，登台之后，由于受到种种灵异事迹的影响而更加潜心向佛。如《古清凉传》卷下《游礼感通四》云：

代州有信士，失其姓名，年二十余，时登台礼拜。忽遇一僧，引之向东台之东，至一住处，屋宇如凡人家，中百十余僧。先引者问曰："能住修道否"？答曰："能"。乃即经停半岁。僧等多服药饵，时兼果菜，湛若神居，寡于言说。又于汲井之南，见一茎叶圆，如荷叶大，可至寻，日取半边，明生如故。初虽怪之，后不介意，乃与僧徒，共持而食。日月稍久，暂请还归，僧亦放之，少不留碍。到家数宿，即来驰赴，但见山谷如旧，都无踪迹，频寻求访，寂寞如初。其人不知圣人，悼责无已。余见之时，已七十余矣。④

上述代州信士登台所见的化现场景，为一座可供修道的化境，而且其中的僧众多服养生药，以及山中采食的茎叶，隔夜即长好如初，也表示五台山药草植物之灵异与丰富。这种灵异类事迹对一位本有佛教信仰基础的俗众来说，内心应该感受到了来自文殊的强烈力量冲击，这对于五台山佛教信仰的传播产生了极其强烈的影响。

---

① 《古清凉传》卷下，《游礼感通四》，《大正藏》第51册，第1097页。
② 《弘赞法华传》卷7，《并州人高守节》，《大正藏》第51册，第35页。《法华经传记》卷5，《并州高守节二十二》，《大正藏》第51册，第71页。
③ 《宋高僧传》卷27，《唐五台山海云传》，《大正藏》第50册，第882页。
④ 《古清凉传》卷下，《游礼感通四》，《大正藏》第51册，第1098页。

另有一些信众虽没有入佛门，生活在俗世，但向佛之心明澈，由于虔诚信仰而朝拜登台。《古清凉传》卷下《游礼感通四》云：

> 余归之后，有清信士，不详其氏讳，次往登之。其人年可二十，衣服兰缕，自云："从抱腹山来"。识者相传云："每在并州，巡市乞焉，以所乞得，造滤水囊，可七八寸，造讫，随处劝人令用。凡造数千余"。当来之日，亦携十数信士登台，还到清凉寺下，忽闻钟声，闻已即礼，遂与同侣一人寻之。既得至寺，誓住一夏，礼忏供养，于北崖之下，结草为庵。初数日之间，时闻钟声，或早或晚。十日后，每斋时为准。又于佛堂读经，至夜轻有神光朗照，不劳灯烛。信士神容简畅，动止肃恭，直尔对之，祛人鄙悋。然凡所谈吐，绵绵入微，时总疑之，为不测之人也。余略与周旋，不复能备。①

此信士在咸亨二年间（671 年），与十多位志同道合者共同登上台山，在清凉寺北崖下方，结草为庵，诵经乞佛，非常虔诚，可说是当时潜心向佛俗众的代表者之一。

2. 俗众因需解决现实生活问题而朝拜五台山。

《古清凉传》卷上《古今胜迹三》载：

> 故恒岳之西，清凉东南之隅，有清信女，患目盲，常独山居，心祈文殊师利圣者，昼夜精勤，至诚恳祷，感圣加被，遂得重明。后不知其所终。②

此清信女因患有眼盲，常来五台山祈请文殊菩萨。经过日夜精进勤勉，至诚恳切祈求，最终双眼重新获得光明，后来就不知她的下落。此记载说明对于普通民众来说，能够解决其现实生活中的实际问题，恐怕是他们朝拜五台山的最真实动机，也可视为民众对五台山佛教的间接信仰。

居住于五台山附近的部分民众，则是由于生计而登台。《古清凉传》卷下《支流杂述五》载：

---

① 《古清凉传》卷下，《游礼感通四》，《大正藏》第 51 册，第 1099 页。
② 《古清凉传》卷上，《古今胜迹三》，《大正藏》第 51 册，第 1096 页。

　　繁峙县城内景云寺边有老人，姓王，名相儿，采药为业。余曾至其家食，老人与余言叙，因云："弟子曾向台北大柏谷采药，忽于方石之上，有一双人手，红赤鲜白，文理分明，齐腕已上合掌，生于石里"。弟子念曰：'此多是药'。思欲至家检方料理，乃以刀割取数重，裹複置将药笼内，总以袋盛，担之而归。将出谷，忽思念曰：'此若是仙药，或能变化，试更验之'。及至回看，唯袋存焉，药与笼複，莫知其处。弟子敬叹，恨不先噉之。"①

　　这里可见，老人居住于五台山附近，因山上植被丰盛，草药品种众多，因之以采药为业。但就在这样看似简单的日常生活中，老人对文殊菩萨的信仰也呈现了出来，其呈现的方式是，这里的药采集回去，将出大柏谷的时候，回头将药袋打开查看，却只剩下药袋，而药与药笼皆消失不知其处。方知真是仙药，故能变化，悔恨当初未先食用。这个故事的真实性姑且不去论述，此中折射出的当地一个平凡、普通的采药老人出于生计上山采药而显示出对文殊菩萨的敬仰之情，则是真实无疑的。

　　《古清凉传》卷下《支流杂述五》还记述了一个非常典型的朝台事例，因宣扬文殊，朝台礼拜，便可洞悉世事，甚至还可为求官者指点迷津，最终获得如愿以偿的官位。这是非常符合中国传统文化的实用性心理的：

　　代州郭下，有聂士师者，士俗以为难测之人也。年可五六十，颜容赤黑，视瞬澄谛，其耳长大，可余四寸，居室鄙陋，衣服破弊，凡见道俗，必劝之行善。或隐窃语人曰："向五台礼拜"。近有选官者，恐不称意，专心念佛，乃梦其人谓曰："莫忧愁，得代州某官。我姓聂，名士师，汝当识我"其人惊觉。比至铨衡，果如所记。志心访问，恰得士师，形仪相状，一如先梦，乃脱新衣一袭施之。自尔代郡官僚，常多供养。然所获物，辄与乞人，若无取者，随在弃之。余幸曾遇，一中同饭，观其动止。实异常流，而凡得饭食，必分让上下，此似潜行六和敬事法，食讫将别，谓余曰："阎浮提人，多不定聚，师当努力也"。后临

_____

① 《古清凉传》卷下，《支流杂述五》，《大正藏》第51册，第1100页 c。

终之日，家磬自鸣，道俗有怀，送者云赴。①

聂士师正面劝人为善，鼓励人们巡礼五台山，应是一位五台山文殊的信仰者。他还鼓励人们登山巡礼，应是五台山文殊信仰的宣扬者。如此的宣扬带给俗众的是实际的利益，可帮他们解决诸如升官等实际需求。这对于扩大文殊信仰的范围，让更多的俗众加入朝拜五台山的行列，产生了强烈的示范取向。

3. 在高僧的引领下朝拜五台山

俗众朝拜五台山有时并不一定有非常明确的目的，其最初的缘由有可能比较盲目，但在高僧的示范和引领下，前往五台山进行朝拜。《古清凉传》卷上《古今胜迹三》记载：

> 中台上，有旧石精舍一所，魏棣州刺史崔震所造。……今有连基叠石室二枚，方三丈余，高一丈五尺。东屋石文殊师利立像一，高如人等。西屋有石弥勒坐像一，稍减东者。其二屋内，花幡供养之具，甄荐受用之资，莫不鲜焉。即慈恩寺沙门大乘基所致也。基，即三藏法师玄奘之上足，以咸亨四年，与白黑五百余人，往而修焉。或闻殊香之气，钟磬之音。其年，忻州道俗，复造铁浮图一，高丈余，送至五台，首置于石室之间。南有故碑二，见今已倒。抑文字磨灭，维余微映，余洗而视之，竟不识一字。一前刺史崔震所造，一忻州长史张备所立。相传云："备曾游山感圣，遂立此碑，以述微绪，将七百余人引之，登台竖焉"。②

释窥基，是玄奘的上首弟子，唐代唯识宗的始创者，有著作一百余部盛行于世，故也有"百本疏主"之的称谓。③ 窥基曾于唐高宗咸亨四年（673年），朝拜五台山，在此次朝拜活动中，他带领五百僧俗前往中台，修理一座旧石精舍，并供奉石文殊立像一尊和石弥勒菩萨坐像一尊，以及花幡供养

---

① 《古清凉传》卷下，《支流杂述五》，《大正藏》第51册，第1100页。
② 《古清凉传》卷上，《古今胜迹三》，《大正藏》第51册，第1094页。
③ 《宋高僧传》卷4，《唐京兆大慈恩寺窥基传》，《大正藏》第50册，725－726页。
《广清凉传》卷下，《高德僧事迹十九之余》，《大正藏》第51册，第1119页。

的器具，氈荐等常用物品。① 很显然，如此众多的俗众一次性前往五台山朝拜是在高僧窥基的带领之下进行的，这对于文殊信仰的世俗化产生了较大的影响。这样的影响力显而易见是巨大的，因为就在同年，忻州（今山西忻州市）② 僧俗造铁塔一座，送至五台山，也安置于石室之间。地方长官显然也感受到了来自僧俗两界信仰的力量，忻州长史张备立碑一通，相传张备曾游此山，并且造碑来叙述他的感受，并用了七百多人将此碑登上台顶上竖立起来，可见其壮观的盛况。

二、高僧大德到五台山朝拜活动典型事例分析

高僧大德到五台山的朝拜活动初衷比较单一，即出于对文殊的敬仰和膜拜。但客观上，一则使得国内外各地的文化经由高僧传播至五台山，使五台山渐渐成为唐宋时期的佛教中心；二则五台山佛教文化经由高僧远传他方，助推了文殊信仰的扩展。高僧到五台山的朝拜大体分为如下几种类型：

1. 在朝廷支持下到五台山的朝拜活动

其中有可分为"奉敕登台"和朝廷支持两类。奉敕登台以会赜等人登台最具代表性，《古清凉传》卷下《游礼感通四》云：

> 唐龙朔年中，频敕西京会昌寺沙门会赜，共内侍掌扇张行弘等，往清凉山，检行圣迹。赜等，祗奉明诏，星驰顶谒，并将五台县吕玄览、画师张公荣等十余人，共往中台之上。③

相似的内容在《集神州三宝感通录》中也有记载：

> 唐龙朔元年，下敕令会昌寺僧会赜往五台山修理寺塔。……今上龙朔二年，又令赜往并秉力财帛往修理故寺。赜与五台县承并将从二十余

---

① 《广清凉传》卷下，《高德僧事迹十九之余》，《大正藏》第 51 册，第 1119 页。
② 史为乐主编，《中国历史地名大辞典》（上册），北京：中国社会科学出版社，2005年，第 1315 页。
③ 《古清凉传》卷下，《游礼感通四》，《大正藏》第 51 册，第 1098 页。

人，直诣中台。①

高僧大德受到皇帝旨意而登台朝拜，一方面说明高僧的功德不仅在佛界影响较大，而且受到了朝廷的关注；再则，皇帝下旨让僧人朝台，足见其时朝廷对佛教的优容态度、对五台山的鼎力支持。正是在双方的共同努力下，会赜登台之后，"清凉圣迹，益听京畿，文殊宝化，昭扬道路"，文殊信仰得到了极大的宣扬。不仅如此，会赜又以山图为小帐，述《清凉山略传》一卷，广行三辅。因三辅之地为唐时京畿之所在，是唐的政治文化中心，故而后期穆宗长庆四年（824年）吐蕃王遣使向唐求取五台山图、吐蕃时代所建敦煌莫高窟第159窟、222窟、237窟、361窟等窟的帐门外屏风上面画有小型五台山图，也可能与会赜此次登台有一定的关联，如此，则五台山文殊信仰不仅扩散于内地，更广行敦煌、吐蕃之地。

梵僧释迦蜜多罗到五台山的朝拜则集中体现出朝廷在人力、物力方面对高僧大德予以的支持。《古清凉传》卷下《游礼感通四》云：

> 西域梵僧，释迦蜜多罗者，本狮子国人。少出家，本住摩伽陁国大菩提寺，游方利物，盖自天真。麟德年中，来仪此土，云向清凉，礼拜文殊师利。……奉表以闻，特蒙恩许，仍资行调，敕遣鸿胪寺掌客，为译语人。凉州沙门智才，乘驿往送所在，供给多罗。以乾封二年六月，登于台者，并将五台县官一员、手力四十人，及余道俗总五十余人。②

西域梵僧释迦蜜多罗，本为狮子国（斯里兰卡）人。③ 唐高宗麟德年中（664—665年），来到五台山礼拜文殊菩萨。这位高僧的朝拜活动得到了朝廷的诸多支持，主要是为他提供了资金、译语人、所需的物品、随行者及杂役小吏等，基本上为释迦蜜多罗解决了朝台所需的一切，也有力地保证了此次朝台活动的正常进行。这不仅促进了五台山文殊信仰在西域的进一步传

① 《集神州三宝感通录》卷中，《大正藏》第52册，第422－423页。相关内容，或载于《集神州三宝感通录》卷下，第425页。《续高僧传》卷35，《代州五台山释明隐传三十五》，《大正藏》第50册，第665页。

② 《古清凉传》卷下，《游礼感通四》，《大正藏》第51册，第1098－1099页。

③ 周一良，《周一良集》，卷3《佛教史与敦煌学》，沈阳：辽宁教育出版社，1998年，卷3，第112页。

播，而且异域僧人带来的新鲜文化因子有力地助推了五台山佛教圣地中心的形成。

2. 由于个人虔诚信仰文殊而到五台山的朝拜活动

高僧对五台山朝拜活动的主体是出于个人的虔诚信仰，这方面的事例非常多。如《古清凉传》卷下《游礼感通四》载：

> 唐沙门释昙韵，未详其姓族，高阳人也。宿悟泡幻，辞亲出家，退静幽间，彰乎龆龀。年十九，投恒岳之侧蒲吾山，精修念慧。后闻五台山文殊所居，古来诸僧多人祈请。遂超然杖锡，来诣清凉。适至于山下，闻殊香之气。及到大孚寺，见花园盛发，又闻钟磬之音，忻畅本怀，弥增恋仰。于是，住木瓜寺，二十余年，单居务道。然处以瓦窑，服唯败衲，地铺草褥，更无荐席，一器、一食、一受、一味，清真简励，盖难拟也。①

上述记载与《续高僧传》中的记述相差不大。② 从此记载可知，昙韵因听闻五台山为文殊所居之地，于是前往朝拜，到达五台山后，对圣山更加留恋仰慕，于是住木瓜寺二十多年，生活简朴，一心致力于修道，可见，昙韵对五台山的朝拜完全是出于个人对五台山文殊的景仰和膜拜。

还有，俨禅师曾登台礼拜，发愿塑造文殊真容。③ 《古清凉传》卷上《古今胜迹三》载：

> 中台南三十余里，在山之麓有通衢，乃登台者常游此路也。傍有石室三间，内有释迦文殊、普贤等像，又有房宇、厨帐、器物存焉。近咸亨三年，俨禅师于此修立，拟登台道俗往来休憩。俨，本朔州人也，未详氏族，十七出家，径登此山礼拜，忻其所幸，愿造真容于此安措。④

俨禅师于高宗咸亨三年（672 年）间，在中台南面建造石室三间，内有

---

① 《古清凉传》卷下，《游礼感通四》，《大正藏》第 51 册，第 1098 页。
② 《续高僧传》卷 20，《蔚州五台寺释昙韵传七》《大正藏》第 50 册，第 592 - 593 页。
③ 《广清凉传》卷上，《五台四埵右圣行迹五》，《大正藏》第 51 册，第 1105 页。
④ 《古清凉传》卷上，《古今胜迹三》，《大正藏》第 51 册，第 1095 页。

释迦、文殊、普贤尊像，以及房宇、厨帐、器物等，目的是为了提供登台僧俗往来可以休憩的地方。这反映出不仅禅师本人由于虔诚信佛而登台，而且在登台过程中还修建房屋、器物等物化形态方面的东西来显现此种虔诚性，为后继者登台朝拜提供了极大的便利，也在一定程度上助推了文殊信仰的扩展。

僧人慧祥对五台山的朝拜和俨禅师有相似之处，《古清凉传》卷下《游礼感通四》载：

> 余与梵僧登台之日，默而念曰："此处清凉，宜安舍利，使往来观礼，岂不善耶"！梵僧还后，余便往定州恒阳县黄山，造玉石舍利函三枚，大者，高一尺七寸，拟安中台塔内；小者二，高九寸，拟安北台铁浮图内。并作莲花色道、异兽之像，亦尽一方之妙焉。时定州隆圣寺僧智正，及清信孝行者都仁，闻余此志，咸期同往。以总章二年四月，正等俱至。正时年过七十余，而步涉山水，八百余里，并将妙馔，上山供养。即以其月二十三日，与台山僧尼道俗，向〔共〕六十人俱登之。①

慧祥与梵僧释迦蜜多罗登台的时候，便许愿要安置舍利，使往来的巡礼者可以观礼。故梵僧离开之后，慧祥经过一系列的准备工作，于高宗总章二年（669 年）四月再次前往五台山进行朝拜，此次朝拜还有另一高僧智正及僧尼道俗六十人共同登上台顶，登台的主要任务是安放舍利。慧祥多次登台朝拜，其虔诚之心一目了然，通过安放舍利又将这种诚挚之情表露无遗。

还有个别僧人，由于至诚的信仰，在登台时面对一些特殊自然现象也毫不畏惧，这在《古清凉传》卷上《古今胜迹三》中亦有记载：

> 昔有一僧，游山礼拜，到中台上，欲向东台，遥见数十大虫，迎前而进。其僧，誓毕身命，要往登之。俄而祥云郁勃，生其左右，顾眄之间，冥如闭目，遂深怀大怖，慨恨而返。余与梵僧释迦蜜多，登中台之上，多罗初云："必去"。后竟不行。余以为圣者多居其内矣。②

---

① 《古清凉传》卷下，《游礼感通四》，《大正藏》第 51 册，第 1099 页。
② 《古清凉传》卷上，《古今胜迹三》，《大正藏》第 51 册，第 1095 页。

　　传说，这位僧人到五台山礼拜时，由中台欲向东台走的过程中，先是远远看到有数十只老虎，向他走来。但这位僧人毫无畏惧之感，发誓不惜一切代价甚至用身体性命也一定要登上东台。从中可见其朝拜五台山时至诚的、决绝的心态。之后，由于突然之间云雾异常浓密，迅速布满他的周身，眼前一片茫然才感到有所惊惧而返回。虽有所遗憾，但也足以反映出僧人对五台山文殊菩萨的信仰程度。

　　另有一些高僧则是登台朝拜之后，宣扬在山中发生了很多灵异之事，这些事情的真实性姑且不去探讨，重点需要关注的是僧人通过比较通俗的、大众易于接受的方式来传播文殊信仰，事实上也从另一个侧面反映出了僧人对文殊的敬仰之情。《古清凉传》卷下《游礼感通四》云：

> 　　荆州复舟山玉泉寺沙门弘景，高尚僧也。以咸亨二年二月，从西京往彼礼拜，承遂厥心，未详其所感耳。慈恩寺僧灵察，以上元二年七月十日，往彼礼拜，遍至代州，见一人，先非旧识，无何而至，引察从台北木瓜谷，上北台。经两宿，每六时，尝闻钟声，又夜闻青雀数百飞鸣，左右不见其形。又向中台，经两宿。又往西台，将去之时，有百鸟飞引其前，还至中台，方乃远去。其年，又有并州尼四人，往登台首回还，一尼折花五茎，欲将向下，遂失道路，饥寒并至，梦一僧赐之饮食，因尔不饥。仍告曰："以汝盗花五茎，罚汝不归五日余，更无苦勿复多忧"。五日既满，得遵归路。①

　　此条史料当中先后有弘景、灵察、和并州四尼登台朝拜，只有弘景没有将所感表述，其余之人或有百鸟飞引，或有梦中得到饮食，无一不显现出异于常理的迹象。僧惠藏等僧到五台山的朝拜更加神异：

> 　　洛阳白马寺沙门惠藏，本汾邑人，幽栖高洁僧也。孝敬皇帝，重修白马寺，栖集名德，竚植福田，藏深契定门，最为称首。以调露元年四月，与汾州弘演禅师、同州爱敬寺沙门惠恟、汴州沙门灵智、并州沙门名远，及异方同志沙门灵裕等，于娑婆寺，坐夏九十日中，精加忏洗，

---

① 《古清凉传》卷下，《游礼感通四》，《大正藏》第51册，第1099页。

解夏安居。与道俗五十余人，相次登台。藏禅师与三十人，将至中台，同见白鹤一群，随行数里，适至台首，奄忽而灭。僧名远、灵裕等，一十八人，先向东台，见五色庆云。僧惠恂后往，亦同前见。名远于中台佛塔东南六十余步，又见杂色瑞光，形如佛像，光高可三丈，人或去就，光亦随之，礼二十余拜，良久方灭。僧灵智，于太华池南三十余步，见光如日，大可三丈，百千种色，重沓相间，霏微表著，难可具名。而举众形服威仪，屈伸俯仰，光中悉见，如临明镜。智等，夺目丧神，心魂失措，顶礼恳诚，少选而灭。又智等，正见光时，佛塔之前，有三沙弥，顶臂焚香，以身供养，复见此光在其东面，藏等周旋往来，向经七日，方遵归路焉。①

惠藏与三十人到中台时，共同看见白鹤一群，和他们随行几里，前往到中台顶才又疾速消失。名远、灵裕等十八人，先向东台前去，看见五色庆云。名远于中台佛塔东南方，又见杂色瑞光，形状似如佛像。灵智于太华池南面见祥光如太阳，照耀大地熠熠生辉。如此灵异的事项既表达出僧人对文殊的虔诚信仰，又进一步扩展了文殊信仰圈，激发了一般民众登山朝拜文殊的热忱，使其不断深入民众的信仰的世界，有助于五台山文殊信仰的扩大、普及和宣传。

第六节　唐宋时期五台山僧尼的外出活动

五台山作为唐宋时期全国的佛教中心，吸引了众多僧俗前来朝拜。朝拜活动既是五台山成为佛教中心地位的原因，反过来作为结果又进一步强化了五台山佛教中心的地位。文化交流的双向互动功能在五台山的朝拜活动中也有所体现，处于佛教中心的五台山僧尼也通过自身的外出活动，一方面弘扬着五台山文殊信仰，另一方面不断吸取外部养分，进一步巩固着五台山的佛

---

① 《古清凉传》卷下，《游礼感通四》，《大正藏》第51册，第1100页。

教中心地位。

一、唐宋时期五台山僧尼外出活动概况

唐宋时期五台山僧尼外出活动概况表

姓名	所属寺庙	时间	活动概况	资料来源
法照	竹林寺	大历六年（771）	到并州教人念佛。	张先堂：《唐代净土教宗法照与五台山、并州关系新探》，《敦煌研究》，2003 年第 3 期。
		贞元四年（788）	于并州行五会教人念佛；入禁中，教宫人念佛。	《佛祖统纪》卷 42，《续藏经》，涵芬楼 1933 年版，第二编乙，第四套，第三册，第 258 页。
天女三昧姑	华严岭	大历年间（766—779）	入云、代行乞，朝去暮归。大开社火，广济饥寒，游礼之人，由是侵广。	《清凉山志》卷 6，第 124 页。
澄观	大华严寺	贞元七年（791）	于河东崇福寺讲新疏。	《宋高僧传》卷 5，第 106 页。
		贞元十二年（796）	入都与罽宾三藏般若译乌荼国王所进华严后分四十卷。	
		贞元十二年（796）	于朝廷麟德殿讲华严宗旨。	《法界宗五祖略记》，《续藏经》，涵芬楼 1933 年版，第二编乙，第七套，第三册，第 276 页。
		贞元十四年（798）	终南草堂寺编造新疏，进呈敕令，两街各讲一遍。	
		贞元十五年（799）	入内殿，阐扬大经	《宋高僧传》卷 5，第 106 页。
		永贞五年（805）	于兴唐寺，为造普光殿、华严阁，塑华藏刹，图法界会。	《法界宗五祖略记》，《续藏经》，涵芬楼 1933 年版，第二编乙，第七套，第三册，第 276 页。
		元和五年（810）	诏师入内谈法。	

续表

姓名	所属寺庙	时间	活动概况	资料来源
继颙	真容院	后晋	早年远诣京师听学；东京大相国寺讲《大华严经》。	《广清凉传》卷下，第94、95页。
孚上座	不详	不详	扬州光孝寺讲《涅槃经》，之后，游浙中，登径山法会。	《五灯会元》，第432—433页。
普胜	华严寺	宋代	南临潞府，讲通《上生经》，之后，闻崇法大师传《唯识论》，盛化洛都，往从学焉。	《宋高僧传》卷28，第710页
慧悟	真容院	宋哲宗元祐初年	上诏入内庭，应对称旨。	《清凉山志》卷8，第160页。
超化大师	大华严寺	不详	杖锡南方，参寻知识。	《广清凉传》卷下，第94页。
		晋天福三年（938）	游方行化，至湖南，谒伪国主、王公，公施香茶盈万。至丁未岁，遣使赍送入山，遍给诸寺。癸卯岁，至吴越国，见尚义、元帅钱王。王礼接殊厚，语论造微，雅合王意，遂施五台山文殊大士、一万圣众前供物、香茶，及制银钵盂、镇子万付、茗荈百笼。	
成觉大师	大华严寺	不详	遍谒师匠	《清凉山志》卷8，第160页。
睿谏	不详	宋代	办装之北地缘化，辽国宁王与夫人"大施金币"。之后又诣太原，谒伪主刘氏，亦蒙厚赉。	《广清凉传》卷下，第101页。
静业	不详	不详	每诣太原行化，山门供养资具，靡不悉备。	《广清凉传》卷下，第100页。

二、唐宋时期五台山僧尼外出活动的主要内容

唐宋时期五台山外出活动的僧尼相比前来朝拜者人数并不多，之中的原因恐也和这一时期五台山佛教中心地位的形成和强化有着密切的关系。从目

前的资料来看，上述五台山僧尼的外出活动，其原因主要集中在如下方面：

（一）皇室征召。在上表中可以明确看到，法照、澄观、慧悟等大师先后或被"召入禁中"或"入内殿"，教宫人念经，宣讲大经等。佛教在唐宋时期之所以取得繁盛的发展态势，一个重要因素即是皇室的支持。皇室征召五台山大师前往内廷，反映出政治力量对五台山佛教的支持与优容。当然，来自皇室征召的力量也是无法抗拒的，因此，大师无一不前往，也集中反映出了唐宋时期以五台山为代表的政教关系。

（二）学术交流。唐宋时期五台山文殊道场的形成，一个重要缘由是各佛教宗派的鼎力支持。加上各地的高僧大德前来住锡五台山，使得五台山僧尼的佛法义理学术水平较高。自佛教传入中土始，佛学学术交流便长盛不衰，唐时佛教大兴，佛学学术交流更加频繁。如此背景之下，澄观于河东崇福寺讲新疏，继颙东京大相国寺讲《大华严经》，孚上座于扬州光孝寺讲《涅槃经》、登径山法会，普胜南临潞府讲通《上生经》等，这些佛学学术交流活动，从僧人的主观目的出发，不一定是本着弘扬五台山文殊信仰，有可能只是单纯的学术交流活动，但在客观上，却宣扬了五台山文殊道场，宣扬了文殊信仰。

（三）外出访学。五台山佛教中心地位的确立绝不意味着僧人学习佛法的终止，相反，僧人不断地学习恰恰是五台山佛教兴盛的重要缘由。这种学习包括在山自行学习与外出学习两部分，其中，外出学习者如普胜闻崇法大师传《唯识论》，盛化洛都，往从学焉；超化大师杖锡南方，参寻知识；成觉大师遍谒师匠等。这种学习过程主观上是自身佛法的提升，但在客观上则从佛法义理提升的角度维护了五台山佛教的中心地位。

（四）其他社会活动。唐宋时期五台山文殊道场的形成和巩固离不开世俗信众的支持，僧尼的社会活动就较好地体现了唐宋时期五台山的世俗化程度。僧尼的社会活动一为向世俗信众宣讲佛经。如法照分别于大历六年（771 年）和贞元四年（788 年）到并州教人念佛、行五会教人念佛。这种宣讲，以最直接的方式将五台山文殊信仰进行传播，扩展了文殊信仰的范围；二为参与相关佛事活动。如澄观于兴唐寺，为造普光殿、华严阁，塑华藏刹，图法界会。通过此种活动，将五台山文殊信仰的内在精神凝铸到物态建筑或佛事活动中，也是宣扬文殊信仰的一种有效途径；三为外出行化活动。有直接向民众行化的，如天女三昧姑"入云、代行乞，朝去暮归。"还有则是通过拜谒一地国主，获得他们经济上的支持。如超化大师"游方行化，至湖南，谒伪国主""至吴越国，见尚义、元帅钱王王公。"睿谏"办装之北地缘化，辽国宁王与夫人'大施金币'。之后又诣太原，谒伪主刘氏，亦蒙厚赉。"上述两种行化方式不同，结果也迥然不同，前者是"大开社火，广济饥寒，游礼之人，由是侵广。"为朝山之人提供饮食之需，朝山者大增，文殊信仰者也大增。后者则是"公施香茶盈万。至丁未岁，遣使赍送入山，遍给诸寺。""王礼接殊厚，语论造微，雅合王意，遂施五台山文殊大士、一万圣众前供物、香茶，及制银钵盂、镇子万付、茗莽百笼。"如此较大额度的经济支持，已经远远超出了僧尼个人行化的影响了，更多的则是因出于文殊大士的景仰而以经济支撑的方式来表达自身的宗教情感。因此，可以将僧尼的此种社会活动看作是五台山文殊道场形成过程中，文殊信仰圈不断扩展，五台山圣地中心地位确立的结果。

三、唐宋时期五台山僧尼外出活动的影响

（一）加速了五台山佛教文化的向外传播

上述活动不管是皇室征召、学术交流还是外出访学、社会活动，无一不在以多种途径宣扬五台山，宣扬文殊信仰。高僧们本是五台山佛教文化的继承者和创造者，掌握了五台山佛教文化的精髓，他们通过学术交流、对外访学向外传播五台山的文化，因此他们又是五台山佛教文化的传播者。

（二）为五台山佛教文化增添了新鲜血液

唐宋时期五台山僧人的外出访学活动将五台山所缺少的文化带回五台山，不仅充实了自己，而且也给五台山的佛教文化增添了新鲜血液。需要指出的是五台山僧人的外出游学活动主要发生在五代到北宋末，说明此时五台山还未从唐武宗会昌灭佛的打击中恢复过来，僧人需要通过到外地的访学来重振五台山佛教。

（三）繁荣了五台山的物质资源

五台山僧尼的外出行化活动，受到了上至国君下到民众的礼遇，得到了

他们的普施，充分说明五台山在社会各阶层人心目中的地位较高，他们愿意为五台山的建设贡献力量。另外，五台山僧尼的行化活动，确实为寺庙筹集到了大批资金，这是保证五台山佛教得以生存、兴盛的重要经济支撑，也是扩展五台山文殊信仰的重要途径。